우춘시고
雨村詩稿

박우훈·김영은 역
남상교 저

우촌시고

우촌(雨村) 남상교(南尙敎) 아우구스티노의
《우촌시고》 출간을 축하하며

　우리 원주 교구 용소막 성당에는 학산 공소가 있고, 그 공소 옆 묘재에는 순교자 남상교 아우구스티노(1784-1866)의 유택이 있습니다. 남상교 아우구스티노는 성 남종삼 요한의 아버지로서 배론에서 15킬로미터쯤 떨어져 있는 백운 성당 부근 화당리에서 출생하였습니다. 1825년 동지사 일행으로 중국에 다녀오면서 천주교에 관심을 갖게 되었고, 그 후 입교하였습니다. 늦은 나이에 현풍현감, 풍기군수 등의 목민관으로 선정을 베풀어, 현풍면에는 그의 청덕비가 세워지기도 했습니다. 순탄하지 않았던 관직을 마치고 배론 신학교 근처인 제천시 봉양읍 학산리 묘재로 이주하여 83세로 1866년 박해로 순교하기까지 신앙생활을 하였습니다. 그의 충실한 신앙생활은 그의 아들 남종삼 요한(치명자일기 9번 참조), 손자 남명희, 그리고 남 엘리사벳(150번), 사위 이프란치스코(149번), 외손녀 이국후 엘리사벳(152번)과 이 데레사(151번)가 순교한 것으로 충분히 증명됩니다.

　남상교 아우구스티노는 많은 한시를 남겼습니다. 충실한 신앙생활을 드러내는 천주가사 〈경세가〉가 있지만《경향잡지》1933년 9월호,《우촌시고》에는 박해로 종교색을 드러내지 않는 한시들만 남아 있습니다. 당시 남인계 인사들과 친분을 나누며 쓰여진 것으로 보입니다. 그의 시에는 당시 교류하였던 시인들의 모임인 매사(梅社)라는 이름이 드러납니다. 본인은 한시 문학에 문외한으로서 그의 시의 문학적 깊이를 알지는 못하지만, 세상의 번잡함을 떠나서 자연의 아름다움을 내리는 비, 낙화, 버드나무 등 아주 작은 사물들과 움직임에서 세밀하게 찾아내고, 변화하는 계절에 빗대어 자신의 외로움, 이별, 슬픔, 초연함을 표현하고 있습니다. 당시의 속세를 떠나 자연을 벗하여 살아가던 선비들의 삶을 엿볼 수 있게 하는 작품입니다. 문학에 조예가 있는 분들은 《우촌시고》에서 깊은 문학적 가치를 찾아낼 수 있을 것입니다.

우리 원주교구 문화영성연구소는 2009년부터 순교자 남상교 아우구스티노 한문시집 《우촌시고》를 출간하기 위해 노력해왔습니다. 번역과 주해를 해주신 박우훈 교수님과 김영은 교수님들의 덕택에 마침내 출간하기에 이르렀습니다. 아쉽게도 박우훈 교수님은 지난 11월 선종하셨습니다. 고마운 마음 전하며 하느님 안에서 영원한 안식을 누리기를 기도합니다. 출간 비용을 후원해주신 순교자의 후손 남기춘 라우렌시오님께 감사드립니다. 또한 연구소를 맡아 수고해 주셨던 여진천 신부님, 이우갑 신부님, 박상용 신부님, 그리고 현재 소장으로 계시는 곽호인 신부님께 고마운 마음을 전합니다. 아울러 출판을 도와주시는 기쁜소식 전갑수 사장님께도 감사드립니다. 모두에게 하느님의 은총을 기도합니다.

2022년 12월 8일
천주교 원주교구장 **조규만 바실리오** 주교

간행사

  충북 제천시 봉양읍 학산리 묘재에는 한국 교회와 원주 교구의 훌륭한 교회 문화 유산인 순교자 남상교 아우구스티노(1784-1866)가 오롯한 마음으로 신앙을 실천하며 살던 집이 있습니다. 이 집을 1983년부터 용소막 본당(주임 김태원 신부)과 순교자의 후손 등이 힘을 합쳐 보수하기 시작하였고, 1985년 교구장 지학순 주교님은 축복식을 거행하였습니다. 이 집에 대한 관할권을 부여받은 배론 성지는 순교자에 대한 현양 사업으로 시집 번역과 집 복원 사업을 하기 시작했습니다.

  집 복원 작업은 2014년 후손 남기춘 라우렌시오의 후원으로 옛 공소 건물을 철거하면서, 순교자가 살던 집을 장차 근대 문화유산으로 지정될 수 있도록 전문업체의 도움으로 원형에 가깝게 복원하였습니다.
  남상교 아우구스티노가 쓰신 《우촌시고》에 대한 번역 간행하려는 사업은 오랜 시간이 걸렸습니다. 당대의 뛰어난 시인들과 교분을 나눈 저자는 남인계 인사들 중 가장 주목할 만한 인물이자, 한시문(韓詩文)에 능한 문학가로 알려져 있었습니다. 하지만 대단히 우아한 문장으로 쓰여진 이 《우촌시고》는 천주교인으로 죽음을 당하였기에 당대에 출간되지 못하고 여러 필사본으로 남아 있었습니다. 아쉽게도 이 시집에서 저자의 신앙을 찾기 어려운 이유는 그것을 썼다 하더라도 순교자였기에 남기기 어려웠을 것입니다.

　이 시집에 대한 번역의 적임자를 찾던 중에 2009년 배론 성지를 찾아온 충남대 한문학과 박우훈 교수님을 만나면서 구체화되기 시작했습니다. 교수님은 이 시에 대한 오랜 연구를 바탕으로 2011년까지 자문단의 도움을 받아 가며 번역을 시도하였습니다. 하지만 여러 필사본으로 남아 있어 같은 작품이라도 필사본에 따라서는 일부 시어(時語)가 다른 경우가 있었기 때문에 수정 보완이 반드시 필요했습니다. 시간이 지나면서 문화영성연구소장 신부님들의 이동이 있었지만, 시간이 걸리더라도 이 책을 잘 보완해서 출판하겠다는 결심은 변함이 없었습니다. 오랜 시간이 걸려 드디어 출간하게 된 것입니다.

　이 책을 간행하면서 감사를 드리고 싶은 분들은 먼저 출간을 허락해 주시고 추천사를 써주신 교구장 조규만 주교님이십니다. 다음으로 처음 번역을 해 주신 박우훈 교수님이신데, 출간되는 것을 보지 못하시고 지난 11월에 너무나 아쉽게도 먼저 세상을 떠나셨습니다. 그리고 대단히 어려운 시어를 잘 다듬어 이해하기 쉽게 번역해주신 김영은 교수님이십니다. 또한 이 시집의 출간을 위해 애쓰신 역대 문화영성연구소장 신부님들과 이 시집의 출간을 후원해 주신 순교자의 후손 남기춘 라우렌시오 님, 아름다운 책으로 엮어 주신 기쁜소식 전갑수 사장님께도 감사를 드립니다.

　이 우촌시고를 통해서 저자 남상교에 대한 문학가로서 평가가 다시 이루어지길 기대하며, 독자들께 하느님의 은총이 함께 하시길 기도하겠습니다.

2022년 12월 8일
문화영성연구소장 **곽호인** 신부

일러두기

1. 번역을 위해 활용한 중요한 대본은 고려대 도서관 소장 《청랑간관초고(青琅玕館初稿)》와 서강대학 중앙도서관 소장 《우촌유시(雨村遺詩)》 등이다. 그 밖의 활용한 자료는 해제에서 소개했다.
2. 이본에 따라 시제(詩題)나 시의 원문이 다를 경우 일단 위에 제시한 두 대본을 기준으로 하였다. 여러 이본에 보이는 동일한 시의 원문이 다른 경우, 문맥이나 평측을 고려하여 적절하다고 생각되는 시어를 택했으나 일관성이 있거나 정확함을 담보할 수는 없다.
3. 시는 아니지만 현전하는 우촌 남상교의 글이 별로 없기에 〈호명부(呼名賦)〉·간찰 4통·〈정와선생문집발(貞窩先生文集跋)〉·〈쌍령유서발(雙嶺遺書跋)〉을 말미에 첨부하였다.
4. 번역문과 주석에서 저서명은 《 》, 시나 글의 제목은 〈 〉, 인용문은 " " 부호를 사용하였다. 한자어를 풀이하였을 경우 [ ]를 사용하였다.
5. 저본에서 탈락되었다고 생각되거나 알아볼 수 없는 글자는 ■로 표시하였다.
6. 시의 부제(副題)가 있는 경우, 목차에서는 부제의 해석을 표기하지 않았다. 해석문을 보여주지 않았다.
7. 본 번역서의 각주는 한국고전번역원의 한국고전종합DB를 활용하였다. 우촌 남상교의 시는 매우 난해하다. 이 부분을 어느 정도 극복하는데 그간 한국고전번역원의 업적이 큰 도움이 되었다.

차 례

축하글 / 4
간행사 / 6
일러두기 / 8
해제 / 22

001 소남小楠을 만나다 逢小楠 … 42
002 도운정陶雲汀의 시에 차운하다 次陶雲汀韻 … 42
003 동천洞天을 방문하다 訪洞天 … 43
004 영수 물가의 봄밤 潁湄春夜 … 44
005 미산米山에게 주다 贈米山 … 45
006-009 후천后泉댁에서 함께 읊다 后泉宅共賦 … 46
010 남산사에 오르다 登南山寺 … 48
011 서루에서 홀로 누워 書樓獨臥 … 49
012 산중의 감흥 山中卽事 … 50
013 바다를 바라보다 望海 … 51
014 산에 머물며 부질없이 읊다 山居漫吟 … 51
015 칠석날에 七夕 … 52
016 녹음 綠陰 … 53
017-018 연행을 떠나며 매사梅社의 옛 벗과 작별하다
           發燕行別梅社舊友 … 54
019-022 현대각에서 옛 시절에 노닐던 일을 기술하다
           玄對閣追述舊遊 … 55
023 생각나는 대로 읊다 謾吟 … 58
024 강가의 나그네 이른 봄 만나 江旅早春 … 59

025 배를 타고 가다 船行 … 60
026-032 생각나는 대로 읊다 謾詠 … 61
033-037 공재에서 김상사(응근)와 함께 읊다
         恭齋與金上舍(膺根)共賦 … 66
038 감실의 매화 龕梅 … 69
039 매화나무 가지에 말라붙은 나비 梅梢枯蝶 … 70
040 촛불 詠燭 … 71
041-042 불구정 1 不垢亭 1 … 72
043 오산吳山과 채일사蔡逸士에게 부치다 寄吳山蔡逸士 … 74
044 오우정 五友亭 … 75
045 금창의 시에 차운하다 次錦窓韻 … 76
046 이재가 난초 그림 부채를 주다 彛齋贈畫蘭扇 … 77
047 나귀 驢 … 77
048 회문시 回文 … 78
049 내리는 비를 보고 對雨 … 79
050 운자를 내어 지음 拈韻 … 80
051-052 추재에게 주다 與秋齋 … 81
053 읊으며 바라보다 吟望 … 82
054 추재에게 보내다 寄秋齋 … 83
055 지원과 함께 읊다 與芝園共吟 … 84
056 겸지와 함께 지음 與謙知賦 … 85
057 이웃 정자에 몇몇이 모임 隣亭小集 … 85
058 병을 앓으며 病中 … 86
059 큰비 大雨 … 87
060-062 낙화 落花 … 87
063 산사에서 山寺 … 90
064 봄날 동번東樊과 함께 짓다 春日與東樊共賦 … 90

065 받들어 올리다 奉贈 … 91

066 배를 타고 광릉으로 내려가다 舟下廣陵 … 92

067 달밤에 제봉스님을 만나 함께 시를 짓다 月夜逢霽峰僧共賦 … 93

068 금선정에 놀러감 遊錦仙亭 … 93

069 강산학사와 함께 영호에 놀러 가다 同絳山學士遊映湖 … 95

070 명봉사에 들러 제봉 상인을 만나다 過鳴鳳寺逢霽峰上人 … 96

071 추재와 함께 회포를 읊다 與秋齋賦懷 … 96

072 갑진년(1844) 회갑날 甲辰初度日 … 97

073 석애공의 기로연을 축하함 賀石崖公耆宴 … 98

074 집안 형의 회갑을 맞아 族兄壽韻 … 99

075 객사에서 어느 사람에게 줌 客舍贈人 … 100

076-077 축하하여 황광언의 편면에 씀 賀題黃光彦便面 … 101

078 백동에 모여 여러 벗들과 호박을 읊다 會白洞與諸益詠南苽 … 103

079 참외 瓜 … 103

080 담배를 읊다 詠南草 … 104

081 구슬 끈 珮纓 … 105

082 해지는 청룡에서 落日靑龍 … 106

083-084 낙하장의 왕림 洛下丈見枉 … 107

085 해읍으로 부임하는 길에 영천을 거치며(때는 7월 보름)
　　　海邑莅任路由榮川 時七月望日 … 108

086 도덕암을 지나다 過道德菴 … 109

087 단풍나무 숲에서 수레를 멈추다 楓林停車 … 110

088-095 버들개지 여덟 수 柳絮八詠 … 110

096 해당화에 향기가 없다 海棠無香 … 116

097-098 평재와 금산정에 놀러 가기로 약속했는데 이루지 못하다
　　　與萍齋約遊錦山亭未果 … 117

099 제봉이 고을 관사를 찾아오다 霽峰來過郡齋 … 118

100   과수 이이행에게 보내다 寄贈瓜叟李彛行 … 119

101-105   버드나무 柳 … 120

106-107   이승지 만포께 드리다 呈李承旨晚圃 … 124

108   남고에게 드림 贈南皋 … 125

109-110   심명여에게 주다 2수 贈沈明如 二首 … 127

111   남산에 있으면서 이문우가 보내준 이별시에 뒤늦게 화답하다
      在南山追和李文友見贈別詩 … 128

112   학교鶴橋 족형에게 보내드리고 겸하여 벗 임치은에게 드리다
      寄呈鶴橋族兄兼呈任友穉殷 … 129

113   벗 민원례에게 부치다 寄閔友元禮 … 130

114   서벽정에서 놀다 遊栖碧亭 … 130

115-116   이원지가 영흥으로 돌아가는 것을 보내다 2수
         送李元之歸永興 二首 … 131

117   아침의 서늘함 早凉 … 132

118   봄비에 동쪽 들로 나가다 春雨出東郊 … 133

119   탁영정에 오르다 登濯纓亭 … 133

120   산사에서 자고 일어나다 山寺睡起 … 134

121   늦게 날이 개다 晚晴 … 135

122   산성에서 자다 宿山城 … 135

123   압구정에 올라 푸를 청자靑字 운을 내다 登狎鷗亭得靑字 … 136

124   집을 옮기다 移家 … 137

125   산을 바라보다 看山 … 137

126-128   족질 종현에게 주다 3수 贈族姪鍾玄 三首 … 138

129   한 해 저물어 가는 여관에서 旅館歲暮 … 140

130   봄의 노곤함 春困 … 140

131   늦게 일어나다 晏起 … 141

132   풍요속선 風謠續選 … 142

| 133 | 삼청자에게 주다 贈三靑子 ⋯ 143
| 134-136 | 남에게 주다 3수 寄人 三首 ⋯ 144
| 137-139 | 길 가다 지어 남에게 부치다 道中作寄人 ⋯ 145
| 140-143 | 초은招隱을 본뜨다 4수 擬招隱 四首 ⋯ 146
| 144 | 내 사촌에게 주다 ⋯ 148
| 145 | 이천의 우곡을 지나다가 이숙 운경을 찾아갔으나 만나지 못하다 驪訪李叔雲卿于利川牛谷未遇 ⋯ 150
| 146-150 | 배를 타고 가며 지은 절구 5수 江行雜絶 五首 ⋯ 151
| 151-154 | 하담 荷潭 ⋯ 153
| 155-158 | 수운정 水雲亭 ⋯ 155
| 159-165 | 영월의 단종릉을 지나다 過寧越莊陵 ⋯ 157
| 166 | 정진사에게 주다 贈丁上舍 ⋯ 159
| 167 | 유공거에게 주다 贈柳公蘧 ⋯ 160
| 168 | 하선암 下仙巖 ⋯ 161
| 169 | 삼오령 三五嶺 ⋯ 162
| 170 | 마진에서 자다 宿馬津 ⋯ 162
| 171 | 도담 島潭 ⋯ 163
| 172 | 다시 지음 再賦 ⋯ 163
| 173 | 정씨의 정원 鄭氏園 ⋯ 164
| 174 | 석문 石門 ⋯ 164
| 175 | 은주암 隱舟巖 ⋯ 165
| 176 | 이별 뒤의 기록을 붙여 놓음 附別後錄 ⋯ 166
| 177 | 용문 섬돌 산수화 노래 龍門砌石山水畫歌 ⋯ 166
| 178 | 은행나무 文杏 ⋯ 167
| 179 | 수월암 水月菴 ⋯ 168
| 180-187 | 산사기행 山寺紀行 ⋯ 169
| 188 | 허성화의 시에 답함 答許聖和韻 ⋯ 172

189 금사에서 낙조를 보다 金沙觀落照 … 173
190 금사사에서 묵다 宿金沙寺 … 173
191 용추 龍湫 … 174
192 서쪽 지방의 유람 西遊 … 175
193 한양에서 일찍 출발하여 고향으로 돌아오다 自京早發還鄕 … 176
194-204 하담의 초려에서 서선과 함께 짓다 7율 7수 5율 4수
　　　　荷潭草廬與書船共賦 七律七首 五律四首 … 176
205-208 정월 보름날의 풍습 上元雜截 … 185
209 옥수수 玉蜀黍 … 187
210 섣달 그믐날 밤 除夕 … 188
211-218 정운리에게 주다 贈鄭雲里 … 188
219 감영지정 鑑影池亭 … 193
220-225 북동 北洞 … 194
226-229 그대를 보내고 겸하여 봄을 보내다 送君兼送春 … 197
230-231 운정집의 시에 차운하다 次雲汀集韻 … 200
232-241 봄 기러기 春雁 … 201
242-243 수봉의 집에서 함께 읊다 數峰家共賦 … 204
244-245 동천을 만나다 逢洞天 … 206
246-248 영수 물가의 봄밤 潁湄春夜 … 207
249-251 송릉에서 동천을 찾아가다 松陵訪洞天 … 209
252 가을의 흥취 秋興 … 210
253 성중에게 부치다 寄聲中 … 211
254 중여에게 부치다 寄重汝 … 212
255 명서의 집에서 한자한자의 운으로 시를 짓다 明瑞家限韻 … 213
256-258 후천댁에서 자다 宿后泉宅 … 213
259-260 취원루 聚遠樓 … 215
261-262 동천을 기다리나 오지 않음 待洞天不至 … 216

263-264 산재에서 눈을 만나 취성당금체를 본떠 짓다
   山齋遇雪效聚星堂禁體 … 217

265 김천 도중 金川道中 … 220

266 도중에 눈을 만나다 道中逢雪 … 221

267 만월대 滿月臺 … 222

268 총수 蔥秀 … 222

269-270 부벽루 浮碧樓 … 223

271 도중에 짓다 道中作 … 224

272 백상루 百祥樓 … 224

273 의주에 머무르다 留義州 … 225

274 의주에서 신자하의 이별시에 차운하다 灣上次申紫霞別詩 … 226

275 또 신자하의 시에 차운함 又次申紫霞 … 226

276-278 삼강을 건너다 渡三江 … 227

279 구련성 가는 도중 九連城道中 … 228

280 산해관 山海關 … 229

281 고려총 高麗叢 … 229

282 오산에게 주다 贈吳山 … 230

283 수레 속에서 짓다 車中作 … 231

284 요동 들 遼野 … 231

285-286 들을 바라보다 望野 … 232

287 산해관 도중 山海道中 … 233

288 이제묘 夷齊廟 … 234

289 강녀묘 姜女廟 … 234

290 산해관 山海關 … 235

291 일찍 출발하다 早發 … 235

292 들 가운데서 사방을 바라보다 中野四望 … 236

293 갑군의 장막 甲軍幕 … 236

294 안주의 기녀 혜란에게 주다 贈安州妓蕙蘭 … 237

295 언덕에 오르다 登皐 … 237

296 영평부를 지나다 過永平府 … 238

297 지현知縣 조당趙瑭에게 주다 贈趙知縣瑭 … 238

298 눈 온 밤에 주국인周菊人이 왕림하다 雪夜周菊人見枉 … 239

299-300 돌에 대해 쓰다 題石 … 240

301-302 부채에 써서 중서 오사권에게 주다 題扇贈吳中書思權 … 241

303 방철항이 보내온 시에 차운하다 次方鐵港見贈韻 … 242

304-307 민재敏齋 웅보서熊寶書에게 주다 贈熊敏齋寶書 … 243

308-314 주국인에게 주다 贈周菊人 … 245

315 관화 官話 … 248

316-319 연경에 가는 조종고를 전송하다 送趙鍾皐入燕 … 251

320 범영각에서 머물며 이야기하다 帆影閣留話 … 252

321 도중에 금비녀를 줍고서 道中拾得金釵 … 253

322-324 현대각에서 정선사를 만나 이경천과 함께 읊다
　　　　玄對閣逢淨禪師共李敬天賦 … 254

325 보름날 밤에 현대가 보내준 시에 화답하다
　　　上元夜和玄對見寄韻 … 256

326-329 정상인이 찾아오다 淨上人見訪 … 257

330 정상인에게 주다 贈淨上人 … 259

331 2월 6일에 쓰다 二月六日書 … 260

332 개똥 狗矢 … 261

333 이입정의 시에 차운하다 次李笠亭 … 262

334 김제로 돌아가는 길에 산사에서 묵다 金堤歸路宿山寺 … 263

335-340 매화 6수 梅 六首 … 263

341-346 매사의 여러 벗과 함께 짓다 與梅社諸友共賦 … 266

347 영창 影窓 … 270

348 망건 網巾 … 270

349-352 박릉양(종선) 신구봉(옹)과 함께 읊다
與朴菱洋(宗善)申九峰(滃)共賦 … 271

353-363 공재에서 숙직하면서 여러 절구를 짓다 恭齋直中雜絶 … 275

364-373 김산천의 강동 임소로 보내다 寄金山泉江東任所 … 279

374-377 밤에 (화계 남천과) 함께 읊다 夜與(花溪南川)共賦 … 283

378 써서 정언 한용간에게 주다 書贈韓正言用幹 … 285

379-383 봄날 공재에서 숙직하며 김(상사上舍 응근)과 함께 당나라 율시
운을 뽑아 짓다 恭齋直中春日與金(上舍膺根)共拈唐人律韻 … 286

384 배를 타고 가며 江行 … 290

385-396 이입정을 애도하다 12수 哭李笠亭 十二首 … 290

397-404 금부를 중수한 뒤에 동료 이계재와 함께 지어 8수에 이르다
重修禁府後與李僚繼在共賦至八疊 … 295

405 이군목에게 주다 贈李君牧 … 300

406 불구정 2 不垢亭 2 … 301

407 단곡이 시 읊는 곳 鍛谷吟詩處 … 302

408 부임지 영천으로 떠나는 이군목을 전송하다
送李君牧之任榮川 … 303

409-411 채일사가 보내준 절구 3수에 삼가 화답하다
奉酬蔡逸史見寄三截句 … 304

412-416 중서 오사권에게 보내다 寄吳中書思權 … 305

417-418 유가사瑜伽寺의 반송 瑜伽盤松 … 307

419 이공제 李公堤 … 308

420 의산에 있는 여러 집안 사람에게 써서 주다 題贈宜山諸族人 … 309

421 장흥의 선비 양규영가에 '희구당'이 있는데 이미 부모님이 돌아가신 뒤에도 그 편액을 고치지 않았으니, 기뻐함을 다시 할 수 없고 두려움을 면할 수 없음을 깊이 알았기 때문이다. 이것으로 스스로 슬퍼하고 이어

이것으로 자손을 경계한다고 한다. 시를 지어 화답을 구하기로 차운하
다 長興梁士人鐘永家 有喜懼堂 旣孤露而不改其扁 深知夫喜之不可復而
懼之不可免也 以是自悼 因以是戒子孫云 有詩求和 次其韻 … 309

422 곽씨의 정려각에서 편액의 시에 차운하다 郭氏旌閭閣次板上韻 … 311

423 병을 앓으며 病中 … 311

424-426 유가사의 반송 瑜伽寺盤松 … 312

427 안찰사 이재彝齋와 함께 동화사에 놀러가다
遊桐華寺同彝齋按使 … 314

428 우연히 측간 옆의 국화를 읊다 偶咏厠邊菊 … 314

429 가지에 걸려있는 마른 말고삐 稿索懸枝 … 315

430-449 병을 앓으며 일을 적다 20수 病中書事 二十首 … 315

450 소상팔경 시 한 수를 차운하다 次瀟湘八景一首 … 322

451-455 메밀 蕎麥 … 322

456 가을날에 금리와 함께 짓다 秋日與錦里共賦 … 324

457 국화를 대하고 운자를 부르다 對菊呼韻 … 325

458 육방옹 시의 운에 맞추어 짓다 拈陸律韻 … 325

459-461 가을밤에 운자를 뽑아 박금리·이함호와 함께 짓다
秋夜拈韻同朴錦里李菡湖賦 … 326

462-463 두보시의 운자를 뽑아 짓다 拈杜律韻 … 328

464-465 이날 밤 운자를 불러 또 오언시를 짓다 2수
卽夜呼韻又賦五字 二首 … 330

466 춘원에 동랑이 들르다 春園冬郞相過 … 331

467 박금리와 함께 승지 임문경을 방문했는데 정언 박광오도 모였다
同朴錦里訪任文卿承旨朴正言光五亦會 … 332

468 계묘년 가을에 강화도 남장대에서 편액의 운에 맞추어 짓다
癸卯秋沁島南將臺次板上韻 … 333

469 조지원이 밤에 찾아오다 趙芝園夜至 … 334

470-479 삿갓 笠 … 336
480-481 추군이 근무하는 관아에서 정황파를 만나다
　　　　秋君廨舍逢鄭黃坡 … 342
482 달성의 객사에서 써서 사군使君 분서汾西에게 주다
　　達成客舍書贈汾西使君 … 343
483 황생을 축하하여 쓰다 賀題黃生 … 344
484 평재가 보냄이 있어 萍齋有贈 … 345
485 최생에게 주다 與崔生 … 346
486 회갑일의 회포 弧辰述懷 … 347
487-488 황나와에게 주다 酬黃蘿窩 … 347
489 화답하여 침천정을 쓰다 和題枕泉亭 … 349
490 목화 草綿 … 350
491 산인이 찾아오다 山人見過 … 351
492 침천정에서 자며 주인과 함께 읊다 宿枕泉亭主人同賦 … 352
493 남쪽 시내에서 고기를 관찰하다 南溪觀魚 … 352
494 허곡하와 함께 밤에 이야기하다 同許穀下夜話 … 353
495 이군 연죽에게 주다 贈李君然竹 … 354
496 취하여 백동주인에게 주다 醉贈白洞主人 … 355
497-498 제봉이 최죽전에게 보낸 시의 운에 화답하다
　　　　和霽峰寄崔竹顚韻 … 356
499-500 황노인의 장수를 비는 운에 따라 黃老人壽韻 … 357
501-506 촉감燭龕의 위로 둥근 구멍이 뚫려 있어 환한 빛이 위로 향했으
　　　　니, 위를 쳐다보면 마치 하늘에 달이 있는 것 같았다 燭龕上鑿圓
　　　　孔 光明上射 仰屋而看 如天有月 … 358
507 머리를 빗다 梳頭 … 361
508 거미줄 蛛網 … 361
509 교방의 마룻대에 쓰다 題敎坊上樑 … 362

510-511 봉선화 鳳仙花 … 362
512-513 떠나는 이척에게 주다 贈別李戚 … 363
514 소무계의 경석 小戊溪上磬石 … 364
515 세 사군과 함께 도담에서 배를 타고 놀다 同三使君舟遊島潭 … 365
516-518 희방산의 승려에게 주다 贈喜方山僧 … 366
519-527 장난으로 지어 운선에게 주다 戲贈雲仙 … 367
528-529 권계구와 옛날 이야기를 하다 與權季構話舊 … 372
530 병을 앓으며 病中 … 373
531-532 이한림을 보내다 送李翰林 … 373
533-534 강가의 누대에서 읊다 江樓吟 … 374
535-537 해주의 기생 도홍에게 주다 贈海妓桃紅 … 375
538-539 호정 상인이 강산康山의 초가를 들르다
         昊淨上人過康山草廬 … 376
540-547 조령팔영 鳥嶺八詠 … 377
548-562 산에 살며 15수 山居雜絶 十五首 … 380
563 그저 읊다 漫詠 … 386
564 버드나무 柳 … 386
565 남에게 보임 示人 … 387
566 남과 함께 지음 同人作 … 388
567 은낭隱囊에서 술이 취해 서로 베고 누워 어느 때인지 몰랐다. 홀연 처맛물이 주룩주룩 떨어지는 소리를 듣고 일어나 보니 짙은 구름이 사방에 펼쳐있고 빗발이 삼대 같았다. 심한 가뭄 끝에 말라 오그라져가던 것들이 모두 깨어났다. 인하여 비로 제목을 삼아 다시 석공 시의 운으로 지었다 隱囊中酒 相與枕藉 不辨何時 忽聞詹溜淋浪 起看 濃雲四布 雨脚如麻 亢旱之餘 焦卷俱蘇 仍以雨命題 復拈石公詩韻 … 389
568 또 앞 시의 뜻을 늘이다 又演前意 … 390
569 고향으로 돌아가는 사람에게 주다 贈人還鄕之行 … 391

570-571 무릉으로 돌아가는 족형 경리를 보내며 원곡의 운으로 쓰다
送族兄景理歸武陵 拈袁谷韻 … 392

572 산사 山寺 … 393

573 단양절에 느끼어 기록하다 端陽節感志 … 394

574 목호를 지나다 감회가 있어서 過鷔湖感懷 … 395

575 연소정에서 지원과 함께 짓다 燕巢亭与芝園共賦 … 395

576 집안 사람(정규正圭)의 집에 있는 구선계첩九仙禊帖에 쓰다.
원래의 시에 차운하다 題宗人(正圭)家藏九仙禊帖 次原韻 … 396

577 객사에서 황파黃坡를 만나다 客舍逢黃坡 … 397

578 평재에게 화답하여 주다 和寄萍齋 … 398

579 청귀정에서 짓다 題青龜亭 … 399

580 제군들과 기악妓樂을 대동하여 금선정에 놀러가기를 약속하다
同諸君携妓樂約游錦仙亭 … 400

581 또 취송醉松의 시에 차운하다 又次醉松韻 … 400

582-583 석초石樵가 화산으로 돌아갈 적에 화답하여 주다
和贈石樵歸花山 … 401

584 단산丹山으로 유람 가는 이한림을 전송하다 送李翰林游丹山 … 403

585 써서 행농杏農에게 주다 書贈杏農 … 403

586 또 행농杏農에게 주다 又贈杏農 … 404

587-590 옛 뜻 古意 … 404

591-592 금산사 金山寺 … 406

593 양류사 楊柳詞 … 407

《附》1 호명부 好名賦 / 409

《附》2 우촌 남상교의 편지 4통 / 414

《附》3 정와선생문집 발문 貞窩先生文集跋 / 424

《附》4 쌍령유서 발문 雙嶺遺書跋 / 427

해 제

  우촌(雨村) 남상교(南尙敎, 1784~1866)는 일반에 널리 알려진 시인은 아닙니다. 그동안 몇몇 전문 연구자들 사이에서 조선 후기 남인계 시인이자, 한(韓)·중(中) 교류사적 측면에서 그 일부분만 주목받았을 뿐이었다. 하지만 앞선 연구에서도 지적했듯, 남상교는 조선 후기 한시사(漢詩史)에서 가장 주목할만한 시인 중 한 명이다. 그가 신앙인으로서 불우하게 삶을 마감했기에 문집이 온전히 보존될 수 없었고, 학계에서는 본격적인 연구조차 이뤄질 수 없었다. 비로소 남상교 후손의 지원과 여러 신부님들의 노력으로 남상교의 시집이 세상에 공개될 수 있었다. 그 깊은 뜻에 특별한 사의를 표한다. 이제 이 글에서는 저자 남상교에 대해 알아보고, 현재 남아 있는 그의 시집 필사본 이본 양상과 시집 속 주요 내용에 대해 검토해보겠다.

1. 저자 남상교의 생애와 인간

  먼저 저자 남상교에 대해 알아보자. 남상교는 충북 제천시 백운면 화당리에서 태어났다. 그의 아버지는 통덕랑(通德郞) 남이우(南履佑)이었고, 어머니는 정랑 이기풍(李基豊)의 딸이었다. 본관은 의녕(宜寧)으로, 초명은 상중(尙中), 자는 문숙(文叔), 호는 우촌(雨村)·삼수당(三秀堂)이다. 그는 연안(延安) 이씨인 이세관(李世瓘)의 여식과 결혼해서[1] 딸 세 명을 둔 듯하다.[2] 그리하여 종제(從弟)인 남탄교(南坦敎)의 아들인 종삼(鍾三)을 자신의 양자로 들였다.

  타고난 성품이 어질고 재질이 총명했던 남상교는 어릴 적부터 재주로 이름을 날렸다. 그는 실용 학문에도 관심이 많아 역학과 농학에도 조예가 깊었다고 한다.[3] 그러한 우촌의 삶은 크게 조정의 관리이자 시인, 그리고 천주교 신앙인으로 나눠 살펴볼 수 있다.[4]

  1816년(33세, 순조 16년) 남상교는 진사시(進士試)에 합격하였다. 하지만 이후 대과(大科)에는 급제하지 못했다.[5] 몇 년 후인 1825년(42세) 10월, 남상교는 동지정사(冬至正使) 목계(鶩溪) 이면승(李勉昇) 일행을 따라 연행길에 오른다. 그리고 약 5개월 후인 이듬해 3월에 귀국하였다. 이때 남상교가 어떠한 자격으로 연행단을 수행했는지는 불분명하다. 하지만 연경에서 남상교는 청나라의 문인인 오사권(吳思權, 1782~1851)·채일(蔡逸, 1786~?) 등과 교류했다는 사실이 그의 시를 통해 확인된다. 당시 이들을 통해 우촌은 서양 문물을 접했을 가능성이 크다.

---

1 《남보(南譜)》, 498면;《의령남씨 족보》권1, 의령남씨 대종회, 2006, 716면.
2 "貧家三娣妹 一娣嫁前年 二弟如娣長 翁婆心更憐", 申緯,〈次韻南雨村進士寄示春日山居 絶句十五首〉,《警修堂全藁》〈詩夢室小草一 丁亥(1827년) 十月至十一月》). "參差有三女 其一嫁經年", 南尙敎,〈山居雜絶 十五首〉
3 이원순,《성인 남종삼과 그 일가의 천주 신앙》, 기쁜소식, 2009, 60~61면. 이원순 교수의 저술에는 남상교의 생애 등이 자세히 서술되어 있다.
4 이후의 기술은 이원순과 이현일(〈우촌 남상교 시 연구〉,《한국한문학연구》제42집, 한국한문학회, 2009)의 논저를 많이 참고했다. 또한 전에 배론성지를 맡았다가 현재 수원가톨릭대의 여진천 신부님께 도움 받았다.
5 40세(1823년, 순조 23년)까지 대과에 급제하지 못했음을 다음을 통해 알 수 있다. "是年春 余屈南宮 季構中選", 南尙敎,〈與權季構話舊〉. 계구(季構)는 권대긍(權大肯, 1790~?)의 자(字)로 순조 23년(1823년) 정시(庭試)에 합격하였다.

그 이후, 1837년(헌종 3년) 6월에는 통례원(通禮院)의 인의(引儀),[6] 그해 9월 장악원(掌樂院)의 주부(主簿),[7] 12월 의빈도사(儀賓都事)와 현풍현감(玄風縣監)[8]을 지냈다. 그는 목민관으로서 지방 행정에 힘썼다. 특히 백성들에게 선정(善政)을 베풀어 1841년 4월에 경북 달성군 현풍면에는 남상교의 청덕비(淸德碑)가 세워졌다.[9] 이어 1842년쯤 한성주부(漢城主簿), 1843년 풍기군수(豐基郡守), 1847년 경상도의 영해부사(寧海府使), 1848년 충주목사(忠州牧使) 등을 역임했다. 그 후 돈녕도정(敦寧都正)의 일을 맡아보았다.

하지만 남상교의 관직 생활은 그리 순탄하지 않았다. 그는 자신의 시에서 "미관말직 고생 심해 낚싯대 걸린 고기 같고, 세상일은 달리는 천리마보다 급하다네.[微官困甚竿魚上 世事忙於隙驥驅]"라고 하였다. 여러 차례 천주교 박해 이후, 남인(南人)에 속했던 그가 당대 정국의 격랑에서 많은 어려움을 겪은 것으로 보인다.

남상교는 연경을 향해 갈 때 "뱃속에 책 담은 너 더욱더 아낄 만 해, 머나먼 중원이 바로 고향과 같도다.[腹中書籍堪憐汝 萬里中原是故鄕]"[10]라고 스스로 자신의 학식에 대한 자부심을 드러냈다. 하지만 동시에 자신의 시재(詩才)에 대한 명성에 부담을 느끼기도 했다.[11] 조선 후기 대표 문인인 홍한주(洪翰周)는 그의 저술 《지수염필 智水拈筆》에서 남상교의 시를, 자하(紫霞) 신위(申緯, 1769~1845)의 시와 나란히 두며 진정으로 '시인의 시'라 평하였다. 남상교의 시사적 위상을 짐작할 수 있는 부분이다.

---

6 《承政院日記》憲宗 3年 6月 26日 壬申.
7 《承政院日記》憲宗 3年 9月 25日 更子.
8 《承政院日記》憲宗 3年 12月 24日 丁卯; 12月 27日 庚午.
9 비석은 현풍면 사무소 뜰에 있었는데, 1974년 5월 절두산 성지로 옮겨졌다.
10 〈道中逢雪〉
11 "老怵詩名重 吳江舊落楓", 〈卽夜呼韻又賦五字 二首〉

또한 시인들의 모임인 '매사(梅社)'에 참여하여 활동했고 동인(同人)들의 시를 모은 《매사시 梅社詩》가 중국에 전해졌다.[12] 남상교의 시를 살피면 주로 가까이 지낸 문인은 신위(申緯, 1769~1845)·조수삼(趙秀三, 1762~1849)·이학규(李學逵, 1770~1835)·이만용(李晩用, 1792~?)·심능숙(沈能淑, 1782~1840)·권돈인(權敦仁, 1783~1859) 등이다.

말년의 남상교는 천주교 신자이었기에 핍박받다 삶을 마감했다. 그가 구체적으로 언제부터 천주교를 믿었는지는 알 수 없다. 하지만 장인의 조카인 이용섭(李用燮)이 1801년 신유박해 때 귀양갔었기 때문에 결혼하면서부터 천주교 자체에 대한 인식은 있었으리라 본다. 뒤이어 인용할 《승정원일기 承政院日記》(고종 3년, 1866.1.24)에서 "사서(邪書)에 심히 미혹하여 평소 외우고 익힌 지가 이미 수십 년에 이르렀습니다."라는 언급을 염두에 둔다면. 남상교는 최소 그의 나이 70세 쯤부터는 천주교 신앙인으로서 살았다. 하지만 그의 주위나 조정에서는 우촌이 생을 마감하기 직전에야 인지한 것으로 추정된다. 1865년 2월 19일, 그가 죽기 일 년 전쯤, 그가 동지돈녕부사에 임명된 것이 이를 반증하는 부분이다. 그의 입교는 아들 남종삼 등 그의 주위에 커다란 영향을 주었다. 다음은 《승정원일기》의 기록이다.

> 남종삼(南鍾三)의 아비 상교(尙敎)는 사서(邪書)에 심히 미혹하여 평소 외우고 익힌 지가 이미 수십 년에 이르렀습니다(고종 3년, 1866.1.24).

> 조낙승(曺洛承)은 몹쓸 기운이 그의 한 몸에 모여들어 천성이 교활하고 흉측합니다. 이미 상교에게서 공부를 하여 사서를 독실하게 믿어 전습하였고, 또다시 종삼과 함께 그 책을 읽어서 돈독한 세교(世交)를 맺었습니다(고종 7년, 1870.9.12).

---

12 "僕與東方文士十人結梅社 曾有梅社詩一卷入中國", 〈贈周菊人〉의 註.

정확한 시기는 알 수 없으나, 그는 신앙생활을 위해 충주 고을을 떠나 제천 땅의 산골 마을인 묘재[山尺, 현 제천시 봉양읍 학산리]로 거처를 옮겼다. 1866년 3월 체포되어 제천 고을에 투옥되었다가 공주 감영의 옥으로 이송된다. 그리고 그해 4월 옥중에서 83세의 나이로 순교했다. 그의 순교 사실에 대해서는 원주 풍수원 근처 수구대에 사는 김 실베스텔이 다음과 같이 증언했다.

> 남 아우구스티노는 충주읍 양반이오. 충주목사로서 참판까지 지내었으며, 남(종삼) 요한의 양부라. 병인년 정월에 제천읍에 갇혔다가 충주로 이수(移囚)하였더니 또 공주로 가서 치명하였다는 말도 들었삽고 그 때 나이 근 80 노인이라 이 고을 저 고을로 잡혀 다니다가 기진하여 죽었다고 하고. 죽은 후에 그의 서자 남한양이가 그 시체를 거두어 장사 지냈는데 그 목에 목매었던 자리가 있더라는 말을 들었습니다.[13]

이처럼 우촌은 천주교 신자로서 삶을 마감했다. 어려서부터 백일장에 나가 글재주로 명성을 날렸고, 자하 신위의 시에 비견되던 그가 시 이외의 저술이 거의 남아 있지 않은 이유가 바로 여기에 있다.[14]

2. 우촌 시 자료의 이본(異本) 양상

현재 남아 있는 우촌 시 자료는 이현일 교수의 선행 연구에서 꼼꼼하게 정리되었다.[15] 이 논문에서 우촌 필사본 시집의 양상과 성격에 대한

---

13 《병인치명사적》 권23, (1923.7.29. 드브레 주교 편집, 필사본 한국교회사연구소 소장), 123~124면. 《병인박해 순교자증언록》 정리번호 160, 한국교회사연구소, 1987, 299면.
14 이원순, 앞의 저서, 70~72면 참조.
15 이현일, 앞의 논문 참조.

기초적인 정리가 이루어졌다. 이 부분을 대략 다음과 같이 정리해볼 수 있다.

1) 《청랑간관초고 靑琅玕館初稿》 계열
　　* 고려대 도서관 소장본
　　* 계명대 동산도서관 소장본
　고대본 기준: 시(詩) 203제(題) 453수(首), 〈호명부(好名賦)〉 1편(篇). 1865년 필사, 창작 시기별로 배열한 것으로 추정. 가장 이른 시기에 정리된 것이거나, 그것을 토대로 필사된 사본으로 보임.

2) 《삼수당시초 三秀堂詩抄》 계열
　　* 수경실(修綆室) 소장 《삼수당시초》
　　* 연세대 중앙도서관 소장 《삼수당시집(三秀堂詩集)》 2종
　수경실 소장본 기준: 시(詩) 67제(題) 135수(首), 신위(申緯)가 정리한 것으로 보임. 《청랑간관초고》 이후에 지어진 작품들을 많이 수록.

3) 《우촌유시 雨村遺詩》 계열
　　* 서강대학 중앙도서관 소장 《우촌유시》
　　* 서울대 규장각 소장 《우촌시고》
　《우촌유시》와 《우촌시고》는 내용이 거의 같음.
　《우촌유시》 기준 136제(題) 244수(首). 형식별로 배열.

4) 그 밖의 사본
　　* 국립중앙도서관 소장 《청랑간관초고》 117제(題) 260수(首)
　　* 국립중앙도서관 소장 《삼가풍요(三家風謠)》 1892년 필사
　　* 《대동시선(大東詩選)》 10제(題) 20수(首)

위에서 제시한 이본 이외에 하버드대본《우촌시초 雨村詩鈔》[k5568.3 2101(1)]와 안대회 교수 소장본《우선 雨選》이 있다.《우촌시초》에는 7율 101수가 실려 있는데 1861년 난실(蘭室)에서 필사되었다.《우선》에는 최소 111수가 실려 있다.[16] 위의 이본 중 가장 중점을 둬야 할 자료는 1)《청랑간관초고 靑琅玕館初稿》계열과 3)《우촌유시 雨村遺詩》계열이다. 두 이본에 우촌 시의 대부분이 실려 있다. 이 두 이본에 실리지 않은 시는 국립중앙도서관 소장《청랑간관초고》에 15제 18수(〈단양절에 느끼어 기록하다 端陽節感志〉·〈목호를 지나다 감회가 있어서 過鶩湖感懷〉 등), 한국학중앙연구원 장서각 소장《금심 錦心》에 7제 8수(〈그저 읊다 漫詠〉 등), 국립중앙도서관 소장《삼가풍요 三家風謠》에 1수(〈양류사 楊柳詞〉),《대동시선 大東詩選》에 1제 2수(〈금산사 金山寺〉),《우선》에 1수(〈한서암에 방문하다 訪寒棲庵〉)이다. 이를 모두 총괄해 지금까지 확인할 수 있는 우촌의 시는 대략 593수 정도이다.

그리고 이렇게 남아 있는 이본 속 작품들의 양상도 퍽 복잡하다. 우선 고대본《청랑간관초고》에 실린 〈두보시의 운자를 뽑아 짓다 拈杜律韻(7율 3수)〉(이하 〈염두율운〉)을 예로 들겠다. 이 작품은 여러 이본에 전부 또는 일부가 실려 있다. 고대본《청랑간관초고》를 기준으로 하여 게재와 시제 양상을 표로 정리하면 다음과 같다.[17]

---

16 《우선(雨選)》의 앞부분에는 '우촌시(雨村詩)'라고 적혀 있으나 전체가 남상교의 시인지 확신하기 어려웠다.
17 (×)은 해당 시가 실려 있지 않음을 표시한다.

《靑琅玕館初稿》 (고대본)	《雨村詩稿》	《雨村遺詩》	《三秀堂詩抄》	《靑琅玕觀初稿》 (중앙도서관본)	《三家風謠》· 《雨村詩鈔》 (하버드대본)
〈拈杜律韻〉 (7율 3수) 其一	〈拈韻〉	〈拈韻〉 其一	(×)	〈錦里宅與 主人限韻〉 (7율 3수) 其一	〈秋懷〉 其一
其二	(×)	〈拈韻〉 其二	(×)	其二	其二
其三	〈吟社〉	〈吟社〉	〈吟社〉	其三	(×)

위의 표를 보면, 고대본《청랑간관초고》에 실린 〈염두율운〉이 중앙도서관본《청랑간관초고》에만 〈금리택여주인한운 錦里宅與主人限韻〉라는 시제로 그대로 실려 있고, 타 이본에는 일부만이 다른 시제로 적혔다는 것을 알 수 있다. 그런데 위의 수경실(修綆室) 소장《삼수당시초 三秀堂詩抄》에 실려 있는 〈음사 吟社〉는 7율 2수로 그중의 '其二'가 고대본《청랑간관초고》에 실린 〈염두율운〉의 '其三'에 해당한다. 이런 현상은 다른 이본에서도 마찬가지다. 하버드대본《우촌시초》에 실려 있는 〈추회 秋懷〉는 7율 3수로 그 중의 '其一'과 '其二'가 고대본《청랑간관초고》에 실린 〈염두율운〉의 '其一'과 '其二'에 해당한다. 이처럼 이본 간의 시제와 게재 양상이 상당 부분 일치하지 않는다.

이뿐 아니라 시어에서도 편차를 보인다. 다시 〈염두율운〉을 예로 들어, 이본마다 시어의 차이를 표로 제시하면 다음과 같다.[18]

---

18 ■은 공란으로 되어 있음을 표시한다.

《青琅玕館初稿》 (고대본)	《雨村詩稿》	《雨村遺詩》	《三秀堂詩抄》	《青琅玕觀初稿》 (중앙도서관본)	《三家風謠》	《雨村詩鈔》 (하버드대본)
其一 1聯 1句 遠客秋懷淡似烟	遠客秋懷淡如烟	遠客秋懷淡如烟	(×)	(고대본)과 同	(고대본)과 同	(고대본)과 同
其一 3聯 1句 劉勰文心尋古道	劉■文心尋古道	劉向文心尋古道	(×)	(고대본)과 同	(고대본)과 同	(고대본)과 同
其二 1聯 2句 況値孤遊百念時	(×)	況値孤遊萬念時	(×)	(고대본)과 同	況値孤遊萬里時	念時
其二 2聯 1句 肆志元爲君子次	(×)	肆志元爲君子取	(×)	(고대본)과 同	肆志元爲君子■	(고대본)과 同
其二 3聯 2句 蕉意經霜展葉遲	(×)	蕉葉經霜展葉遲	(×)	(고대본)과 同	(고대본)과 同	(고대본)과 同
其三 2聯 2句 對燭熊丸讀左韓	對榻熊丸讀左韓	對榻熊丸讀左韓	對榻熊丸讀左韓	(고대본)과 同	(×)	(×)

이처럼 동일한 시임에도 연(聯)과 구(句)에 따라 이와 같은 시어의 차이를 보인다. 대부분의 문학 작품이 그러하지만, 특히나 시는 글자 하나, 시어 하나에 시 전체의 의미가 전연 달라질 수 있다. 그러므로 이후 진행될 우촌의 시에 대한 심도 깊은 연구를 위해서라도 하루 빨리 정본을 만드는 작업이 필요하다.

3. 우촌 시의 주요 내용

현재 전하는 우촌의 시 593수 중 그 주요 내용을 구분하면 다음의 세

부분으로 크게 나뉜다. 먼저 자신의 시적(詩的) 역량과 관리로서의 처지에 대한 생각이다. 우촌은 스스로 자신의 문학적 재능에 대해 상당한 자부심을 지닌 인물이었다. 이러한 부분은 1825년, 연행을 떠나며 지은 시에서 확인할 수 있다. 그는 유비(劉備)가 제갈량(諸葛亮)을 만나기 위해 삼고초려(三顧草廬)했을 당시 제갈량이 자신의 처지를 은유적으로 읊었다고 알려진 시를 인용하며,[19] 자신의 웅지(雄志)를 드러낸다. 중국이란 큰 세상에 나아가며 자신의 재능을 알아줄 사람을 만나겠다는 우촌의 포부와 욕심이 드러나는 대목이다.

> 뱃속의 책 담은 너 더욱더 아낄 만해,
> 머나먼 중원이 바로 고향과 같도다.
> **腹中書籍堪憐汝 萬里中原是故鄉**[20]

또한, 우촌은 자기 자신을 '엎드려 있는 천리마'에, 자신의 시정(詩情)은 남송(南宋) 사대가인 육유(陸游)와 범성대(范成大)에 비견하기도 했다. 이러한 자부심은 세간에 퍼진 자신의 시에 대한 명성에서 비롯되었다. 그는 시인으로서 자신의 위치를 충분히 인지했고, 시도(詩道)에 대해서도 자부했다. 다음의 시를 보자.

> 늙어감에 시명詩名 무거워짐 겁을 내니,
> 오강吳江에 옛 단풍이 떨어지네.
> **老怯詩名重 吳江舊落楓**[21]

---

19 〈書樓獨臥〉, "止竟大名垂宇宙 草堂春夢有誰知".
20 〈道中逢雪〉의 일부.
21 〈卽夜呼韻又賦五字〉의 일부.

시도詩道는 응당 새기고 계획함이 아니라,
신령한 마음 활법活法으로 때에 맞게 운용해야지.
…
정영精英한 기운 합치는 곳서 원래 감응해야지,
고친다고 각별히 정 있는 게 아니라네.
詩道應非刻劃成 靈心活法與時行 …
精英合處元相感 不是針磁別有情[22]

이처럼 우촌의 재능과 역량은 주위에서 인정받았다. 심지어 실록에서 조차 '남상교는 본래 약간이나마 재능과 식견이 있는 사람'[23]이라 했으니 그의 재능에 대한 이견은 없는 듯하다. 하지만 이와 반대로 관리로서의 우촌은 위태로운 상태였다. 50~60대에 줄곧 관직생활을 했던 그였지만, 관리로서는 자신의 포부를 펼칠 수 없다고 생각했다.

영남사람 삼청자(三靑子)에게 준 시에서 우촌은 "공평한 도리 없음 탄식하노니, 높은 재주 오히려 불우하다네.[歎息無公道 高才尙轗軻]"라고 했다. 삼청자는 40세의 나이로 과거에 응시했으나 급제하지 못한 자였다. 낙방한 사람을 위로하는 시였으나, 높은 재주가 있다 해도 불우하다는 구절은 스스로의 처지를 빗댄 자조적인 표현이었다. 이는 또 다른 시의 구절에서 보인다. 우촌은 "조물주는 겸하여 주지 않으니, 문장가 절반은 곤궁하다네.[造化無兼與 文章半是窮]"라며 어려운 처지에 있는 문장가들의 삶에 대해 이야기했다. 앞서 제갈량에 비할 만큼 큰 포부를 가진 그였지만 우촌은 세상에 크게 쓰이질 못했다. 정치적으로 소수파였던 그는 한직(閑職)만 맡았을 뿐이었다. 다음 작품은 관리로서의 우촌의

---

22 〈灣上次申紫霞別詩〉의 일부.
23 "妖腰亂領 雖己就戮 尙有凶魁漏網 一世之所喧傳者 鍾三之父尙敎是耳 渠本薄有才識…"(《高宗純宗實錄》고종 3년. 1월 24일)

모습을 엿보게 한다.

> 시장 멀어 술 사올 수 없음이 한스럽고,
> 벼슬 한미해 후하게 대접할 수 있겠는가?
> 근심은 집 생각하는 새색시와 같고,
> 허둥거림은 이익 좇는 상인과 같구나.
> **市遠恨無春可買 官寒猶有黍能爲**
> **愁如新嫁思歸女 狂似行商逐利兒**[24]

우촌은 "미관말직 고생 심해 낚싯대 걸린 고기 같고, 세상일은 달리는 천리마보다 급하다네.[微官困甚竿魚上 世事忙於隙驥駒]", "관복 걸친 내 모양 아주 우습다.[身上簪袍絶笑吾]", "관 쓰고 도포 두른 모양 내 몸 같지 않아, 그림자 돌아보며 때때로 자주 웃음 터뜨리네.[簪袍樣不似吾身 顧影時時發笑頻]"라고 하며 자신의 관직 생활에 대해 이야기했다. 거듭 반복되는 '우습다[笑]'라는 표현에서 시인의 체념과 자조가 느껴진다. 이러한 우촌이었기에 청 문인들과의 만남은 그에게는 내면을 토로할 수 있는 자리였다. 그들은 시라는 매개체를 통해 서로의 불만족스러운 처지에 대해 비분하기도 공감하기도 하였다.

우촌의 시 가운데 가장 널리 알려진 〈버들개지 여덟 수 柳絮八詠〉도 자신의 처지에 대한 인식과 관련된다.

> 나직이 잠깐 맴돌아 사람 옷에 붙었다가,
> 또 바람에 흔들려 의지할 곳 잃었네.
> 묵은 인연 있는 듯 거미줄에 걸렸는데,
> 지극히 정 많은 제비가 치고 돌아오네.

---

24 〈夜與(花溪南川)共賦〉의 일부.

빽빽이 길에 뿌려진들 뉘 아쉬워하랴?
진흙에 잘못 떨어져 붙으면 일 그르치는데,
옛 나무 공연히 끝없는 한 머금고서,
버들가지 하늘하늘 따라 날고자 하네.
低回一霎點人衣 又被風欺失所依
似有宿緣蛛胃住 劇多情緖燕捎歸
密來糝徑誰相惜 誤落黏泥事已非
故樹空含無限恨 煙絲款款欲隨飛 (其二)

우촌은 나무에서 떨어져 바람에 흔들리는 버들개지의 모습을 섬세하게 묘사했다. 여기서 "생각하니 나와 너 서로 처지 비슷하니, 네 마음 속 어지러움은 내 방자한 시이지.[算來吾與汝相宜 撩亂情懷漫浪詩](其八)"라며 버들개지에 자신을 투영하고 있음을 숨기지 않았다. 또 다른 시 〈버들개지〉에서도 버들개지가 이리저리 날아다니는 모습을 세밀하게 그려 내어 화려한 봄 날씨에 느끼는 어두운 인생의 말로를 극명하게 표현했다.[25]

하지만 우촌은 자신의 불우한 처지에 주저하지 않고 꿋꿋하게 임하였다. 그는 〈유가사의 반송 瑜伽盤松〉에서 "굽은 줄기는 대들보 기둥으로 쓰이질 못하나, 천 칸 집 덮으려는 첫 마음 버리지 않네.[屈幹未成樑棟用 初心不負庇千間]"라고 하였다. 자신이 비록 크게 쓰이지는 않았지만, 처음 품은 마음을 잃지 않겠다는 그의 다짐이 엿보인다. 그의 "지극한 이 야박하게 처하지 않고, 고상한 곡조는 아는 이 적네.[至人不處薄 高調少知音]", "좋은 옥은 옥돌에 머물러 있지 않고, 큰 재목은 끝내 숲에서 나오는 법.[良玉不留璞 大材終出林]", "물 불면 배는 뜨니 다만 진리에 맡기

---

25 정원표, 〈우촌 남상교 시 일고(一考):유서시(柳絮詩)를 중심으로〉, 《홍익어문》 7, 홍익대사범대 국어교육학과, 1988, 615~626면 참조.

고, 한평생 마음 자취는 동진同塵에 있다네.[水到船浮只任眞 一生心跡在同塵]"라는 시구 역시 우촌의 의연한 마음가짐을 짐작하게 한다. 또한 "이 몸은 시비是非의 가운데 있으나, 마음은 시비의 밖에서 노니네.[身在是非中 心游非是外]"고 되뇌며 산사(山寺)에 있는 노송(老松)을 보며 "혹한에도 마음 변치 않길 약속하네.[心期證歲寒]"하는 구절에서도 이러한 우촌의 굳은 의지를 확인할 수 있다.

다음으로, 우촌의 시에서는 고향에 대한 그리움과 전원생활에 대한 동경이 드러난다. 우촌은 관직에 몸담았으나 생활이 곤궁했던 자신의 처지를 곧잘 시로 표현했다. 이는 동시에 자신의 고향에 대한 향수로 연결되었다.

> 외로움이 가장 깊어 밤 함께 긴데,
> 세모의 푸른 등불에 한 책상만 어울렸네.
> 다만 고향 생각에 잠 못 이루고,
> 잠들면 문득 고향에 가는 꿈일세.
> 孤懷耿耿夜俱長 歲暮靑燈伴一牀
> 只爲思鄕眠不得 眠成却是夢還鄕[26]

기러기는 고향이 그리워도 가지 못하는 우촌의 마음을 표현하는 매개체이다. 그는 기러기의 소리를 듣고 그 처지를 부러워하기도,(〈봄 기러기 春雁〉), 꿈속에서 기러기를 따라가기도 한다(〈이날 밤 운자를 불러 또 오언시를 짓다 卽夜呼韻又賦五字〉). 현실적으로 고향에 갈 수 없었기에 깊어졌던 향수를 "남쪽 고을 낚시 친구 부질없이 기다려, 한 조각 작은 배가 호수에 가득하리.[南鄕釣侶空相待 一片瓜皮滿地湖]"라는 구절에서 느낄 수 있다.

---

26 〈旅館歲暮〉의 일부.

전원생활에 대한 동경 역시 그의 시에서 자주 보인다. "어떻게 장미꽃 아래 자그마한 집을 지어, 백조 무리 속 푸른 이내 보며 지낼까?[何當小築薔薇下 白鳥群中望翠嵐]"라는 시 구절만 보더라도 이 생활에 간절함을 느낄 수 있다. 비로소 우촌은 관사 옆 빈터에 채소밭을 마련한다. 그리고는 대단한 전원생활의 멋을 누린다고 여긴다. "관아 종에게 날마다 물주고 김매라 하누나.[吩咐官僮日灌鋤]"라며 매양 채소밭을 가꾸면서도, 전원생활에 대한 꿈을 놓지 않았다. 결국 그는 의림지(義林池)와 가까운 '단양(丹陽)'을 자신의 소망을 이뤄줄 장소로 떠올렸다. 또한 한 폭의 아미산(峨眉山) 그림으로 이루지 못한 전원생활의 아쉬움을 달래기도 하였다.

〈버들개지 8수 柳絮八詠〉과 함께 많이 알려진 우촌의 시로 〈산에 살며 15수 山居雜絶 十五首〉와 〈병을 앓으며 일을 적다 20수 病中書事 二十首〉가 있다. 이들 작품은 남상교의 산골생활과 병중 심회를 잘 보여준다. 다음은 〈산에 살며 山居雜絶〉의 일부이다.

> 바구니 손에 든 몇몇 아녀자들은,
> 푸른 냉이밭에 거닐다 앉았다 하네.
> 세상의 슬픔과 기쁨 전혀 상관없고,
> 노래 부르는 소리 그치지 않네.
> 提籃數兒女 行坐薺田靑
> 哀樂都無管 謳吟自不停 (其四)
>
> 낮은 긴 데 마을 집은 조용하고,
> 베 짜는 소리 벌레 울음과 같네.
> 한 번 아내가 늙고 병든 이후로,
> 언제나 이 소리가 부럽도다.
> 晝長村舍靜 機杼似蟲鳴

一自妻衰病 尋常羨此聲 (其五)

　이 시는 먼저 냉이를 캐는 순박한 아녀자들 모습을 통해 산골의 한적함을 드러냈다. 또한 말미에서는 아내가 병을 앓고 난 뒤의 베를 짜는 모습을 그려 새삼 가족 간의 정도 표현했다. 〈병을 앓으며 일을 적다 病中書事〉는 건강할 때 무심코 보아 넘겼던 주변에 대한 애정과 병중의 심회를 보여준다.

발 걷으니 지지배배 새끼 제비 찾아오고,
노란 오이 파란 콩 온갖 꽃이 피었구나.
뜰 구석 사람 왕래 가장 드문 곳에,
비 온 뒤 검푸른 이끼가 자랐네.
簾捲聲聲乳鷰來 瓜黃荳碧雜花開
庭隅最少人行処 雨過靑紺一色苔

새우젓 파는 아이 큰 소리 치고 있어,
뜰 서쪽 대추나무 울타리로 불렀네.
옛날 살던 강가 사정 한 번 물어보며,
짐짓 더디게 십 전 어치를 사네.
一聲叫過賣鰕兒 招到庭西棗下籬
憑問舊居江上事 十錢交易故遲遲

권하는 죽 미음에 이불 속서 괴로웠는데,
요즘엔 밥과 국을 조금이나 먹는구나.
딸아이가 옆방에서 기뻐하며 축하하길,
"아침 한 술 저녁 또 한 술 드셨네." 한다.

苦厭羹中勸粥糜 日來稍進飯羹爲
女兒隔壁相歡慶 朝一匙添暮一匙

  병중의 우촌은 주위의 작은 변화나 소소한 것들에도 눈길을 준다. 이끼를 바라보거나 새우젓 파는 아이와 조금이라도 이야기를 더 나누기 위해 더디게 값을 치르기도 한다. 아버지 병의 차도를 즐거워하는 딸의 목소리에서 가족의 정을, 자신을 위해 사슴고기를 가져다주는 이웃에게서 따뜻한 인간의 정을 느끼기도 한다. 농사일에 고생하는 노복에게는 연민의 정이 솟아오르기도 한다. 이처럼 〈산에 살며 山居雜絶〉와 〈병을 앓으며 일을 적다 病中書事〉는 생활 속 감정을 섬세하게 포착한다. 또 이를 비교적 쉬운 언어로 표현하고 있어 우촌의 시적 재능을 짐작하게 한다.

  마지막으로, 우촌의 시에는 이별의 정한(情恨)이 자주 포착된다. 우촌의 시구 "자주 술 마신 뒤에 슬픈 노래 잦아지니, 시 가운데 이별의 한 유난함을 어찌하랴.[頻從酒後悲歌屢 可柰詩中別恨偏]"는 이를 잘 보여준다. 그는 "돈 귀신만 세상 가득해 우정은 박해졌고, 궁한 귀신 나 따르니 상쾌한 일 없도다.[錢神滿世交情薄 窮鬼隨人快事無]"라고 생각하며 세상에 살았다. 그는 곤궁한 처지였기에 주위와 어울리기 힘들었다. 그러므로 참된 벗을 사귈 경우 소중히 여겨 한평생 몇 번이나 이러한 편안함을 얻을 수 있을지 자신 스스로를 돌아보았다. 이러한 성품을 지닌 우촌이었기에 지기(知己)와의 이별은 그에게 커다란 상실감을 주었다.

    덧없는 삶 한 번 만남은 참 물 위의 부평초라,
    이제 막 만났는데 이미 이별 근심에 잠기네.

浮生一面眞萍水 才得相逢已別愁[27]

가인佳人은 점점 좋은 시절과 멀어지니,
내일은 배에서 두 가지 한恨 겸하누나.
佳人漸與芳時遠 明日舟中兩恨兼[28]

우촌은 시를 통해 뜻이 맞는 벗을 만난다. 하지만 그런 벗과 이별하는 아픔에는 시가 힘이 되어주지 못했다. 술이 때로는 도움을 주기도 하였으나,[29] 지기와의 영원한 이별인 죽음 앞에서는 그마저도 힘이 되지 못했다.

글·술·거문고·바둑을 물리쳐 버렸고,
강산과 풍월만 보면 눈물이 흐른다.
전혀 즐거워할 만한 세상일이 없으니,
죽은 그대 산 나 거리가 얼마나 되려나?
文酒琴棋廢卻佗 江山風月淚邊過
都無可樂人間事 君死吾生去幾何(其十)[30]

또한 우촌은 시를 통해 연행의 감흥, 스님들과의 교류, 그리고 남녀 간의 애틋한 정을 표현했다. 이중에서 남녀의 애틋한 정을 그린 〈장난으로 지어 운선에게 주다 戲贈雲仙〉[31]은 눈여겨 볼 만하다.

---

27 〈題扇贈吳中書思權〉의 일부.
28 〈送君兼送春〉의 일부.
29 〈宿后泉宅〉, "離別詩何賴 留連酒更呼", 〈逢洞天〉, "離恨差能向酒停".
30 〈哭李笠亭 十二首〉《靑琅玕館初稿》의 〈哭李笠亭 十二首〉이《雨村詩稿》·《雨村遺詩》·《三家風謠》에는 詩題가 〈挽玄對〉로 되어 있는데《雨村詩稿》와《雨村遺詩》에는 12수가《三家風謠》에는 9수가 실려 있다.
31 《雨村詩稿》·《雨村遺詩》·《三家風謠》에 〈戲贈雲仙〉으로 8수 곧 작품번호 519~527이 실려 있고, 國

잠깐 만났다 헤어져 한恨만 공연히 많은데,
웃고 성내지도 않으며 은근 마음 전하네.
풍류 완전히 다 사라짐이 아니란 걸,
일흔인 나 서른 살인 그대 어이할거나?
片時離合恨空多 非笑非嗔脉脉波
不是風流蕭索盡 者稀而立奈伊何 (其二)

스스로 정의 인연 끊어 절로 바보 되니,
헛되이 발자국 소리 누각 지나는지 의심하네.
근래에 봄밤 짧은 줄 깨닫지 못하고,
애타게 창 쳐다보며 새벽까지 기다리네.
自斷情緣自作痴 虛疑屨響過樓時
邇來未覺春宵短 耿耿櫳星待曙遲 (其三)

이 시에서는 어머니와 술장사를 함께 하는 호남 여인 운선(雲仙)을 향한 우촌의 그리움이 잘 드러난다. 부연에 따르면 이 당시 우촌은 63세, 운선은 24세였다. 우촌은 소동파가 시에서 "여인은 이립(而立), 노인은 희년(稀年)"라 하며 서른 살이 된 여인을 얻은 노인을 조롱했다는 이야기를 스스로 꺼내며, 운선과 자신의 상황이 이와 같음을 이야기했다. 비록 남의 시선이 신경 쓰이는 상당한 나이 차이지만, 그녀와의 만남과 헤어짐이 각별하다는 것을 문면에 드러냈다. 특히 스치는 발자국 소리에도 애를 태우고, 새벽까지 창밖을 쳐다보는 우촌의 모습에서 그가 느끼는 애정의 깊이가 오롯이 전해진다.

이외에도 우촌의 연경에서 체험을 담은 시들은 낯선 공간의 분위기

立中央圖書館本《靑琅玕觀初稿》에는 작품번호 527("叮叮~延津")을 포함한 전체가 〈無題八詠〉이란 詩題로 실려 있다.

를 생동감 있게 전달한다. 또한 청나라 문인, 주변인들과 주고받은 시들을 살피면 남상교란 사람이 자기와 인연을 맺은 사람들을 어떻게 대했는지를 알 수 있다. 시의 면면에서 그의 진중하면서도 신실한 성품이 엿보인다.

이처럼 우촌은 버드나무의 버들개지에서도, 누각을 지나는 발자국 소리에도 '다정다감(多情多感)'한 정서를 드러낼 줄 아는 시인이었다. 이러한 섬세한 감정 표현과 하나의 사물에도 다양한 정서를 기탁할 줄 아는 그의 시적 재능은 동시대의 여러 이름난 시인들과 견주어도 단연 뛰어나다. 우촌의 시가 왜 '시인의 시'라 불렸는지 알 수 있는 부분이다. 신앙인으로 삶을 마감했기에, 당대에 인기 있고 널리 읽힌 시의 저자였지만 제대로 된 문집조차 남기지 못했던 우촌 남상교. 이 책의 발간을 계기로 남상교가 조선시대 대표 남인계 시인이자, 19세기 한시사(漢詩史)에서 그의 시재에 걸맞는 위상을 찾기를 기대해본다.

한편, 이 책에는 부록으로 그가 지은 세 편의 글과 네 통의 편지를 더 실었다. 특히 〈호명부 好名賦〉와 〈쌍령유서 발문 雙嶺遺書跋〉, 이 두 글은 각각 그가 가진 명예에 대한 생각과 청나라에 대한 인식을 살필 수 있는 부분이 있어 그의 시 세계를 이해하는데 도움을 줄 것이다. 함께 살펴볼 만한 가치가 있다.

001 소남小楠[1]을 만나다 逢小楠

꽃 날리는 석양에 서로 마주 앉으니,
높은 누대 저 멀리로 풍경만 아득하다.
술 취해 천고 너머 기운이 솟구칠 듯,
봄 지난 뒤 심정은 한 해를 다 보낸 양.
좋은 벗 사귀어도 끝내 이별 두렵고,
멋진 시구 짓지만 어찌 전해짐 구하리오.
꿈속에선 그대의 집 먼 줄도 모르고서,
푸른 녹나무 밑에 가서 잠을 자 볼까 하네.

相對飛花落照邊 高臺極目渺風烟
酒中氣欲凌千古 春後情如送一年
怕結良朋終有別 耽成佳句豈要傳
夢中不識君家遠 擬向蒼楠樹下眠

002 도운정陶雲汀[2]의 시에 차운하다 次陶雲汀韻

거듭 매화 향해서 술잔 들고 나아가니,
명가名家의 시집이 먼 나라에 떨어졌네.

---

1 소남小楠: 심능숙(沈能淑, 1782~1840)의 호이다. 본관은 청송(靑松). 자는 영수(英叟). 조인영(趙寅永)·조종영(趙鍾永) 등과 교유하였다. 시인으로 이름이 있었고, 한문소설 〈옥수기(玉樹記)〉를 지었으며 문집으로는 《후오지가(後吾知可)》가 있다.
2 도운정陶雲汀: 도주(陶澍, 1778~1839)를 말한다. 청(淸) 나라 호남(湖南) 안화(安化) 사람으로, 자는 자림(子霖), 호는 운정(雲汀)이다.

풍류는 예로부터 강좌江左³에 전해왔고,
재주 있는 이들은 지금도 낙양에 있네.
오류문五柳門⁴ 앞에는 여전히 빛이 멀고,
백화담百花潭⁵ 밖에는 향기가 남아 있네.
천 리 밖의 회포를 뉘 서로 비춰주리,
외로운 달 더디더디 굽은 행랑 지나누나.

重向梅前把酒觴　名家詩卷落殊方
風流自古傳江左　才子如今在洛陽
五柳門前猶遠色　百花潭外更餘香
襟期千里誰相照　孤月遲遲度曲廊

003 동천洞天을 방문하다 訪洞天

조그만 텅 빈 집에 구름 덮인 뫼를 보니,
성 위의 누각 흐릿한데 새벽 종소리 들려온다.
안개 너머 버들가지 자연스레 드리웠고,
달빛 속의 꽃 그림자 흩어졌다 겹쳐지네.

3　강좌江左 : 중국의 양자강(揚子江) 하류 남안(南岸)에 위치한 강소성(江蘇省)·절강성(浙江省) 지방이다. 육조 시대 이곳에서 발달한 문학을 강좌(江左) 문학이라 했는데, 사영운(謝靈運)·심약(沈約)·도연명(陶淵明)과 같은 문인이 대표적인 인물이다. 시제(詩題)에 보이는 도운정(陶雲汀)은 도연명의 후손으로 보인다.
4　오류문五柳門 : 도연명(陶淵明)의 〈오류선생전(五柳先生傳)〉에 "집 옆에 버드나무 다섯 그루가 있기에 이를 나 자신의 호로 삼았다.[宅邊有五柳樹 因以爲號焉]"라 하였다.
5　백화담百花潭 : 백화담은 즉 완화계(浣花溪)로 두보(杜甫)의 초당(草堂)이 있는 곳이다. 두보의 〈광부(狂夫)〉 시에 "만리교 서쪽에 초당 하나 있나니, 백화담의 물이 바로 창랑이라네.[萬里橋西一草堂, 百花潭水卽滄浪]"라는 구절이 나온다.

풍류의 일 한가로이 읊으면 그만이나,
의기 있는 사람은 거만한 모습 능히 하네.
누각 기대 긴 피리 소리 간절히 들으려니,
새벽녘 봄 잠 와도 게으름 못 피우리.

小齋虛寂瞰雲峰　城閣沈沈度曉鍾
煙外柳絲垂自在　月中花影散仍重
風流事但閒吟足　意氣人能傲骨容
長笛倚樓聞更切　五更春睡未成慵

004 영수 물가의 봄밤 潁湄春夜

산 집의 아침잠은 짧은 밤잠에 해당하고,
높은 누대서 본 고운 풀은 사방 멀리 펼쳐있네.
청산의 한 모퉁이 마을 나무에 기대고,
세 갈래로 흐르는 물에 객 보내는 다리 있네.
이별한 뒤 꽃가지는 손쉽게 시들테니,
근심 겨운 꾀꼬리 소리 실컷 울게 놓아두리.
그대 다만 벼슬길로 가버리지 않는다면,
흥을 타고 이따금 와 부를 필요 없으리.

山閣朝眠抵短宵　高臺芳草四望遙
靑山一角依村樹　流水三叉送客橋
別後花枝容易老　愁邊鶯語任他饒

但令君不紅塵去 乘興時來莫謾招

005 미산米山에게 주다 贈米山

화로 연기 맑게 감돌아 납창蠟窓[6]이 환한데,
한 가닥 가을 회포 고요 속에 생겨나네.
쟁반 위 감은 서리 온 뒤 색이 한창 빨갛고,
뜨락 파초 빗소리에 끊어지려 하는구나.
마음 비운 대와 돌은 꼿꼿하게 솟아 있고,
붓 놓은 듯 구름 안개 굼틀굼틀 움직이네.
뜬 세상 예로부터 유식함이 근심이니,
남에게 항사의 이름 말하지 마시게나.[7]

篆香晴繞蠟窓明 一段秋懷靜復生
盤柿正酣霜後色 階蕉欲斷雨中聲
虛襟竹石亭亭出 放筆雲煙蜿蜿行
浮世古來憂識字 向人休說項斯名

---

6 납창蠟窓 : 방수(防水)를 위해 밀랍 종이를 바른 창을 말한다.
7 남에게 …… 마시게나 : '남에게 내가 시 잘한다고 말하지 마시오.'의 의미이다. 항사(項斯)는 당(唐)나라의 시인, 선배인 양경지(楊敬之)가 항사를 한번 보고 그를 몹시 사랑하였다. 양경지가 항사에게 준 시에 "몇 번이나 시를 보아도 시마다 좋았는데, 인품을 직접 보니 인품은 시보다 더 좋구려. 나는 평생에 남의 좋은 점을 숨길 줄 몰라, 가는 곳마다 사람 만나면 항사를 말한다네.[幾度見詩詩盡好 及觀標格過於詩 平生不解藏人善 到處逢人說項斯]"라고 하여 항사의 명성이 널리 알려지게 되었다.

006-009 후천后泉댁에서 함께 읊다 后泉宅共賦

매양 그대 집에 이르면 옛날이 생각나니,
몇 번이나 다리 앞에서 만나고 헤어졌던가?
꽃을 보니 봄의 첫 약속 이미 못 지켰고,
빗소리 듣다가 낮잠 한숨 잤도다.
막 늙으려 할 때 호기는 갑절이 되고,
한가로움 못 견디는 곳서 객 시름 유난히 심하네.
어찌 억지로 요즘 사람 비웃음을 변명하리,
고개지顧凱之[8]처럼 어리석고 미불米芾[9]처럼 미쳐 지내니.

每到君家憶往年 幾番離合在橋前
看花已失春初約 聽雨仍成晝後眠
方欲老時豪氣倍 不勝閒處客愁偏
何須强解今人笑 顧凱之痴米芾顚

두 번째 其二

봄이 돌아간다고 흐르는 세월 슬퍼 말라,
아름다운 풀 짙은 그늘이 오히려 앞에 있도다.
술잔 들고 산을 보는 것도 다 뜻에 맞고,
책을 베고 새 소리 들어도 충분히 잠 이뤘네.

---

8 고개지顧凱之 : 중국 동진(東晉)의 문인·화가로, 자는 장강(長康). 육조(六朝)의 삼대가(三大家) 가운데 한 사람이다. 초상화와 옛 인물을 잘 그렸다. 작품에 〈여사잠도(女史箴圖)〉 등이 있다.
9 미불米芾 : 중국 북송(北宋) 때의 서화가로 자는 원장(元章), 호는 해악(海嶽)이다. 글씨는 왕희지의 서풍을 이었으며, 채양(蔡襄)·소식(蘇軾)·황정견(黃庭堅) 등과 나란히 송(宋) 나라 사대가(四大家)의 한 사람으로 꼽힌다.

제비 진흙 절로 떨어지고 꽃은 외려 젖어 있고,
바람에 버들은 비끼고 비도 내리는구나.
술 취한 뒤 크게 노래 부르고 깬 뒤에도 마시니,
문 나서 이르는 곳마다 내 미친 짓 맘대로 하리.

春歸且莫悵流年　芳草濃陰尙在前
把酒看山俱可意　枕書聽鳥有餘眠
燕泥自落花猶濕　風柳斜拕雨共偏
醉後高歌醒後飮　出門隨處任吾顚

세 번째 其三

강호에서 혼자 지낸 지 어느덧 일 년 넘어,
나 한 줌 흙으로 가기 전에 귀향하려 생각했지.
멋진 풍경 붓 들어 그릴 뜻이 있었고,
비바람이 어찌 침상 마주하고 자는 데 방해될까?
흐르는 물 같은 회포는 시에서 얻고,
병중에 떨어진 꽃 보는 감회는 유난하구나.
세월은 나도 어찌할 수가 없으니,
다만 용모만 바뀌고 머리털 색은 변치 말지어다.

離索江湖動隔年　一坏要趁未歸前
雲煙定有揮毫意　風雨何妨對榻眠
流水襟期詩外得　落花情緖病中偏
光陰於我應無奈　只改容華不改顚

네 번째 其四

우중雨中이라 하루 해가 한 해와 한 가지니,
황혼 무렵 술동이가 앞에 이름 깨닫누나.
술 한 섬은 참으로 남과 얘기 할 만하니,
천금에도 낮잠을 많이 자 두려 하네.
자주 술 마신 뒤에 슬픈 노래 잦아지니,
시 가운데 이별의 한恨 유난함을 어찌하랴.
선생 위해 백발을 근심하지 아니하니,
아마 곧 내 머리도 흰 빛을 띠게 되리.

雨中惟信日如年 已覺曛黃到酒前
一石眞堪人共語 千金欲買晝多眠
頻從酒後悲歌屢 可奈詩中別恨偏
不爲先生愁白髮 知應容易着吾顚

010 남산사에 오르다 登南山寺

가을 온 뒤 남산 오를 생각 오래되어,
흥취가 나 오늘 잠시 와서 올라갔네.
바위 골짝 지날 때엔 오직 새만 울더니,
숲속 샘물 이르니 홀연 중이 나타났네.
재각齋閣 속의 종소리 구름 속에서 나오고,
산봉우리 아침 해는 지붕 위로 솟는다.

책 멀리하고 잠에서 깨니 세속의 일 없어,
부처의 힘 나에게 한층 더 느껴지네.

秋後南山久有意 興來今日暫來登
經過巖壑惟啼鳥 行到林泉忽有僧
齋裏鐘聲雲裏出 峰頭朝日屋頭升
閒書睡覺無塵事 佛力於吾始一層

011 서루에서 홀로 누워 書樓獨臥

마침 성 밖 사람 드문 곳에 이르러,
문득 서루書樓가 있어 혼자서 누워있네.
작은 화단엔 잔설을 제거하지 않았고,
외로운 창에는 유난히 석양이 더디 가네.
곁에 두는 붓과 벼루 마음으로 항상 사랑하고,
뜻에 맞는 시문은 손으로 펼쳐본다.
결국에는 큰 이름이 우주에 드리웠으니,
초당에서 봄 꿈 꾼 사람 뉘 알았으랴?[10]

政當郊郭人稀處 便有書樓獨臥時

---

10 결국에는 …… 알았으랴 : 제갈량(諸葛亮)의 고사를 인용한 표현이다. 두보(杜甫)의 〈영회고적(詠懷古跡) 기오(其五)〉에서 "공명이라는 큰 이름 우주에 드리우고, 승상의 표상으로 남은 모습 맑고 드높아라.[諸葛大名垂宇宙 宗臣遺像肅淸高]"라고 하였다. 또한 제갈량이 일찍이 융중(隆中)에 은거하고 있을 적에 유현덕이 찾아가니 "초당에 봄잠이 넉넉하니, 창밖의 해는 더디기만 하구나. 큰 꿈을 누가 먼저 깰꼬, 평생을 내 스스로 아노라.[草堂春睡足 窓外日遲遲 大夢誰先覺 平生我自知]"라고 읊었다고 한다.

小塢不除殘雪擁 孤窓偏得夕陽遲
隨身筆硯心常愛 合意詩文手自披
止竟大名垂宇宙 草堂春夢有誰知

012 산중의 감흥 山中卽事

산중의 객이 된 지 이제 겨우 사흘인데,
기거가 흡사 마치 집에 있을 때와 같네.
불경 소리 귀에 익어 능히 분간할 수 있고,
작은 부처 서로 보매 오래 알던 벗과 같네.
시 짓는 벗 밤에 와서 책을 잔뜩 펼쳐 놓고,
가난한 중 밥 먹은 뒤 생애를 얘기한다.
혼과 넋이 새벽까지 맑고도 고요해서,
서쪽 뫼엔 눈이 가득, 달빛은 못에 가득.

爲客山中始三日 起居渾似在家時
梵音慣聽多能辨 小佛相看似舊知
詩友夜來開卷帙 貧僧飯後話生涯
神魂到曉方淸靜 雪滿西峰月滿池

013 바다를 바라보다 望海

바람은 나는 모래 걷어 절로 언덕 이루었고,
바다 하늘 갈고 갈아 푸른 구리쇠를 열었구나.
인생은 그저 물에 떠다니는 부평浮萍이요,
육지는 모두 다 작은 술잔 뜬 것 같네.
남하하는 배들은 예맥濊貊 땅을 통행하고,
서쪽 나는 구름과 비 봉래산蓬萊山에 어둑하다.
변화 많은 지나간 일 묻는 이 하나 없고,
찬 조수 절로 갔다 절로 옴만 보인다네.

風捲飛沙自作堆 海天磨盡碧銅開
人生大抵浮萍水 陸地都如汎芥杯
南下帆檣通濊貊 西飛雲雨暗蓬萊
滄桑往事無人問 惟見寒潮自去來

014 산에 머물며 부질없이 읊다 山居漫吟

산비가 비스듬히 날려 푸른 실처럼 비치고,
사립문은 모내기 할 때라 닫혀있네.
꾀꼬리 소리 속에 더디더디 해는 가고,
율무꽃 핀 곁에 울타리는 키가 낮다.
외로이 누워 자도 어지러운 꿈은 없고,
익숙히 책을 보니 다시 새로운 앎이 있네.

친구는 초은招隱 노래 부르고자[11] 하지만,
회남淮南을 향해 좌사左思를 배우려 하지 말게.

山雨斜飛映碧絲　柴門對掩挿秧時
栗留聲裏遲遲日　薏苡花邊短短籬
孤臥睡還無亂夢　熟看書更有新知
故人且欲歌招隱　莫向淮南學左思

015 칠석날에 七夕

헛되이 거미 솜씨 달라 오늘 밤 비니,[12]
천상에 어찌하여 오작교가 있겠는가?
견우 직녀 끝내 묵묵히 마음만을 전하고,
한 줄기 은하수는 멀고 멀기만.
달님은 귀뚜라미 소리 속에서 지고,
더위는 오동나무 잎 위에서 누그러진다.
늙어가니 점점 시흥詩興이 줄어듦을 알겠고,
가을 되니 이별 시름 많아짐을 더욱 느끼네.

---

11 초은招隱 노래를 부르고자 : '가초은(歌招隱)'을 번역한 것이다. 회남왕(淮南王)의 문객 가운데 소산(小山)이 지은 〈초은사(招隱士)〉를 보면, 적막한 산속에 범과 곰이 으르렁거려 무섭기만 할 뿐 사람이 오래 머물 곳이 못되니 빨리 돌아가야 한다는 뜻이 곡진하게 표현되어 있다. 육사형(陸士衡, 사형(士衡)은 진(晉) 나라 육기(陸機)의 자(字)임)과 좌태충(左太冲, 태충(太冲)은 진(晉) 나라 좌사(左思)의 자임)도 모두 〈초은시(招隱詩)〉를 지었는데, 이것은 거꾸로 산중 생활의 한적한 흥취를 일컬으면서 이곳에 와서 은둔하라는 내용을 담고 있다.
12 거미 솜씨 …… 비니 : 옛 풍속에 음력 7월 칠석(七夕)이면 부녀자들이 견우와 직녀 두 별에게 길쌈과 바느질 솜씨가 늘게 해 달라고 기원하였는데 이를 걸교(乞巧)라 한다.

妄將蛛巧乞今宵 天上何曾有鵲橋
牛女兩情終脉脉 銀河一道自迢迢
月從蟋蟀聲中下 暑向梧桐葉上消
老去漸知詩興減 秋來倍覺別愁饒

016 녹음 綠陰

연한 잎 들쭉날쭉 퍽 무성치 않은데,
동구 밖 멀리서 보니 좋은 정원 있음 아네.
녹음 높고 나직이 함께 지는 햇빛 펼쳐져,
짙고 엷고 똑같이 가랑비 흔적 머금었네.
잠깐이나 바람 막아 잠자는 새 편안케 하고,
절로 그윽한 향 풍겨 벌 요란히 모이네.
유람객의 옷과 신발 모두 다 봄이어서,
녹음이 마음과 술잔까지 젖어 들도다.

嫩葉差差不甚繁 洞門遙望認名園
高低共展斜陽色 濃澹齊含小雨痕
乍障輕飈安鳥睡 自生幽馥引蜂喧
遊人衣履皆春意 沁澈肝脾又綠樽

017-018 연행을 떠나며 매사梅社[13]의 옛 벗과 작별하다 發燕行別梅社舊友

늙어가니 시는 이별하는 길에서 읊은 게 많은데,
십 년 동안 매화나무 아래서 옛 향기를 찾았지.
다시 또렷이 연남燕南을 다녀온 이야기 들으니,
이미 가뿐히 말 타고 떠날 마음이 나는구나.
눈바람은 공연스레 얼굴빛을 변하게 했고,
술잔은 오랫동안 묵연墨緣과 함께 깊도다.
오히려 한 가지 이별 슬픔 가지고 떠나니,
가다가 하늘가에 이르면 이 자리를 꿈꾸리라.

老去詩多別路吟　十年梅下舊香尋
復聞歷歷燕南語　已有仙仙馬上心
風雪枉教顏色改　酒杯長與墨緣深
猶將一種離愁去　行到天涯夢只今

두 번째 其二

갓 그림자 어슴푸레 달 흔적을 띠었는데,
길고 긴 역참 통하는 길은 들판을 감돌았네.
돌머리에 인 언덕 산은 새벽 먼저 맞이하고,
이슬 머금은 숲은 아득히 어둡지 않도다.

---

13 매사梅社 : 시인(詩人)들 모임의 이름이다.

옥백玉帛[14]은 연조관延詔館[15]에 평안히 가고,
경치는 진서문鎭西門[16]이 아름답도다.
일꾼들이 중국 풍속 익숙히 배웠으니,
입으로 자음 모음 분간할 줄 알도다.

笠影朦朧帶月痕 漫漫驛路繞郊原
岡巒戴石先迎曙 林樾含霜逈不昏
玉帛平安延詔館 江山佳麗鎭西門
廝徒慣學中華俗 齒舌能分子母言

019-022 현대각에서 옛 시절에 노닐던 일을 기술하다
玄對閣追述舊遊

슬피 선원仙源 바라보니 또 이르기 어려워,
옛 놀이 회상하니 모두 탄식할 만하네.
구름 따라 마을 가려 해도 가는 길이 없으니,
돌 의지해 시 썼고 머리엔 관도 쓰지 않았지.
시사詩社를 맺고 사귐 선배가 허락했고,
대대로 이어 온 다정함 후배가 보았다네.

---

14 옥백玉帛 : 옛날 중국(中國)의 제후(諸侯)들이 조근(朝覲)이나 빙문(聘問) 때에 예물(禮物)로 가지고 오던 옥과 비단(緋緞)을 말한다.
15 연조관延詔館 : 중국 사신(使臣)을 맞이하던 곳이다.
16 진서문鎭西門 : 파주(坡州)에 있는 성(城)의 문(門)인 듯하다. 작자 미상의 연행록인 《계산기정(薊山紀程)》 제 1권의 '임진강 나루터[臨津渡]' 설명에 "임진은 파주(坡州)의 관곡지(綰轂地)이다. 산이 트여 강에 다가서서 양쪽이 급히 치솟아 있다. 산을 따라 성이 있는데 성문을 진서문(鎭西門)이라고 한다."라는 서술이 있다.

강촌에 흡사 남은 인연 있는 듯한데,
그대 이미 수염 허옇고 난 귀밑머리 썰렁하지.

悵望仙源再到難　舊遊回想總堪歎
隨雲入洞行無徑　據石題詩頂不冠
結社追隨前輩許　通家情好後生看
江鄉恰有餘緣在　君已鬚蒼我鬢寒

두 번째 其二

들장미 피었고 물은 서쪽으로 흐르는데,
봄 적삼 펄럭거리며 바다에서 놀았도다.
말이 급히 지나가니 다만 관도官途 가까운가 생각하고,
모래 환하니 절의 문이 깊숙한 걸 깨닫지 못하도다.
오차吾叉[17]의 달은 조수 머리를 향해 넘어가고,
여순旅順의 구름은 섬 밖에 떠있다네.
물결 헤치고 바람 탄다[18]는 말 의미 알겠으니,
꽃과 새만으로 시정詩情이 싹트겠느냐?

野薔薇發水西流　拂拂春衫海上遊
馬疾只疑官途近　沙明不覺寺門幽
吾叉月向潮頭沒　旅順雲從島外浮
破浪乘風知有意　肯將花鳥作詩愁

17　오차吾叉 : 바로 뒤의 '여순(旅順)'과 함께 지명(地名)인 듯하다.
18　물결 헤치고 바람 탄다 : 남조(南朝) 송(宋)의 종각(宗慤)이 소년 시절에 "나의 소원은 장풍을 타고서 만 리의 물결을 헤쳐 보는 것이다.[願乘長風破萬里浪]"라고 말한 고사가 있다.

세 번째 其三

가을 바람에 말을 달려 아득히 가니,
몸의 모습 협객 같고 마음은 신선 같네.
바다와 산 합쳐져 천 리 밖 관문을 안고 있고,
하늘과 들 둥글고 둥근데 사방이 바라보인다.
수레 자취 어떤 연유로 예맥까지 통할 수 있는가?
왕래가 유연幽燕[19]까지 미치지 못함 한스럽네.
(천하는 수레바퀴 궤도가 같은데 우리나라는 수레가 다니지 못한다)
지금 강가의 누각에서 함께 자던 밤에,
죽을 먹고 수레 타던 왕년을 얘기하고 있다.

策馬西風去杳然 身姿如俠意如仙
海山合抱關千里 天野勻圓眼四邊
轍跡何由通濊貊 交遊恨不過幽燕(天下同軌而東國不行車)
至今江閣聯床夜 粥卓車鐙說往年

네 번째 其四

산중 별장 홀로 가니 더위에 맘 풀리고,
높고 낮은 보리밭에 연꽃 못이 접해있네.
숲과 샘물 한가로이 주인 노릇 허락했을 테고,
농사일엔 참으로 노련해 스승이 될 만하누나.

---

19 유연幽燕 : 전국(戰國) 시대의 연(燕) 나라, 당(唐) 나라 이전의 유주(幽州)로, 중국의 요동(遼東) 및 하북(河北) 지방을 가리킨다.

이미 명산 유람 약속했으니 금자하禽子夏[20] 같았고,
좋은 손님 만나 봤으니 정당시鄭當時[21]였다네.
지팡이로 오고 나막신으로 가는데 거리낌 없는데,
옛날에도 미친 모습이니 허연 귀밑머리 부끄럽다.

山墅孤行暑心遲　麥田高下接荷池
林泉也許閒爲主　農圃眞堪老作師
已約名山禽子夏　相看好客鄭當時
筇來屐去無拘礙　故態顚狂愧鬢絲

023 생각나는 대로 읊다 謾吟

바둑으로 긴 여름을 술로는 봄 보내고,
어사魚社에서 갈매기와 이웃하며 아침저녁 보낸다.
손을 보낼 적엔 매양 세 번 웃는 곳[22]을 지나고,
책을 빌렸으니 네 부류의 바보[23]가 될 만하도다.

---

20 금자하禽子夏 : 동한(東漢)의 북해(北海) 사람인 금경(禽慶)이다. 자하(子夏)는 그의 자(字)로서 왕망(王莽)이 정권을 잡자 친구인 상장(尙長)과 함께 왕망의 정권을 피하여 함께 오악 명산을 유람하였다 한다.
21 정당시鄭當時 : 한(漢) 나라 때의 관리로 자는 장(莊)이다. 한 무제(漢武帝) 때에 대사농(大司農)이 되어 천하의 명사(名士)들과 널리 사귀면서 귀천(貴賤)에 관계없이 빈주(賓主)의 예를 극진히 하여 훌륭한 인재들을 조정에 많이 천거하였다.
22 세 번 웃는 곳 : 삼소지(三笑地)를 번역한 것이다. 진(晉) 나라 고승 혜원(慧遠)이 여산(廬山)에 있을 때에 찾아온 도연명(陶淵明)과 육수정(陸修靜) 두 사람을 배웅하면서 이야기에 열중하여 보통 때는 피해 다니던 호계(虎溪)를 지난 것을 알고 세 사람이 크게 웃었다는 고사이다. 호계삼소(虎溪三笑)는 '자기도 모르게 흔히 배웅하는 경계를 벗어난다.'의 의미이다.
23 책을 …… 바보 : 책과 관련한 네 부류의 바보가 있다고 한다. 첫째가 책을 빌려 달라고 하는 사람, 둘째가 책 빌려주기를 아까워하는 사람, 셋째는 빌려준 책을 찾는 사람, 넷째는 빌려온 책을 돌려주는 사람이다. 《퇴계집(退溪集)》에 다음과 같은 부분이 보인다. "李濟翁云 借書一癡 惜書二癡 索書三癡

간간이 졸음에 시달리니 참로 마귀 장난이고,
가난하여 훈채葷菜[24] 먹는 걸 끊으니 정인淨因[25]이 되네.
한 가닥의 풍류 닳아 없어지지 않아서,
야위도록 읊으며 오히려 시어 참신하길 요구하네.

棋消長夏酒消春　魚社鷗隣度夕晨
送客每過三笑地　借書堪作四癡人
間爲睡困盡魔戲　貧斷葷茹是淨因
一段風流磨不盡　瘦吟猶要句淸新

024 강가의 나그네 이른 봄 만나 江旅早春

나막신 굽 열흘 넘도록 숲 벗어나지 않았으니,
답답해지면 때때로 또 홀로 시 읊도다.
이미 흰 머리털 정신력과 함께 짧아졌음 알겠고,
스스로 깊숙이 청산을 찾아왔음도 기쁘도다.
매화는 번풍番風[26]이 부니 몇 잎이 났고,
소나무는 묵은 눈 둘렸으니 깨끗해 그늘 없도다.
상봉해서는 다만 안부 묻는 말뿐인데,

還書四癡".
24 훈채葷菜 : 파, 마늘 따위와 같이 특이한 냄새가 나는 채소이다.
25 정인淨因 : 정토(淨土)에 왕생(往生)할 수 있는 인연이다.
26 번풍番風 : 5일마다 한 번씩 새로운 꽃이 피는 것을 알려주는 바람, 즉 화신풍(花信風)을 이른다. 초춘(初春)에서부터 초하(初夏)까지에 걸쳐 모두 24번의 바람이 부는데, 매화풍(梅花風)이 가장 먼저 불고, 연화풍(棟花風)이 가장 나중에 분다고 한다.

돌아가서는 어찌해 자꾸 생각나는가?

展齒經旬未出林　悶來時復發孤吟
已知白髮心俱短　自喜青山跡共深
梅過番風微有葉　松圍宿雪逈無陰
相逢只是寒暄語　歸去如何思不禁

025 배를 타고 가다 船行

갈대꽃 흔들리고 기러기 소리 찬 데,
가을 물에 그리움만 참으로 아득하다.
마을 뒤 참나무 숲은 멀리 햇빛 받고 있고,
돌 사이 단풍잎은 일찍 서리를 머금었네.
산은 그림 두루마리 서서히 펴놓는 듯,
강은 활 허리를 잔뜩 잡아당긴 듯해.
하룻밤 고향 꿈 더해짐을 견디는데,
녹탄鹿灘의 서편 언덕 어느새 황혼일세.

葦花搖白雁聲凉　秋水懷人正杳茫
村背槲林遙帶日　石間楓葉早含霜
山如畵軸徐徐展　江似弓腰滿滿張
叵耐一宵添客夢　鹿灘西岸已曛黃

026-032 생각나는 대로 읊다 謾詠

저절로 이는 괜한 시름 다시 스스로 달래니,
술 향기 봄기운이 함께 사라지네.
새 우는 속 흐른 세월에 잦은 이별 놀라고,
지는 꽃 읊은 시구에 추위 많아 걱정일세.
백설白雪[27]을 노래할 수 있으나 오히려 세속 따르고,
청산은 못 산 채로 벼슬만 하려 하네.
그대 만나면 매양 집 생각하니,
이지러진 세계에 두 즐거움 어이 있으리.[28]

自行閒愁更自寬　酒香春氣共銷殘
啼鳥光陰驚屢別　落花詩句恐多寒
能歌白雪猶從俗　未買靑山欲做官
逢君每有思家日　缺界何曾有兩歡

두 번째 其二

평생에 술 실컷 마음대로 마시기 어려운데,
잠시 취해 문득 깨니 봄은 이미 다 갔구나.
버들개지는 삼월 말에 모두 사라져버렸고,
봄바람은 다시 한 번 추위를 만드네.
잠깐 부쳐 사는 세상 나그네 같음 알았지만,

27　백설白雪 : 백설은 흔히 양춘(陽春)과 병칭되는데, 둘 다 전국 시대 초(楚) 나라의 고아(高雅)한 가곡(歌曲) 이름으로, 이 노래를 따라 부를 수 있는 자가 극히 드물었다는 내용이 송옥(宋玉)의 〈대초왕문(對楚王問)〉에 나온다.
28　두 즐거움 어이 있으리 : 한 가지가 기쁘면 한 가지가 서운하다는 뜻이다.

바쁘게 삶 나랏일 때문 아님이 부끄럽네.
전날의 유람 온통 꿈같다고 말하지 말라,
꿈속에서 서로 대한다면 또한 기쁨이로다.

百年難得酒鄕寬　暫醉忽醒春已殘
柳絮都收三月後　春風還作一番寒
久知寄寓元如客　自愧馳驅不是官
莫道前遊渾似夢　夢中相對亦是歡

세 번째 其三

아득히 먼 중원中原이 한양과 막혀있으니,
글을 지어주니 오히려 두 마음이 합쳐진 듯하다.
연나라 노래[29]가 안 끊긴 채 또다시 석양 오고,
초나라의 한이 끝없듯 푸르름만 무성하다네.
물 가까운 푸른 버들 아마 이별 주관할 것이고,
간절히 우는 새는 다시 술 사 마시길 재촉하리라.
고향 이웃 사람 틀림없이 새로 안 사람 물어볼테니,
팔일 날 시를 쓴 달부達夫가 있다고 말해라.

迢遞中原隔漢都　贈言猶作兩心符
燕歌未斷還斜日　楚恨無邊是綠蕪
近水靑楊應管別　盡情啼鳥更催沽

29　연나라 노래 : 원문은 연가(燕歌)로 비장(悲壯)한 곡조의 노래이다. 연(燕) 나라 태자 단(丹)의 부탁을 받고 형가(荊軻)가 진시황을 죽이러 떠날 때 그의 절친한 벗 고점리(高漸離)가 축(筑)이란 악기를 두드리며 "바람이 소슬함이여, 역수 물이 차도다. 장사가 한 번 떠남이여, 다시 돌아오지 않는도다.[風蕭蕭兮易水寒 壯士一去兮不復還]"라고 노래했다.

鄕隣正問新相識 八日題詩有達夫

네 번째 其四

저자 먼지 바다와 같아 도읍을 막고 있는데,
홀로 글을 좋아하는 마음만은 도道와 부합하도다.
양웅揚雄이 살던 집엔 저절로 꽃이 지고,
동중서童仲舒가 살던 집엔 풀만 잔뜩 우거졌다.
잘 잊기에 책을 전에 베껴 써놓은 게 있고,
오래 고생해서 옷 잡혀도 술 살 게 없네.
내일 또 호상湖上 길로 올라서 출발하면,
나루 묻다 도리어 농부 만날까[30] 걱정일세.

市塵如海隔京都 獨愛文心與道符
楊子家居花自落 董生園巷草偏蕪
善忘書有曾抄寫 久苦衣無可典沽
明日又登湖上路 問津還恐遇耕夫

다섯 번째 其五

군평君平[31]이 촉도에 숨어 삶 늘 괴이하니,

---

30 나루 …… 만날까 : 공자가 제자들을 데리고 천하를 주유(周遊)하며 도(道)를 행하고자 하던 시절, 초(楚) 나라에 들렀을 때 밭을 갈고 있던 두 은자(隱者) 장저(長沮)·걸익(桀溺)에게 자로(子路)를 시켜 나루터를 묻게 했던 일(《논어(論語)》〈미자(微子)〉)을 염두에 둔 표현이다.
31 군평君平 : 한(漢) 나라 때의 은사(隱士)인 엄준(嚴遵)의 자(字)이다. 그는 일찍부터 벼슬을 포기하고 성도(成都)에 은거하면서 복서(卜筮)를 업으로 삼고 살다가 일생을 마쳤다. 양웅(揚雄)이 그에게 배웠다.

계자季子가 음부경을 읽는 것을[32] 미워했네.
백전百錢 벌 계획에 마음만 수고롭고,
두 이랑 땅 마련 못한 채 배움 이미 황폐하다.
불후의 명성 남김 쓸데없음 알겠거니,
근심 잊게 해 줄 물건[33]은 당장 사서 마시리라.
십 년 동안 호해湖海에서 사람을 생각한 꿈,
절반은 농부 꿈꾸고 절반은 낚시꾼 꿈꾸었네.

常怪君平隱蜀都 生憎季子讀陰符
百錢有計心爲役 二頃無謀學已蕪
不朽名知身外事 忘憂物是眼前沽
十年湖海懷人夢 半屬耕夫半釣夫

여섯 번째 其六

얼굴을 처음 보곤 맑고 고움 아꼈으니,
하물며 마음 기약 일마다 맞음에랴.
서적을 홀로 즐겨 깔고 베고 지냈으니,
전원 비록 있다 하나 또한 묵어 황폐하다.
청춘은 근심 데리고 가려하질 않으니,
막걸리를 어찌 능히 이별 위해 사겠는가?
문득 청산에서 응당 너를 떠올려서,
한 명의 나무꾼을 바위 옆에 더 그리리.

---

32 계자季子가 …… 읽는 것을 : 계자(季子)는 전국 시대 때 합종책(合從策)을 성사시켜 6국의 상인(相印)을 찼던 소진(蘇秦)의 자(字)이다. 그는 처음에 객지에 나갔다가 성공하지 못하고 돌아와서 음부경(陰符經)을 연구했고 다시 나가서 6국의 정승이 되었다.
33 근심 잊게 해 줄 물건 : 여기서는 술을 가리킨다.

始看眉宇愛淸都　況乃心期事事符
　書籍自娛常枕藉　田園雖在亦荒蕪
　靑春不肯將愁去　白酒那能爲別沽
　便有靑山應憶爾　石邊添畵一樵夫

일곱 번째 其七

오 년 동안 머물면서 고향을 생각하자니,
구름 뛰고 달 잡으며 마음대로 뛰 놀았네.
한수漢水 서쪽 친한 벗은 계수桂樹를 읊었었고,[34]
사수泗水 북쪽 전려田廬는 예전 잠깐 머물렀네.[35]
산에 봄이 와 깊이 쌓인 눈 녹을 때 기다리면,
곧 강이 푸르고 새 빛 넘쳐남 보게 되리라.
동풍에 어젯밤 쪽배가 빠르더니,
돌아가는 꿈 깨어나도 아른거려 못 잊누나.

　五歲淹留憶故鄕　跳雲爬月恣滂洋
　漢西親友曾吟桂　泗北田廬舊宿桑
　正待山春消厚雪　卽看江綠漲新陽
　東風昨夜扁舟疾　歸夢醒來耿不忘

34　계수桂樹를 읊었고 : 원문은 음계(吟桂)로 "계수나무 우거진 그윽한 산속[桂樹叢生兮山之幽]"이라는 구절로 시작되는 《초사(楚辭)》의 〈초은사(招隱士)〉편을 읊었음을 말하는데, 보통 은거 생활을 비유할 때 쓰는 표현이다.
35　잠깐 머물렀네 : 원문의 '숙상(宿桑)'을 풀이한 것이다. '숙상(宿桑)'은 상하일숙지연(桑下一宿之緣)의 준말로 뽕나무 밑에서 하룻밤을 지낸 인연이란 뜻인데, 잠시 동안 머문 곳을 가리키는 말로 쓰인다.

033-037 공재에서 김상사(응근)[36]와 함께 읊다
恭齋與金上舍(膺根)共賦

꼬끼오 봄 숲에서 새벽 닭이 우는데,
간다면서 어이해 동과 서를 헤아리랴.
풀 마음에선 굽은 새 잎이 좀 움직이는 듯,
물살이 처음 이루어져 옛 언덕을 침식해오네.
일찍이 은사隱士를 찾아 버드나무 거리를 지났고,[37]
늦게 가족을 거느리고 초계苕溪로 들어갔지.[38]
흰 머리에 오모烏帽 차림 참으로 유희이니,
운산雲山에 오를 수 없다고 말하기 어렵도다.

角角春林聽曉鷄　意行那復計東西
草心細動句新葉　水骨初成齧舊堤
早訪隱淪經柳市　晚携家宅入苕溪
白頭烏帽眞遊戲　難道雲山不可梯

36　김상사(응근) : 김응근(金膺根 1813~?), 본관은 안동(安東), 자는 경안(景顔), 부친은 의순(宜淳)이다.
37　은사隱士를 …… 지났고 : 유시(柳市)는 버들이 우거진 거리를 뜻하는 말로도 쓰이고, 한(漢) 나라 때 수도인 장안(長安)의 구시(九市) 중 하나이기도 하다. 당(唐) 나라 왕유(王維)가 은일(隱逸)의 선비를 찾아갔다가 만나지 못하고 지은 〈춘일여배적과신창장방여일인불우(春日與裴迪過新昌丈訪呂逸人不遇)〉에 "도원은 줄곧 풍진 세상과 단절되었기에, 유시 남쪽으로 은자를 찾아간다.[桃源一向絕風塵 柳市南頭訪隱淪]"라고 한 것을 차용하였다.
38　늦게 …… 들어갔지 : 안진경(顔眞卿)이 호주자사(湖州刺史)가 되었을 때 장지화(張志和)가 타고 다니는 배가 낡은 것을 보고 새것으로 바꿔주겠다고 하자, 사양하며 "나의 소원은 배를 집 삼아 물 위에 살면서 초계(苕溪)와 삽계(霅溪) 사이를 왔다 갔다 하는 것이다.[願爲浮家泛宅 往來苕霅間]"라고 말한 고사를 염두에 둔 표현이다.

두 번째 其二

처마에 때로 한 물방울 둥글게 매달려있고,
아침 추위 쌀쌀하니 비는 연기와 같도다.
무성한 숲 젖은 까치는 바깥 나무에 둥지 틀었고,
검은 구름 속 굶주린 까마귀는 하늘에서 울었네.
낮잠은 때가 있어 밥 먹은 뒤 졸리고,
하인은 차 따기 전에는 일이 없도다.
시답잖은 관직 다만 흰 머리 더하는데 합하니,
근심 속 우두커니 십오 년 동안 앉아 있었네.

簷霤時懸一滴圓　朝寒惻惻雨如烟
扶疎濕鵲巢邊樹　霾䨴饑烏嘯外天
黃嬭有期行飯後　蒼頭無事采茶前
冷官只合添霜鬢　牢坐愁中十五年

세 번째 其三

두건 젖혀 한가로이 읊으며 홀로 누대 기대니,
살구꽃 피는 시절 되면 예전 놀이 생각나네.
하지장賀知章[39]이 어찌 참으로 미친 사람이었더냐,
이태백李太白은 원래 협객의 부류와 같았지.
뉘엿뉘엿 지는 석양은 천고의 일이요,
아스라한 꽃다운 풀은 하루의 근심이로다.

39　하지장賀知章 : 하지장은 당(唐) 나라의 시인으로, 자는 계진(季眞)·유마(維摩), 호는 사명광객(四明狂客)·비서외감(祕書外監)이다.

북산北山[40]의 원숭이와 학 괴롭게 서로 나무라니,
어찌 미관微官을 버리지 못하겠는가?

岸幘閒吟獨倚樓　杏花時節憶前遊
知章豈是眞狂客　太白元來似俠流
韉韃斜陽千古事　迷離芳草一天愁
北山猿鶴煩相誚　詎有微官未辦休

네 번째 其四

관 쓰고 도포 두른 모양 내 몸 같지 않아,
그림자 돌아보며 때때로 자주 웃음 터뜨리네.
태어나고 자라 아무 일 없는 세상에서 늙었고,
덕과 공, 말이 완성되지 않은 사람이네.
호산湖山이 눈에 가득하니 오히려 외로운 꿈꾸고,
꽃과 새에 마음 두다 또 한 봄이 지나가네.
그대 집에서 외로운 나 위로해줌 대단히 감사하니,
맑은 향기 삼일 동안 평상 자리에 있누나.

簪袍樣不似吾身　顧影時時發笑頻
生長老於無事世　德功言是未成人
湖山滿目猶孤夢　花鳥關心又一春
多謝君家慰幽獨　淸香三日在牀茵

40　북산北山 : 남북조(南北朝) 시대 제(齊) 나라의 주옹(周顒)이라는 사람이 북산에 은거하며 덕행이 있었다. 그런데 황제가 불러 나가 벼슬했지만 여의치 못했다. 다시 북산으로 돌아가려 하니, 그와 동지인 공치규(孔稚圭)라는 사람이 〈북산이문(北山移文)〉을 지어서 산은 그런 사람이 오는 것을 거절한다는 뜻을 밝혔다.

다섯 번째 其五

저녁 구름 높은 나무 돌아가는 까마귀에,
머무는 객 봄을 만나 집 생각이 간절하다.
푸른 배꼽 새 냉이 잎 쭈그렸다 활짝 펴니,
갑자기 누런 눈의 버들 꽃이 펼쳐진다.
전원의 몇 곳에서 농사꾼을 부르는가?
냇가 골목 그 누구가 낚싯대를 수리하나?
어린 자식 내가 아직 못 떠난 줄 모르고서,
해가 서쪽으로 질 때까지 문에 서서 기다리리.

暮雲高樹見歸鴉 滯客逢春倍思家
皺展綠臍新薺葉 瞥張黃眼老楊花
田園幾處呼耕耦 溪巷何人理釣車
稚子未知翁未發 候門應到日西斜

038 감실[41]의 매화 龕梅

종이 감실 찬 향기가 좀벌레를 물리치니,
맑은 세상 흉금은 정숙한 여인 거처같네.
첫 번째 부는 바람은 이미 이르렀고,
비낀 삼성參星 지는 달에 꿈은 외려 남았구나.

---

41 감실 : 감(龕)은 감실이다. 곧 매화를 위한 별도 공간을 말한다. 오늘날의 비닐하우스에 해당하는 온실로 이해할 수 있다. 이런 매화를 위한 공간을 매감(梅龕), 매각(梅閣), 혹은 매옥(梅屋)이라 했다.

눈서리 치는 하늘 너를 이뤄주려 하나,
속세의 사람과는 서로 벗할 이가 없네.
〈이소경〉[42]에 못 들어가도 한스럽지 않으리.
조갱調羹[43]과 표실摽實[44]이 시서에 보인다네.

紙龕香冷辟蟫魚　清世心期靜女居
第一番風吹已到　橫參落月夢猶餘
雪霜天欲庸成汝　煙火人無可友渠
不入離騷應不恨　調羹摽實見詩書

039 매화나무 가지에 말라붙은 나비 梅梢枯蜨

전생에 몸이 아마도 좀벌레였을 듯,
깨끗하게 매화 옆에 푸른 새와 사는구나.
향기로운 꿈 깨고서도 어리석음 남아있고,
미친 듯한 춤 그쳤어도 고운 모습 남아있네.
장자莊子가 꿈꾸어 일찍이 그대가 되었었고,
등후滕后[45]는 그를 그릴 재주가 없었었지.

42　〈이소경〉:〈이소경(離騷經)〉은 전국(戰國) 시대 초(楚)나라 굴원(屈原)의 작품이다. 이소란 조우(遭憂), 즉 근심을 만난다는 뜻이며 초나라의 회왕(懷王)과 충돌하여 물러나야 했던 실망과 우국(憂國)의 정을 노래한 것이다

43　조갱調羹: 조갱은 국의 간 맞춘다는 뜻이다. 《서경(書經)》〈열명 하(說命 下)〉에, "간이 맞는 국을 만드는 데는 네가 오직 소금이요, 매실이로다.[若作和羹 爾惟鹽梅]"라고 하였다. 이것은 은(殷) 나라 고종(高宗)이 부열(傅說)을 재상으로 삼으면서 한 말이다.

44　표실摽實: 표실은 떨어진 열매를 말한다. 《시경(詩經)》〈소남(召南)·표유매(摽有梅)〉에 "잎이 떨어진 매화나무여, 그 열매가 겨우 일곱이로다.[摽有梅 其實七兮]"라고 하였다.

45　등후滕后: 등왕(滕王)을 말한다. 등왕은 당(唐) 나라 이원영(李元嬰)의 봉호이며, 흔히 등왕의 나비는

꺾으려도 금빛 날개 상할까 걱정되어,
농두의 글 머금고서 공연히 슬퍼하네.[46]

前身應是食仙魚 皎傍羅浮翠羽居
香夢已醒痴自在 舞狂雖歇艶猶餘
莊生有夢曾爲汝 滕后無才可寫渠
欲折恐傷金粉翅 空含怊悵壟頭書

040 촛불 詠燭

가난한 집에 작은 촛불 채롱 내거니,
만호萬戶에 빛을 나눠 종소리 날 때까지 밝히네.
봄날 별빛 술잔 앞의 칼을 함께 비추고,
이웃 불빛 멀리 빗속의 방아 찧는 곳까지 이른다.
촛불 끝 밀랍 향기 토하는데 글맛이 맑고,
잠자리 눈 같은 촛농 지고 잠 귀신 쫓아오네.
깊은 밤 객사에서 누구와 마주할까?

그가 그린 〈등왕협접도(滕王蛺蝶圖)〉를 가리킨다. 《선화화보(宣和畵譜)》에 "등왕 이원영은 당나라의 종실(宗室)이다. 단청(그림)을 잘하였고 벌과 나비를 그리기 좋아하였다. 주경원(朱景元)이 일찍이 그가 그린 그림을 보고 칭찬하기를 '공교롭게 잘 그리는 외에 정묘한 이치를 남김없이 다하였으니, 그 품격을 감히 평가하지 못하겠다.'라고 하였다.

46 농두의 글 …… 슬퍼하네: 매화 가지를 꺾어 보내지 못해 아쉬운 마음을 읊은 것이다. 남송(南宋)의 육개(陸凱)가 범엽(范曄)과 친하게 지냈는데, 강남(江南)에서 매화 한 가지를 꺾어서 장안(長安)의 범엽에게 부치고, 함께 시를 지어 보내면서 소식을 전해준 일이 있다. 여기에서 유래하여 '매화를 꺾어 보내는 것'은 벗에게 소식을 전할 때 쓴다. 그 시는 "매화를 꺾다가 역사 만나 농두의 사람에게 부치니, 강남엔 아무 것도 없어 한 가지의 봄을 줄 뿐일세.[折梅逢驛使 寄與壟頭人 江南無所有 聊贈一枝春]"라고 하였다.

그 옛날 산속에서 관솔불로 독서하던 생각난다.

呼起寒門小燭籠 分光萬戶趁街鍾
春星共照杯前劒 隣火遙通雨外舂
穗吐蠟香書味靜 花垂蜻眼睡魔從
夜闌客舍誰相對 回憶山中舊爇松

041-042 불구정 1[47] 不垢亭 1

천성이 우리는 저절로 산 좋아하여,
각자의 장난으로 인간 세상 이르렀지.
어찌 머리털 있는데 백발 피할 수 있으랴,[48]
마음이 이익의 관문으로 들어가려 하지 않네.
푸른 바다 뽕나무 밭됨을 세 번 봤으니,[49]
맑아진 황하[50] 한 번 웃는데 비길 수 있으리.
거친 길에서 지팡이 짚음은 훗날의 일,
잠시 갈매기 떼와 이별하고 조관朝官 반열[51]로 들어왔다.

---

47 〈불구정〉이라는 시가 뒤에 또 있기 때문에 1과 2로 구분한다.
48 백발 …… 있으랴 : "백발은 누구에게나 같이 오는 것[白髮惟公道]"이라는 말이 있다.
49 푸른 …… 봤으니 : 선녀 마고(麻姑)가 신선 왕방평(王方平)을 만나서, "저번에 우리가 만난 이래로 동해가 세 번이나 뽕밭으로 변한 것을 이미 보았다.[接侍以來 已見東海三爲桑田]"라고 했다.
50 맑아진 황하 : 황하(黃河)는 천 년에 한 번 맑아진다고 한다. "황하의 흐린 물이 천 년에 한 번 맑아지니, 지극한 성군이 이를 큰 상서(祥瑞)로 여긴다.[黃河千年一淸 至聖之君 以爲大瑞]"라고 하였다.
51 조관朝官 반열 : 노반(鷺班)은 해오라기 반열인데 이는 조관의 반열이란 뜻이다. 조회할 때에 열 지은 조관의 반열을 원반(鵷班), 또는 노반(鷺班)이라 칭하니, 원은 봉황의 일종이고 노는 해오라기인데, 이들 두 새가 떼 지어 날면서도 질서가 정연하기 때문이다.

天性吾曹自愛山　各因遊戱到人間
那能有髮辭公道　不肯將心入利關
碧海田應三過眼　黃河淸比一開顔
荒途杖策他年事　暫別鷗群入鷺班

관리는 늙었는데 어찌 이리 오만한고?
정자亭子 외로이 스스로 무리와 단절되네.
소는 살졌지만 백리해百里奚가 아니요,⁵²
말이 지나가니 참군參軍과 같도다.
벗을 얻음에 바야흐로 술을 사고,
고향 생각에 다만 구름만을 바라본다.
그대 아직도 거드름 피우며 오만하니,
북산문北山文⁵³에 대단히 부끄럽구나.

吏老何由傲　亭孤自絶群
牛肥非百里　馬過似參軍
得友方沽酒　思鄕只望雲
看君猶偃蹇　多愧北山文

---

52 소는 …… 아니요 : 장주(莊周)가 "백리해(百里奚)는 작록(爵祿)으로 마음이 흔들리지 않았다. 그래서 그가 소를 먹이자 소가 살졌다."라고 했다.
53 북산문北山文 : 공치규(孔稚圭)가 지은 〈북산이문(北山移文)〉을 말한다.

043 오산吳山[54]과 채일사蔡逸士[55]에게 부치다
寄吳山蔡逸士

바다에 뗏목 띄워 남쪽에서 온 일 아스라해,
오히려 중국을 바라보면 고향과도 같도다.
(나의 조상께서 중국 당나라 천보 연간에 일본에 사신으로 가다가 표류하여 신라에 도착했다. 이때에는 안록산의 난이 있어 요동遼東과 계주薊州를 통과할 수 없어 이에 신라에서 살았다. 국왕께서는 나의 조상이 남쪽에서 왔다 하여 남씨 성을 하사하셨다 한다.)
허리띠 착용한 십 년은 소진蘇秦을 생각하고,
초금焦琴[56]은 천고에 채옹蔡邕을 추억하네.
바람 맞은 잎 도리어 흩어짐 감당할 수 없고,
서리 맞은 갈대 길 험하고 멀어 어찌하리오.[57]
역사驛使가 매화를 드리는[58] 진중한 뜻,

---

54 오산吳山 : 오사권(吳思權, 1782~1851), 자(字)는 평일(平一)로 오산(吳山)으로도 불린 듯하다. 신위(申緯)가 1812년, 홍희석(洪羲錫)이 1817년 연경에 가 만났던 인물이다. 감숙(甘肅) 회녕현인(會寧縣人)으로 가경(嘉慶) 22년(1817)에 진사시에 합격하여 곧 내각중서(內閣中書)에 임용되었고 벼슬은 항주부(杭州府) · 온주부동지 (溫州府同知)에 이르렀다. 많은 저술이 있었으나 《평일일기(平一日記)》만이 전해진다고 한다.

55 채일사蔡逸士 : 채일(蔡逸, 1786~?), 호(號)는 천운(茜雲), 자(字)는 일사(逸史)로 절강해녕인(浙江海寧人)이다. 오사권(吳思權)과 친분이 두터운 사이인데 남상교(南尙敎) 연행 이전의 기록에는 보이지 않는 인물이다. 건륭(乾隆) 51년(1786)년 출생하였고 졸년(卒年)은 미상인데 도광(道光) 23년(1843)까지는 생존해 있었다.

56 초금焦琴 : 초금은 아주 아름다운 소리를 내는 금인데, 여기서는 뛰어난 시인의 뜻으로 쓰였다. 옛날에 오동나무로 아궁이에다 불을 때는 오(吳) 나라 사람이 있었는데, 채옹(蔡邕)이 나무 타는 소리가 맹렬한 것을 듣고는 그것이 좋은 나무인 줄 알고 그것을 얻어다가 켜서 금(琴)을 만드니 과연 아름다운 소리가 났다. 그런데 금의 끝 부분에 불탄 자리가 그대로 남아 있었으므로 당시 사람들이 초미금(焦尾琴)이라고 불렀다한다.

57 서리 …… 어찌하리오 : 만나고 싶은 사람을 만나지 못하게 됨을 애석하게 여기는 뜻이다. 《시경(詩經)》〈진풍(秦風) · 겸가(蒹葭)〉에 "긴 갈대 푸른데, 흰 이슬이 서리가 되었네. 저기 바로 저 사람이 물 저편에 있도다. 물길 거슬러 올라가나, 험한 길이 멀기도 하네. ……[蒹葭蒼蒼 白露爲霜 所謂伊人 在水一方 遡洄從之 道阻且長 ……]"를 차용하였다.

58 역사驛使가 매화를 드리는 : '상대방을 그리워한다.'는 뜻이다. 남조(南朝) 송(宋)의 육개(陸凱)가 강남에 있을 때 교분이 두터웠던 범엽(范曄)에게 매화 한 가지를 부치면서, "매화를 꺾다 역사를 만났기

한 번의 봄소식을 두 가지 향기로 보내네.

海槎南落事蒼茫 猶望中華似故鄕
(僕先世以中國唐天寶年間 奉使之日本 漂到新羅 時值祿山之亂 遼薊不通 仍居於東 國王以其自南來 賜姓南云)
屬帶十年懷季子 焦琴千古憶中郞
不堪風葉吹還散 可奈霜葭阻且長
驛使梅花珍重意 一番春信兩枝香

044 오우정 五友亭

석양에 강물 출렁이고 해 그림자 누각에 있어,
높은 난간 곧바로 조수 따라 흐르네.
정자 두른 산은 돛대 건너편 그윽하고,
고지대의 집 대나무 숲 머리에 들쭉날쭉.
백 년이 된 삼경三徑[59] 모습 예전과 같고,
한 자리서 다섯 벗과 사귐 마침내 장구하네.
늙은 나 티끌 낀 갓끈 씻지 못한 지 오래니,
날아오는 흰 새 너의 한가함 부럽도다.

落照翻江影在樓 危欄直欲逐潮流

에, 농두 사는 그대에게 부치오. 강남에는 아무 것도 없어, 애오라지 한 가지 봄을 보낸다오.[折梅逢驛使 寄與隴頭人 江南無所有 聊贈一枝春]"라는 시를 함께 부친 데서 유래한다.
59　삼경三徑 : 세 갈래로 뻗은 정원의 오솔길로 은자(隱者)의 문정(門庭)을 말한다.

環山窈窕帆檣外 懸屋差池竹樹頭
三徑百年如昨日 一牀五友竟千秋
老夫未濯塵纓久 白鳥飛來羨爾遊

045 금창의 시에 차운하다 次錦窓韻

초계 삽계에서 배를 탔던[60] 옛 유람 생각하니,
강 마을 책임 맡으니 성군 은혜 넉넉하네.
연기 속 배 나란히 모래톱에 다다랐고,
젓대 쌍으로 불며 물가로 나왔구나.
외넝쿨에 비 지나자 물고기 그림자가 크고,
석류꽃 핀 마을 조용한데 술 향기 그윽하네.
손님과 벗 절반은 서호西湖 모임 사람들,
갈매기 백로 무리 속에 잠깐 머묾 기쁘네.

苕雪浮家憶昔遊 江鄉分竹聖恩優
煙舟幷着橫沙嘴 風笛雙吹出水頭
苽蔓雨過魚影大 榴花村靜酒香幽
賓朋半是西湖社 鷗鷺群中喜暫留

---

60 초계 …… 탔던 : 물 위에 배를 띄워 물 위를 떠돌며 사는 생활을 말한다. 당(唐) 나라의 은사(隱士)인 장지화(張志和)가 친상(親喪)을 당한 뒤로 벼슬을 그만두고 강호(江湖)에 살면서 연파조도(煙波釣徒)라 자호하였다. 안진경(顔眞卿)이 호주자사(湖州刺史)로 있을 때 그가 안진경을 찾아가 뵙자, 안진경이 그의 배가 망가졌음을 보고 새것으로 바꾸기를 청하니, 장지화가 "나의 소원은 배를 집 삼아 물 위에 살면서 초계(苕溪)와 삽계(霅溪) 사이를 왔다 갔다 하는 것이다.[願爲浮家泛宅 往來苕霅間]"라고 하였다 한다.

046 이재[61]가 난초 그림 부채를 주다
彛齋贈畵蘭扇

홀연히 부채의 난초 바람에 놀라니,
눈 속의 봄기운이 조화의 공적 만들었네.
법法이요 신神이함에 막 살아 움직이고,
향기도 색도 없는데 또한 공空도 아닐세.
어짊 펼침에 감히 분부의 중대함 잊을까?
값이 더해짐은 아마도 솜씨가 능해서이리.
밤마다 등잔 아래 세 번 펴놓고 구경하니,
종이 빛 물과 같고 기러기 떼 노닐도다.

忽驚扇面芃蘭風　雪裏陽春轉化功
是法是神方是活　非香非色亦非空
揚仁敢忘分符重　增價應因下筆工
每夜一燈三展玩　紙光如水戲群鴻

047 나귀 驢

모자른 말총 마른 뼈 너무나 형편없는데,
오히려 스스로 길게 울고 기운 줄지 않네.

61　이재 : 조선 후기의 문신이자 서화가인 권돈인(權敦仁, 1783~1859)으로 추정된다. 본관은 안동(安東), 자는 경희(景羲), 호는 이재(彛齋)·과지초당노인(瓜地草堂老人)·번상촌장(樊上村庄)이다. 아버지는 군수를 지낸 중집(中緝)이다. 서화에 능하여 일생을 친밀히 지냈던 추사(秋史) 김정희(金正喜)로부터 뜻과 생각이 뛰어나다는 평을 들었다. 시호는 문헌(文獻)이다.

도성 거리 멋진 사내가 나귀 타고 느릿느릿,
청산에 싫증난 객은 나귀 타고 멀리 가네.
시름겨워 빗속 지나니 진흙은 바다와 같고,
흥취가 매화 앞에 있으니 눈이 반은 녹았네.
한 벼슬로 지루하게 맷돌 자취 따라 돌아,
관아 앉아 저녁 먹고 또 오늘 아침이네.

禿驄瘦骨太蕭蕭 猶自長鳴氣不凋
紫陌佳郎來緩緩 靑山倦客去迢迢
愁過雨裏泥如海 興在梅前雪半銷
一官支離循磨跡 坐衙終夕又今朝

048 회문시[62] 回文

머리 위 모자에 꽃 한 송이 새로 꽂았고,
담담히 서로 이웃한 국화와 사람.
그윽한 난간 죽렴竹簾에 푸른 방울 떨어지고,
작은 책상 위 서책을 어지러이 먼지 속 뽑네.
잡다한 근심 씻으러 잔 급히 돌리고,
좋은 시구 쉬이 생각나 꿈 자주 깨지.
누대 위 달은 찬 기러기 재촉해 가게 하고,
저녁에 벗들과 함께 가을 산 바라본다.

---

62 회문시 : 앞에서부터 바로 읽으나 뒤에서부터 거꾸로 읽으나 뜻이 통하게 평측(平仄)과 운(韻)을 맞춘 한시이다.

頭邊帽揷一花新　澹澹相隣菊與人
幽檻竹簾通滴翠　小牀書帙亂抽塵
愁煩滌去杯行急　好句圓來夢覺頻
樓上月催寒雁逝　秋山晩眺共朋親

049 내리는 비를 보고 對雨

주렴에 해는 뉘엿 국화 기운 어슴푸레해,
가을 산 자취紫翠가 멀어 분간 어렵지.
겨우 새벽빛 엷어지니 가랑비 지나고,
살짝 내린 서리 지켜주는 엷은 구름 끼었네.
스스로 책 향기 아껴 앉은 자리에 모이고,
술 취향은 약간 거나함에 있음 점점 아네.
문득 알았노라, 내 집이 숲 연못 옆 있어,
깨끗한 일천 점 물결무늬 출렁거림을.

簾日陰陰菊氣曛　秋山紫翠逈難分
纔渲曉色經疎雨　猶護輕霜有細雲
自愛書香凝燕坐　漸知酒趣在微醺
翻知我屋林池下　千點蕭蕭蕩水文

050 운자를 내어 지음 拈韻

먼 길손 가을 회포 담담하기 연기 같아,
산속이나 조정 모두 관심이 없다네.
낮은 벼슬 얽매여 이름과 성을 남겨두고,
책상 위 책 베고 누워 세월 보내네.
유협의《문심조룡》은 옛 도를 찾았고,
사공[63]의《시품》은 참 선경에 들었도다.
주인이 은둔하지 않음을 살피지 않고,
국화 가지 파초 잎 그린 묵지墨池[64]가에 있네.

遠客秋懷淡如烟　山林朝市兩悠然
羈縻關析留名姓　枕藉床書送歲年
劉勰文心尋古道　司空詩品入眞禪
未省主人非隱遯　菊枝蕉葉墨池邊

63　사공 : 사공도(司空圖, 837~908)를 말한다. 당말(唐末)의 시인·시론가로, 자는 표성(表聖), 하중(河中) 사람이다. 저서로《이십사시품(二十四詩品)》등이 있다.
64　묵지墨池 : 왕희지(王羲之)가 글씨를 배울 때에 연못에 붓을 씻어 물이 검었다고 한다.

051-052 추재[65]에게 주다 與秋齋

산 돌아와도 가난은 산 나가기 전 같으니,
벼슬해도 돈 생각 없었다고 사람들은 말하네.
모래 위 물새와 자리 나눌 약속 있고,
책벌레는 삼선三仙[66]을 먹을 계책 없네.
지계持齋[67]하며 기생과 술 마심 사절하고,
문병 가 약 달이는 연기 근심스레 바라보네.
늙고 쇠약해져 점점 마음 약해짐 깨달으니,
일들이 더욱 엉킴을 어찌 견디리오!

還山貧似出山前 人道爲官不戀錢
沙鳥有盟分一席 書魚無計食三仙
持齋謝赴簪花飮 問病愁看煮藥煙
衰晚漸知心力軟 詎堪人事太牽連.

---

65 추재 : 추재(秋齋) 조수삼(趙秀三, 1762~1849)을 말한다. 조선 후기의 위항시인으로 송석원시사(宋石園詩社)의 핵심적인 인물이다. 본관은 한양(漢陽), 초명은 경유(景濰), 자는 지원(芝園)·자익(子翼), 호는 추재(秋齋)·경원(景畹)이다. 원문(元文)의 아들이며, 위항시인 경겸(景濂)의 동생이다. 홍경래의 난을 다룬 장편 오언고시 〈서구도올(西寇檮杌)〉, 61세에 함경도 지방을 여행하면서 민중들의 고난을 담은 〈북행백절(北行百絶)〉 등이 유명하다. 저서로 《추재기이(秋齋紀異)》, 《추재집(秋齋集)》이 전한다.

66 삼선三仙 : 맥망(脈望)이란 벌레가 있는데, 책벌레인 두어(蠹魚)가 책 속에 있는 '선(仙)'이란 글자를 세 번 갉아 먹으면 문득 변해 맥망이 된다. 한밤중에 하늘 위 별에다 이 벌레를 비추면 그 별이 즉시 내려와서 불로장생한다는 환단약(還丹藥)을 준다는 설화가 있다. 《유양잡조(酉陽雜俎)》에 나온다.

67 지계持齋 : 불교 용어로, 불교의 계율(戒律)을 지키기 위해 소식(蔬食)하는 것을 말한다.

두 번째 其二

나 속세 인연 다 끊지 않은 것 아니나,
감히 자연 때문에 임금 향한 마음 빼앗기랴.
잠시 벗을 찾아 늘그막을 즐기고,
그저 미치광이 노래로 태평시대 알리네.
밝은 해는 뜻 없으니 마음은 확 트이고,
국화꽃 비치니 구레나룻 빛나도다.
그대 위해 먼 사람 생각에 고생할 필요 없네,
신성한 경지 좇으면 눈앞에서 보이지.

非我塵緣未盡淸 敢將江海奪葵誠
且尋朋舊娛衰境 聊放狂歌報太平
白日無情襟宇曠 黃花相照鬢絲明
爲君未必勞遐想 靈境相從眼底生

053 읊으며 바라보다 吟望

저녁 빛이 금림錦林 서쪽 말갛게 개었으나,
가을 산 바라보고 읊으니 뜻 다시 처량하네.
목소리는 하리下俚[68]를 노래하는데 안 부끄럽고,

---

68 하리下俚 : '하리파인(下俚巴人)'의 준말로 가곡명(歌曲名)이다. 송옥(宋玉)의 글에, "영중(郢中)에 노래하는 자가 있어 처음에 〈하리파인(下俚巴人)〉을 불렀더니 화답하는 자가 수천 명에 달했고, 나중에 〈양춘백설곡(陽春白雪曲)〉을 불렀더니, 화답하는 자가 불과 수십 명이었는데, 곡조가 고상할수록 화답하는 자가 더욱 적었다."라고 하였다.

풍류는 다시 앞 시내에서 춤추려 한다.
돌부리 물에 잠겨 작은 고기 조용하고,
국화 그림자 사람 맘 흔들어 한 마리 새 우네.
서리 이슬 이미 짙은데 난 아직 못 떠나고,
다만 술병만 날마다 지니고 있구나.

夕暉淨霽錦林西　吟望秋山意轉凄
聲調不慚歌下俚　風流還欲舞前溪
石根蘸水纖鱗靜　菊影搖人一鳥啼
霜露已深吾未去　但須壺酒日招携

054 추재에게 보내다 寄秋齋

들 가득 솔 비친 달빛은 굽은 가지 그렸는데,
홀로 빈 난간 의지해 잠깐 서 있도다.
얕은 못 물결 생겨 물고기 그림자 지나가고,
먼 구름 머리털 같아 기러기 소리 더디도다.
관리가 붓 잡으니 남전藍田[69]이 서명하는 듯,
나그네는 문 두드린 가도賈島의 시 증명하네.
국화는 사람 머리 위 모자를 비웃으니,
떨어지면 다시 써 바람 불까 겁을 내네.[70]

69　남전藍田 : '남전현승(藍田縣丞)'의 준말이다. 현승은 부현령(副縣令) 격이어서 결재하는 권한은 없고 오직 서류를 검열할 뿐이라는, 한유(韓愈)의 〈남전현승청벽기(藍田縣丞廳壁記)〉에서 따온 말이다.
70　국화는 …… 내네 : 용산낙모(龍山落帽)의 고사를 염두에 둔 표현이다. 진(晉) 나라 맹가(孟嘉)가 9월 9일에 정서장군(征西將軍) 환온(桓溫)이 베푼 용산(龍山)의 주연(酒宴)에 참군(參軍)의 신분으로 참

滿庭松月寫虯枝　獨倚空欄立片時
淺沼生鱗魚影過　遠雲如髮雁聲遲
官疑涉筆藍田署　客證敲門賈島詩
黃菊笑人頭上帽　落來還着惻風吹

055 지원[71]과 함께 읊다 與芝園共吟

늦매미 찌는 더위에 가을 숲으로 들어가,
뜰 앞의 한 나무 몇 무畝의 그림자를 만들었네.
비탈의 틈 길들어진 벌이 석청을 이루고,
죽순 뿌리에 닭 머물러 신선의 학鶴 본뜬다네.
그윽한 절기 솔솔 지나가 기이한 향내 나고,
좋은 말 번번이 들으니 오묘한 흥취 깨닫네.
짐짓 짓질 않아 그렇지 짓기만 하면 멋지니,
그대의 시 늙은 파초 마음 같음을 아끼노라.

殘蟬烘暑入秋林　一樹庭前數畝陰
崖罅蜂馴成石蜜　筍根鷄棲學仙禽
幽機淅淅聞香異　雅語番番得趣深
故不肯抽抽便好　愛君詩似老蕉心

석했다가, 국화주에 취한 나머지 모자가 바람에 날아가는 것도 알아채지 못하고서 측간에 갔다. 환온이 그에게 알려 주지 말라고 사람들에게 눈짓을 하고는 손성(孫盛)에게 희롱하는 글을 짓게 하였는데, 맹가가 돌아와서 그 글을 보고는 곧장 멋지게 대응하는 글을 지어서 좌중을 경탄하게 했던 고사가 있다.

71　지원 : 조수삼(趙秀三)의 자(字)이다.

056 겸지와 함께 지음 與謙知賦

구름은 산 절반 걸쳐 있고 달은 숲 비치는데,
느릿느릿 그윽한 집을 거니니 감개 깊도다.
겨울밤을 끈으로 잰다면 아마 백 길은 될 것이고,
나그네 회포 물로 치면 틀림없이 천 길은 되리라.
이제 와서 〈대아〉의 시를 누가 짓겠는가?
예로부터 〈양춘백설곡〉[72]은 홀로 읊을 만하지.
하나의 등잔불 앞 크고 작은 일들은,
두 사람이 서로 대하니 두 사람 마음이네.

雲橫山半月通林 謾步幽軒感慨深
冬夜繫繩應百丈 客懷量水定千尋
而今大雅從誰作 自古陽春獨可吟
一盞燈前多少事 兩人相對兩人心

057 이웃 정자에 몇몇이 모임 隣亭小集

누각에 사람 없고 산빛만 길게 보이니,
반원의 붉은 해는 담장 서쪽에 있도다.
그윽한 샘물에는 노래 소리 끊기었고,

---

72 〈양춘백설곡〉: 〈양춘백설곡(陽春白雪曲)〉을 말한다. 전국(戰國) 시대 초(楚) 나라의 고아(高雅)한 가곡(歌曲)의 이름으로, 사람들이 쉽게 따라 부르지 못할 만큼 격조가 높았다고 한다. 그래서 보통 남의 시문(詩文)을 칭찬하는 말로 쓰인다.

꽃다운 나무 오늘 분 바른 미인처럼 향기롭네.
모름지기 술 있으면 들이켜 일 염려 말고,
꽃이 다 지려 할 때 고향 생각 나는 법이지.
심원沈園은 또한 내가 거쳤던 곳이니,
그대의 집 방문 기억하며 잊지 않으리.

樓閣無人山色長 半規紅日在墻西
幽泉拼斷笙歌響 芳樹如今粉黛香
有酒須傾休感事 看花欲盡易思鄉
沈園又是經過地 記到君家定不忘

058 병을 앓으며 病中

병중에 절반의 봄철 빛을 소진하고,
여전히 집 생각하며 먼 지방에 있도다.
문을 나서 점점 걸을 수 있어 기쁘고,
시 짓는데 오히려 이루지 못할까 걱정되네.
서쪽 언덕 잔풀은 새로 내린 비 맞았고,
남쪽 길가 버들에는 저녁 빛이 곱도다.
어젯밤 수심 잠긴 기러기는 돌아가며 울고,
오늘 아침 동쪽 보니 흰 구름이 길게 뻗었네.

病中消盡半春光 依舊思家在遠方
出戶漸欣能作步 賦詩猶恐不成章

西原細草經新雨 南陌垂楊艶夕陽
昨夜愁中歸雁叫 今朝東望白雲長

059 큰비 大雨

누런 안개 산 이어져 낮에도 안 걷히고,
온 산에 비바람이 동쪽에서 몰려오네.
초여름 매미 잎에 붙어 까닭 없이 벙어리 되고,
급한 여울 숲 뚫고 유달리 돌아 흐르네.
이미 깊이 생각하여 오래 문 닫기 괴로웠는데,
어찌 비에 젖어 다시 누대 오를 수 있으랴.
사찰의 앞과 뒤를 지났던 곳에는,
높은 바위 기운 등나무 이끼가 덮여 있네.

黃霧連山晝不開 滿山風雨自東來
新蟬抱葉無端啞 急澗穿林特地回
已苦沈吟長掩戶 何能沾濕復登臺
寺前寺後經過處 危石欹藤徧是苔

060-062 낙화 落花

봄 보내는 마음 친지 이별함과 같으니,

동풍 또한 천천히 불지 않음 한스럽네.
아마도 아침에 비 온 뒤가 근심스러워,
해 질 녘 꽃 날아감 견딜 수 있으랴?
누각 위에서 쓸쓸히 보며 객 자주 만류하고,
숲에서 서로 생각하며 홀로 술잔 들도다.
오히려 남은 향기 쉬이 상할까 걱정되어,
한 쌍의 나막신 섬돌 밟지 않도록 하네.

送春情似別親知 長恨東風亦不遲
應是愁來朝雨後 可堪飄去夕陽時
樓頭悵望頻留客 林下想思獨擧卮
猶恐殘香輕損破 不敎雙屐踏階墀

두 번째 其二

쇠약해진 뒤로부터 세월을 아꼈는데,
저녁 내내 무료해 꿈속에 들어갔네.
어제 어지러운 꽃향기 작은 정원 요란케 해,
오늘 아침 짙은 그늘이 깊은 연못 덮어버렸네.
곧이어 저녁놀 따라 거미줄에 걸렸고,
부질없이 진흙 붙어 제비 들보에 들어왔네.
경치를 낱낱이 보면 꽃이 지고 시작하니,
황매우黃梅雨[73] 내린 뒤에 보리 바람[74] 서늘해진다.

---

73 황매우黃梅雨 : 매실(梅實)이 익을 무렵에 오는 많은 양의 비를 말한다.
74 보리 바람 : 음력 5월의 바람이다.

自當遷謝惜年光　終夕無聊坐睡鄉
昨日亂香撩小院　今朝濃蔭鎖深塘
旋隨晚靄縈蛛網　謾看晴泥入燕樑
點檢物華從此始　黃梅雨後麥風凉

세 번째 其三

남아 있는 꽃 아쉬워 날마다 돌아보니,
점점 시들어 새벽과 저녁이 다르다네.
꾀꼬리 우는 가지 아래 아낙은 수심에 잠겼고,[75]
버들 드리운 다리에서 먼 길 가는 이 슬퍼하네.
떨어져서 완전히 땅에 버려짐 어찌할 것인가?
날아가서 모두 티끌이 됨 어찌 알리오.
문득 해 넘길 이별 하지 못하니,
한매寒梅[76]를 머물러 피게 하고 소춘小春[77]을 기다린다.

爲惜餘芳日日巡　漸看憔悴異晨昏
打鶯枝下愁征婦　贈柳橋頭悵遠人
無奈墜來渾委地　詎知飛去總成塵
未能便作經年別　留放寒梅待小春

---

75 꾀꼬리 …… 잠겼고 : 악부시(樂府詩)의 근대곡사(近代曲辭)의 하나로 〈이주가(伊州歌)〉가 있다. 〈이주가〉는 대곡(大曲)으로 되어 있는데, 대체로 수자리 살러 간 남편이 10여 년이 되어도 오지 않아 괴로워하는 여인의 원한이 다루어져 있다. 이 구절의 앞부분은, 당시(唐詩) 〈이주가〉의 "꾀꼬리를 일으켜 가지 위에 울게 말라. 울 때엔 첩의 꿈 깨어, 요서에 가지 못한다.[打起黃鶯兒 莫敎枝上啼 啼時驚妾夢 不得到遼西]"에서 나온 것이다.
76 한매寒梅 : 겨울에 피는 매화이다.
77 소춘小春 : 음력 10월이다.

063 산사에서 山寺

절은 높이 있어 푸른 산을 내려다보니,
시원한 바람 불어 유월에도 홑옷 꺼려지네.
숲 비어 흐르는 물 매미 소리 함께 울리고,
해 저무는데 한가한 구름 새와 함께 돌아온다.
다만 참선 공부 시 짓는 데 도움이 되었고,
문득 속세의 일이 마음 흔듦은 없다네.
이제 고개 돌려 바라보니 종소리 멀기만 하고,
오직 산봉우리 내리는 소나기만 보이누나.

巖寺高居俯翠微 淸風六月厭禪衣
林空流水蟬俱響 日暮閒雲鳥共歸
但取詩料參佛力 更無人事鬧心機
至今回首鐘聲遠 唯見山頭白雨飛

064 봄날 동번東樊[78]과 함께 짓다
春日與東樊共賦

객지에서 봄 보내니 반은 빗소리요,
막 갠 오늘 아침 흰 겹옷 시험 삼아 입네.
물보다 차가운 내 온갖 상념 가련하고,

---

[78] 동번東樊 : 이만용(李晩用, 1792~?)의 호(號)이다. 본관은 전주(全州)로, 자는 여성(汝成), 시문(詩文)에 뛰어났다. 저서로 《동번집(東樊集)》이 있다.

여전히 일천 숲의 푸르름이 성 안 가득하네.
시는 부서진 피리처럼 불어도 소리 안 나고,
흥은 우거진 풀 같아 밟아도 다시 일어나네.
은거가 꼭 산에 살기 좋아서만 아니라,
솔바람 소리 자연스레 맑은 게 좋아서이지.

客裏經春半雨聲 今朝白袷試新晴
憐吾萬念寒於水 依舊千林綠滿城
詩似廢竽吹不出 興如幽草踏還生
隱居未必山居好 若個松聲自在淸

065 받들어 올리다 奉贈

시 모임 돌이켜 보니 세월도 오래되었는데,
집 깊어 초목이 퍽 청아하고 아름답네.
옛 그림같이 우리 머리털은 온통 희었으나,
오직 기이한 책 대하니 눈이 침침하지 않네.
벼슬은 마조馬曹[79]와 같으니 참으로 꿈이요,
재앙은 참새 소리로 일어나니 부디 슬퍼 말길.
헤아려 보니 대대로 혁혁한 부귀한 문벌에,
삼대가 시인이 된 집안이 몇이나 있던가?

---

79 마조馬曹 : 미관말직을 뜻한다. 진(晉) 나라 왕휘지(王徽之)가 거기도위(車騎都尉) 환충(桓沖)의 기병 참군(騎兵參軍)으로 있을 때 환충이 묻기를 "경은 무슨 조(曹)에 소속되어 있소?"라고 하자, "아마도 마조인 듯합니다."라고 하였다고 한다. 마조는 원래 말을 관장하는 관청을 뜻한다.

吟社回頭歲月賖　堂深草木湛淸華
如看古畵頭渾雪　唯對奇書眼不花
官似馬曹眞是夢　戱成雀語莫須嗟
算來赫葉朱門裏　三世詩人有幾家

066 배를 타고 광릉으로 내려가다 舟下廣陵

강의 비바람 차례로 서늘한 기운 보내오고,
온 하늘 시원한 달빛 외로운 배에 실었네.
마을의 등불 물에 비쳐 흔들흔들 움직이고,
물가의 나무 연기가 뻗쳐 넘실넘실 떠 있네.
성첩 형세 남한부南漢府에 희미하게 보이고,
다듬잇돌 소리 저녁에 옛 양주에 들려오네.
오늘 밤 갈대에 이슬 한없이 내리니,
사람 생각뿐 아니라 깊은 시름 있도다.

江雨江風遞送秋　一天凉月在孤舟
村燈刺水垂垂動　灣樹挖烟灎灎浮
堞勢微分南漢府　砧聲暮入古楊州
今宵無限蒹葭露　不是懷人亦遠愁

067 달밤에 제봉스님을 만나 함께 시를 짓다
月夜逢霽峰僧共賦

스님 뵈니 좋은 산 맑은 날 마주한 듯해,
등불 앞 말없이 대해도 심원한 뜻 생기네.
숨어 살며 시 잘하니 오늘날의 비연祕演[80]이요,
술 마시며 시사에 참여하니 옛 도연명과 같도다.
매헌梅軒에 달이 뜨니 빈 그림자인가 의심 가고,
소나무는 바람 없어도 홀연히 소리 나네.
괴로이 읊어 도리어 허물됨을 점점 깨달으니,
스님의 명언 절구 두 수 고아한 정취일세.

逢僧如對好山晴 脉黙燈前遠意生
隱且能詩今祕演 飲酒參社古淵明
梅軒得月疑虛影 松盖無風忽有聲
漸覺苦吟還是累 名言兩絶是高情

068 금선정에 놀러감 遊錦仙亭

숲 깊으니 옷과 신발 자연스레 향기 나고,
정사精舍의 맑은 못에서 술 한 잔 할 만하지.
여러 성성과 대등한 두 구슬[81]이 먼 객 맞이하고,

---
80 비연祕演 : 송(宋) 나라의 석연년(石延年, 자는 만경(曼卿))의 시우(詩友)인 승려이다.
81 여러 …… 구슬 : '훌륭한 두 시인'의 의미이다. 전국 시대에 조(趙) 나라 혜문왕(惠文王)이 화씨벽(和

양들이 돌로 변하는[82] 신선 마을 찾누나.
붉은 벼랑 자던 새 바둑 소리에 놀라고,
비단 물결 헤엄치던 물고기 햇빛을 마시네.
태수 오두遨頭[83]는 참으로 속되지 않으니,
가슴에 푸른 하늘 담고 머리털은 희끗하다.

林深衣屨自生香　精舍淸池可一艭
雙璧連城迎遠客　群羊化石訪仙鄕
丹崖宿鳥驚棋響　錦浪游魚呷日光
太守遨頭眞不俗　胸藏空碧髮垂蒼

氏璧)을 구했는데, 진(秦) 나라 소왕(昭王)이 이를 듣고서 조 나라에 사람을 보내어 열다섯 성(城)과 바꾸기를 청했었다. '연성벽(連城璧)'과 의미가 통한다.
82 양들이 돌로 변하는 : 옛날 황초평(黃初平)이 양을 쳤는데 도사(道士)를 따라 금화산(金華山) 석실(石室)에 들어가 40여 년 동안 도술을 닦으면서 집을 생각하지 않았다. 그의 형 초기(初起)가 여러 해 동생을 찾다가 하루는 시장에서 도사를 만났는데 초평이 금화산에서 양을 치고 있다 하였다. 그래서 찾아가 보고는 초평에게 네가 기르고 있는 양이 어디 있느냐고 묻자, 초평은 가까이 산동(山東)에 있다고 하였다. 초기가 가보았으나 양은 보이지 않고 다만 흰 돌만 있을 뿐이었다. 그는 돌아와 양이 없다고 하니, 초평은 '있는데 형께서 못 보았을 뿐입니다.'하고는 같이 가 돌에게 '양은 일어나라'하자 흰 돌이 모두 일어나 수만 마리의 양으로 변했다 한다. 정자 이름에 '선(仙)' 자(字)가 들어 있기 때문에 이러한 고사를 사용했다.
83 오두遨頭 : 오두는 '수령'을 뜻하는 말이다. 《성도기(成都記)》에 "태수가 두자미(杜子美)의 초당(草堂)에 나와서 놀고 잔치할 때면 사녀(士女)들이 너른 뜰에 의자를 늘어놓고 앉는데, 이 의자를 오상(遨牀)이라 하고 태수는 놀이의 우두머리라는 뜻에서 오두라고 하였다."라고 하였다.

069 강산[84]학사와 함께 영호에 놀러 가다
同絳山學士遊映湖

봄에 강가 누각 바라보니 옛 생각이 많은데,
물결무늬와 숲 그림자 서로 푸름 더하네.
해룡이 돌아간 뒤 기고岐鼓[85]만 남아있고,
항巷의 제비가 나는 곳에서 사씨謝氏의 집 묻도다.[86]
둥근 달 마음 비추니 사람은 달과 같고,
굽은 난간 손 드리우는 기녀는 꽃과 같네.
내려다보면 매양 귀향의 한이 있으리,
문득 창랑의 옛 낚싯배가 생각나누나.

春望江樓古意多　水紋林影綠交加
海龍返後餘岐鼓　巷燕飛邊問謝家
圓鏡照心人似月　曲欄垂手妓如花
登臨每有將歸恨　却憶滄浪舊釣槎

84　강산 : 이경재(李經在, 1789~?)의 호(號)로 추정된다. 본관은 한산(韓山)으로 자(字)는 치정(稚正)이다.
85　기고岐鼓 : 석고(石鼓)를 말한다. 주 선왕(周宣王) 때 사주(史籒)가 주 선왕을 칭송하는 글을 지어서 북처럼 생긴 돌에 새겼다고 한다. 또 손하(孫何)의 비해(碑解)에 의하면, "주 선왕이 기산(岐山)의 양지쪽에서 사냥할 때 따르던 신하들로 하여금 그 사적을 돌에 새기게 하였는데, 지금의 석고다. 더러는 엽갈(獵碣)이라고도 한다."라고 하였다.
86　항巷의 …… 묻도다 : '항巷'은 오의항(烏衣巷), 곧 지명으로, 동진(東晉) 때에 특히 왕씨(王氏)·사씨(謝氏) 등 망족(望族)이 이곳에 살면서 명성을 크게 드날렸다. '항巷의 …… 묻도다.'는 당(唐) 나라 유우석(劉禹錫)의 〈오의항(烏衣巷)〉 시에, "주작교 가에는 들풀이 꽃을 피우고, 오의항 어귀에는 석양이 비꼈는데, 그 옛날 왕씨와 사씨 집의 제비들이, 보통 백성들 집으로 날아드누나.[朱雀橋邊野草花 烏衣巷口夕陽斜 舊時王謝堂前燕 飛入尋常百姓家]"라고 한 데서 온 말로, 흔히 세월의 변천 속에 인생의 무상함을 나타낸다.

070 명봉사에 들러 제봉 상인을 만나다
過鳴鳳寺逢霽峰上人

맑게 갠 저녁 남여藍輿 타고 골짝에 들어가니,
산인山人과 약속하며 평생을 지냈었지.
옷은 일만 나무 뚫고 와 그윽한 향기 배었고,
누대는 천봉 누르며 멀리 오는 햇빛 받도다.
늙어감에 도리어 내세·과거·현재 모두 잊고,
시에는 오히려 색·향·소리 끊이지 않고 나타내네.
남쪽으로 놀러 온 십 일 동안 무슨 일 했느뇨?
삼소도三笑圖[87] 속 하룻밤이 맑구나.

入洞藍輿趁晚晴　山人有約是平生
衣穿萬木沈幽馥　樓壓千峰受遠明
老却都忘來去現　詩猶不斷色香聲
南遊十日成何事　三笑圖中一夜淸

071 추재와 함께 회포를 읊다 與秋齋賦懷

오사모烏紗帽[88]는 변함없는데 귀밑머리 희끗하니,

87　삼소도三笑圖 : 혜원(慧遠)이 여산(驪山) 동림사(東林寺)에 있었다. 그런데 도연명(陶淵明)과 육수정(陸修靜)이 찾아 왔다 돌아갈 때, 혜원이 전송하매 평일에는 손님 전송에 호계(虎溪)를 넘지 않았다. 이날은 세 사람이 이야기하다가 어느덧 호계를 지나왔으므로 모두 웃었다는 호계삼소(虎溪三笑)의 이야기가 전해 온다. 후세의 사람들이 삼소도(三笑圖)를 그려서 전하였다.
88　오사모烏紗帽 : 고려 말기부터 조선 시대에 걸쳐 벼슬아치가 쓰던, 검은 깁으로 만든 모자를 말한다.

연자매처럼 십 년 만에 나는 비로소 돌아왔지.
나와 회포 함께 하는 것은 오직 국화 뿐,
그것 아껴 술 마시되 산에선 마시지 않네.
산에 올라 시 지으니 명예 욕심이 덜어지고,
학을 타고 돈 차는 일[89]은 조물주가 인색했지.
추재가 멀리 떠나지 않아 만나게 되었으니,
매양 바쁜 가운데 한 번씩 한가로움 취하네.

烏紗依舊鬢絲斑 驢磨十年蹟始還
與我同懷惟有菊 愛渠能飮不於山
登高作賦名心減 騎鶴腰錢造物慳
免使秋齋成遠別 每從忙裏一偸閒

072 갑진년(1844) 회갑날 甲辰初度日

늦가을 밝은 달이 내 전생의 몸,
육십 년 동안 제멋대로 지낸 사람이지.
말년에 벼슬이 대쪽 같은 성격 묶어놨고,
일생 동안 노래 읊음 태평성대 보답한 것.
옥수玉樹[90]를 심어 놓으니 대대로 전할 만하고,

---

89 학을 타고 돈 차는 일 : 옛날에 어떤 사람들이 함께 모여서 각각 자기 소원을 말하는데, 그중 한 사람은 양주자사(揚州刺史)가 되고 싶다 하고, 또 한 사람은 많은 재물을 갖고 싶다 하고, 또 한 사람은 학(鶴)을 타고 승천하고 싶다고 하였다. 그중 한 사람이 말하기를 "나는 허리에 십만 꿰미의 돈을 차고, 학을 타고 양주로 날아가서, 앞서 말한 세 사람의 소원을 겸하고 싶다.[腰纏十萬貫 騎鶴上揚州 欲兼三者]"고 했다는 고사에서 온 말로, 성취하기 어려운 이상적인 욕망을 말할 때 흔히 인용된다.
90 옥수玉樹 : 재질이 우수한 인재를 비유하는 말이다.

금단金丹[91] 얻어 백성 오래 살게 하고파.
갑자甲子를 새로 잡아 다시 돌기 시작하니,
오늘 아침 술이 있고 친한 벗도 있도다.

九秋明月是前身 六十年間漫浪人
晩歲簪袍縻傲骨 一生歌詠答昌辰
栽生玉樹堪傳世 分得金丹欲壽民
甲子新占周復始 今朝有酒有朋親

073 석애[92]공의 기로연을 축하함 賀石崖公耆宴

장수 비는 이 말을 저버리지 마소서,
설날에 새로 노인 봉양하는 임금 은혜 입었네.
낙사洛社[93]의 여러 영재 중에 사마온공 중하고,
주나라 왕 외조로는 강태공이 높았었지.
시초와 거북처럼 덕 앙모함이 조야가 같았고,
이름 새긴 궤장[94]을 자손에게 전해주네.
장수를 누리고 덕까지 갖추고 계시니,

---

91 금단金丹 : 신선이 만든다는 장생불사(長生不死)의 환약이다.
92 석애 : 조만영(趙萬永, 1776~1846)의 호이다. 본관 풍양(豊壤), 자 윤경(胤卿), 시호 충경(忠敬)이다. 풍양 조씨가 정계에 나섰을 때의 중심인물로서, 이조참의에 이어 1821년 금위대장, 이조·호조·예조·형조의 판서, 한성부판윤·의금부판사 등 요직을 지냈다. 주요 저서로《동원인물고(東援人物考)》등이 있다.
93 낙사洛社 : 송(宋) 나라 문언박(文彦博)의 낙양기영회(洛陽耆英會)를 말한다. 구로회(九老會)는 당(唐) 나라 백거이(白居易)가 노년의 친구 9인과 향산(香山)에서 모여 결성한 모임인데, 낙양기영회는 문언박이 사마광(司馬光)·부필(富弼) 등 13인과 함께 백거이의 구로회를 모방하여 만든 모임이다.
94 궤장 : 임금이 국가에 공이 많은 늙은 신하에게 주는 안석과 지팡이이다.

풍문 들으면 야박한 사람도 돈후해지리라.

大年方祝不孤言 元日新承養老恩
洛社群英司馬重 周王外祖太公尊
蓍龜仰德均朝野 几杖留名與子孫
地有神仙天有爵 聞風可使薄夫敦

074 집안 형의 회갑을 맞아 族兄壽韻

둥근 달 하늘 가운데 있는 동짓달,
인간 세상에 육십 한 번 째 돌아온 빛.
상봉桑蓬[95]을 문 달았던 처음 뜻은 어겼지만,
난옥蘭玉[96]이 뜰 가득하니 옛 가정의 아름다움 받았네.
젊어서 재능을 숨겼으니 행비각行祕閣[97]이고,
만년에 유유자적하며 태화탕太和湯[98] 즐기시네.

---

95 상봉桑蓬 : 뽕나무 활과 쑥대 화살을 가리키며, 남자가 크게 활동하는 것을 말한다. 《예기(禮記)》〈곡례(曲禮)〉에, "아들을 낳으면 문 왼쪽에 활을 달아매는데, 나라 임금은 세자가 나면 삼일 만에 사인(射人)이 뽕나무 활과 쑥대 화살로 여섯 번을 천지 사방에 쏜다."고 하였고, 《예기(禮記)》〈내칙(內則)〉에, "천지 사방이란 남자의 일이 있는 곳이다." 하였다. 《예기(禮記)》〈사의(射義)〉에 "남자가 태어나면 뽕나무 활 여섯 개와 쑥대 화살 여섯 개로 천지 사방에 쏘았으니 이는 남자가 큰 뜻을 갖는 의미라 한다."라고 하였다.

96 난옥蘭玉 : 지란옥수(芝蘭玉樹)의 준말로 남의 집안의 우수한 자제를 예찬하는 말이다. 《세설신어(世說新語)》〈언어(言語)〉에 "비유하자면 지란옥수가 뜰 안에 자라게 하고 싶다.[譬如芝蘭玉樹 欲使其生於階庭耳]"라고 하였다.

97 행비각行祕閣 : 비각(祕閣)은 중요한 문서 등을 비장해 두는 궁정(宮廷)의 창고이다. 행(行)은 품계는 높지만 관직은 낮은 행직(行職)을 의미한다. 상대방이 비각과 관련된 직책에 있었기에 한 말로 보이지만, 자세하지 않다.

98 태화탕太和湯 : 술의 별칭이다. 송나라 소옹(邵雍)의 〈무명공전(无名公傳)〉에 "천성적으로 술을 좋아했는데 일찍이 술을 명명(命名)하여 태화탕이라 했다."라고 하였다.

형 누리고 있는 복을 또 형 위해 비니,
《시경》〈상체常棣〉의 꽃 제 칠장을 외우네.[99]

圓月中天應復陽 人間六十一回光
桑蓬在戶違初志 蘭玉盈庭襲舊芳
韜晦早年行秘閣 優遊晩歲太和湯
於兄所賀爲兄祝 常棣之華第七章

075 객사에서 어느 사람에게 줌 客舍贈人[100]

이별과 만남 쓸쓸한데 귀밑머리 성기고,
등잔 아래 오늘 또 십 년 만에 처음 만났네.
연못에 비 지난 뒤 하늘에 별이 나왔고,
누각에 찬 기운 생기니 저녁 바람 불어온다.
초결은 응당 풍악楓嶽의 자字를 전하고,
계향桂香이라 쓴 집 이름 아직도 기억하네.
그대 상자 속 서성西城이란 시구 근심하노니,
기러기 발톱이 거듭 옴에 옛 자취만 남아 있도다.[101]

---

99 《시경》 …… 외우네 : 《시경(詩經)》〈소아(小雅)·상체(常棣)〉 7장에 "처자간에 좋고 화합함이, 금슬을 타는 듯하지만. 형제간이 화합하여야, 화락하고 또 편안하도다.[妻子好合 如鼓瑟琴 兄弟旣翕 和樂且湛]"라고 하였다.
100 《수경실(박철상)》본에는 제목에 '박초수양한천공회(朴初壽楊漢天共會)'라는 주(註)가 붙어 있다.
101 기러기 …… 있도다 : 홍조(鴻爪)는 설니홍조(雪泥鴻爪)의 준말이다. 덧없이 찍혀 있는 발자국처럼 곧 스러져 없어질 기억이나 흔적. 소식(蘇軾)의 시에, "인생의 이르는 곳 뭐 같을꼬, 나는 기러기 진흙 밟는 듯 하여라. 진흙 위에 우연히 자취 남겼지만, 기러기 날면 어떻게 동서를 헤아리랴?[人生到處知何似 應似飛鴻住雪泥 泥上偶然留指爪 鴻飛那復計東西]"라 하였다.

離合蕭蕭鬢影踈 一燈今又十年初
陂塘雨過乾星出 樓閣凉生夕籟虛
草訣應傳楓嶽字 屋名猶記桂香書
愁君篋裏西城句 鴻爪重來舊跡餘

076-077 축하하여 황광언의 편면[102]에 씀
賀題黃光彥便面

꽃 구경하다가 삼일 만에 성문 나서니,
참의교參議橋 가에 옛 집이 남아있도다.
의관정제 후 가서 가록연歌鹿宴[103]에 참여했고,
검은 수건 쓰고 돌아가 질양촌叱羊村[104]을 찾아갔네.
마음 비움 깊고 넓어 천 리 일렁이는 물결 같아,
기쁜 기운 찰랑찰랑 술 한 동이 가득 찼다.
사람에게 글 읽으라는 가르침을 남기어,
남주南州의 명사들이 과거 급제 은혜 받았네.

---

102 편면 : 옛날 남에게 자기 얼굴을 보이기 싫을 때 얼굴을 가리는 데 쓰던 기구이다. 즉 부채 따위를 가리킨다.
103 가록연歌鹿宴 : 녹명장(鹿鳴章)을 부르는 잔치로, 과거에 급제하였다는 뜻이다. 〈녹명鹿鳴〉은 《시경(詩經)》〈소아(小雅)〉의 편명으로 본래 임금이 어진 신하들을 불러 주연(酒宴)을 베풀면서 군신(君臣)의 화락한 정을 노래한 시이다. 후세에 와서는 주현(州縣)의 시험에 급제한 공사(貢士)들에게 베푼 향음주례(鄕飮酒禮)의 석상에서 그들의 전도(前途)를 축복하는 뜻으로 이 노래를 불렀다.
104 질양촌叱羊村 : 신선이 사는 곳이다. 옛날 황초평(黃初平)이 양을 쳤는데 도사(道士)를 따라 금화산(金華山) 석실(石室)에 들어가 40여 년 동안 도술을 닦으면서 집을 생각하지 않았다. 그의 형 초기(初起)가 여러 해 동생을 찾다가 하루는 시장에서 도사를 만났는데 초평이 금화산에서 양을 치고 있다 하였다. 그래서 찾아가 보고는 초평에게 "네가 기르고 있는 양이 어디 있느냐"고 묻자, 초평은 가까이 산동(山東)에 있다고 하였다. 초기가 가보았으나 양은 보이지 않고 다만 흰 돌만 있을 뿐이었다. 그는 돌아와 양이 없다고 하니, 초평은 "있는데 형께서 못 보았을 뿐입니다."하고는 같이 가 돌을 꾸짖으며 "양은 일어나라"하자 흰 돌이 모두 일어나 수만 마리의 양으로 변했다고 한다.

看花三日出都門 參議橋邊舊宅存
屩帶去登歌鹿宴 皁巾歸訪叱羊村
虛襟汪汪波千里 喜氣盈盈酒一樽
留勸讀書人種子 南州名士沐新恩

두 번째 其二

시는 도연명과 유종원의 작품에서 터득했고,
정옹貞翁의 어진 조카 전형이 남아있도다.
자연스레 소백산 남쪽의 관리가 되고부터,
제황수諸黃水 북쪽 마을과 연결되어 가까워졌다.
훌륭한 선비는 서치 의자[105]를 홀로 있게 하지 않고,
미관말직은 공융의 술동이에 많이 부끄럽네.[106]
경년庚年에 선배들은 모두 다 죽었는데,
하늘이 새 은혜 보내어 옛 은혜 잇게 하누나.

詩得陶庭與柳門 貞翁賢姪典型存
自爲小白山南吏 達近諸黃水北村
佳士不孤徐稚榻 冷官多媿孔融樽
庚年先輩凋零盡 天遣新恩續舊恩

---

105 서치 의자 : 서치탑(徐稚榻)을 말한다. 동한(東漢) 때 남창 태수(南昌太守) 진번(陳蕃)이 일반 손님은 접대하지 않았다. 그러나 오직 그 고을 은사(隱士) 서치(徐穉)가 오면 특별히 그를 위해 앉을 자리를 내놓고 그가 떠나면 그 자리를 다시 걸어두었다고 한다. 황광언이 어디서나 대접을 받았다는 뜻이다.
106 미관말직은 …… 부끄럽네 : 내가 황광언에게 후한 대우를 하지 못하였다는 뜻이다. 후한(後漢) 때 공융(孔融)이 손님들과 술 마시기를 좋아하여 "자리에 빈객이 항상 가득 들어차고, 술통 속에 술이 떨어지지만 않는다면, 더 이상 근심할 것이 없다.[座上賓客常滿 樽中酒不空 吾無憂矣]"라고 했다는 고사가 있다.

078 백동에 모여 여러 벗들과 호박을 읊다
會白洞與諸益詠南苽

여러 넝쿨 채소 중 이것이 특히 빼어나니,
익은 것 볶고 날 것 삶으니 김은 무럭무럭.
자르면 조개 엮은 모양 일천 치아 머금었고,
꼭지에 서리 내리면 수레 싣고 흰 머리에도 인다.
남쪽 나라 종자인 담배와 함께 들어 왔고,
기품은 직녀성 좇아 여름 하늘 두른다네.[107]
양매楊梅와 공작孔雀에 참으로 비길 만하니,
내 자신의 주린 창자 육십 년을 채워주었지.

衆蔓群蔬此拔尤 熬黃蒸綠氣浮浮
露瓠編貝含千齒 霜蔕連車載白頭
來伴淡婆南國種 禀從星女夏天周
楊梅孔雀眞堪比 充我飢腸六十秋

079 참외 瓜

오히려 굶주린 이가 장원했단 말 들으니,
귀족들이 밭과 동산서 늙음 퍽 괴이하구나.

---

107 기품은 …… 두른다네 : 여름이면 호박의 줄기가 뻗어나감을 말한다. 견우 직녀성은 여름이면 동쪽에서 떠서 서쪽으로 넘어간다.

빈거幽居[108] 시를 읽으니 바탕 점차 커지고,
수수께끼로 마복馬腹 일컫자 글자 능히 뒤집힌다.[109]
신발 고쳐 신는 혐의[110] 종신토록 경계하고,
매어 있기 박과 같아도[111] 즐거움은 있는 법.
사대부에게 이 맛을 알게 해야 하리니,
노란 것 담그고 초록은 삶음이 좋은 집서 나왔다네.

猶聞餽客作魁元　多怪侯家老圃園
詩讀幽居基漸大　謎稱馬腹字能飜
嫌於納履終身戒　繫也如匏所樂存
要使士夫知此味　淹黃煮綠出高門

080 담배를 읊다 咏南草

만호의 연기 더해져 아홉 점[112]이 나란해지고,
종자가 번국番國에서 전해져 남쪽 물길 건너왔다.
금빛 실이 안개 뿜어 글 향기 젖었고,
푸른 전자篆字 공중에 서려 푸른 그림자 나직하네.

---

108 빈거幽居 : 《시경(詩經)》〈대아(大雅)〉시에 나온다. 빈은 중국 섬서성(陝西省) 순읍현(栒邑縣)의 지명으로, 빈 땅의 터전이 대단히 넓고 크다는 뜻의 '빈거윤황(幽居允荒)'에서 따왔다.
109 수수께끼로 …… 뒤집힌다 : 고사가 있으나 의미를 분명히 알기 어렵다.
110 신발 …… 혐의 : 엉뚱한 혐의를 받는 것을 말한다. "외밭에서는 신 끈을 고쳐 매지 않는다.[瓜田不納履]"라고 하였다.
111 매어 있기 …… 같아도 : 공자(孔子)께서 "내가 어찌 박이더냐, 어째서 한군데에 매여 있어 음식도 먹지 못한단 말이냐?[吾豈匏瓜也哉 焉能繫而不食]"라고 한 말에서 인용했다.
112 아홉 점 : 당나라 이하(李賀)의 〈몽천(夢天)〉시에 "중국을 멀리 바라보니 아홉 점의 연기요.[遙望齊州九點煙]"라는 표현이 있다.

상인 주머니 것 사다가 기름종이로 싸고,
빨고 나니 농부 상투에 홀연 비녀가 꽂혔다.
남쪽에서 와서 따뜻한 기운을 띠었으니,
우리 백성 위해 성난 마음 풀어주었으면.

萬戶烟添九點齊　種傳番國渡蠻溪
金絲噴霧書香浥　綠篆紆空翠影低
買去商囊皆油紙　吸休農髻忽橫笄
南來帶得薰和氣　願爲吾民解慍兮

081 구슬 끈 珮纓

맥락이 서로 연결돼 콩팥과 방광 사이 같고,
끈처럼 이어져 끊이질 않아 홀아비 과부 면하네.
얼굴 안색 변하게 해 외관을 꾸미고,
턱과 목을 서늘하게 해 땀띠를 없애지.
본래부터 붉은 파초와 출처를 같이하고,
언제나 칼과 패옥佩玉 따라 임금을 모신다.
가련하다! 연시燕市에는 끈 매는 제도가 없어,
산향山香을 꿰어내어 지당只糖을 샀도다.

脈絡相連似腎胱　繩緣不斷免鰥孀
容顔動色修邊幅　領項生凉去痱瘡
本與絳蕉同出處　長隨劍佩侍君王

可憐燕市無纓制 貫得山香買只糖

082 해지는 청룡에서 落日靑龍

청룡타靑龍坨의 입구에 풀들이 쓸쓸한데,
언덕길 천 번 둘러 가까워도 문득 멀다.
물 형세 점점 가파르자 돌구멍이 열리고,
물 넘친 흔적 처음 드러나니 시내 다리 끊어졌다.
헤엄치는 물고기 떼 언뜻언뜻 서로 뒤잇고,
자던 백로 꼿꼿이 있어도 그림자 절로 움직이네.
오랫동안 고생하다가 먼저 여울 내려가니,
버들 그늘 석양빛에 한 쌍의 노 멈춰있구나.

靑龍坨口草蕭蕭 厓徑千盤近却遙
灣勢漸懸開石竇 漲痕初落斷溪橋
游魚瞥瞥群相續 宿鷺亭亭影自搖
辛苦長年先下瀨 柳陰斜日駐雙橈

083-084 낙하장[113]의 왕림 洛下丈見枉

가을 되어 놀면서 배우는 아이들은 바쁜데,
대추 뺨에 붉은빛 돌고 밤송이는 벌어졌구나.
병든 잎 바람 없어도 새를 따라 떨어지고,
차가운 산 비 내리려 길게 안개 품고 있네.
가난 비록 버릇되나 오직 병만 걱정하고,
책은 소일거리로 읽으니 잊음을 근심 않지.
어르신 거듭 찾아오셔 기쁘기 그지없고,
방석에 여전히 옛적 남기신 향기 있도다.

秋來遊戱學兒忙　棗頰呈紅栗虧房
病葉無風隨鳥下　寒山欲雨曳烟長
貧雖成習惟憂疾　書爲消閒不患忘
深喜丈人重見枉　座間仍有舊留香[114]

마을은 깊숙한데 돌길은 가늘고,
손님 왔을 적에 몇몇 개똥벌레 날고 있지.
산 집에 술을 얻으니 등불 재촉하고,
서재에 승려 묵게 해 장삼 걸어 놓네.
세상맛은 참으로 걱정 기쁨 함께 하는 법,

---

113 낙하장 : 이학규(李學逵, 1770~1835)를 말한다. 본관은 평창(平昌), 자는 성수(醒叟), 호는 낙하(洛下)·문의당(文猗堂)이다. 아버지는 응훈(應薰), 어머니는 여주 이씨(驪州李氏)로 진사 용휴(用休)의 딸이었다. 그는 성호가문(星湖家門)의 실학적 분위기 속에서 자랐다. 1801년(순조 1) 신유옥사에서 천주교도로 몰려 24년 동안 유배생활을 했다. 〈영남악부(嶺南樂府)〉, 〈해동악부(海東樂府)〉 등이 대표적인 작품이다.

114 이 시는 제목이 《삼가풍요(三家風謠)》에 〈낙하장견왕洛下丈見枉〉으로, 《우촌시고(雨村詩稿)》에는 〈현산방공부峴山房共賦〉로 되어 있다.

시 지을 감흥 사라졌다 다시 일어남 부끄럽네.
풍류가 완전히 없어지진 않았으니,
이웃에서 아마도 그대와 함께 하리.

墟落戎戎石徑微　客來時候數螢飛
山家得酒催燈火　書屋留僧掛衲衣
世味極知憂抃樂　詩情多愧去還歸
風流免敎全蕭索　隣曲應須與子依

085 해읍[115]으로 부임하는 길에 영천을 거치며
(때는 7월 보름)　海邑莅任路由榮川(時七月望日)

시내 달빛 희미하고 언덕 나무 비스듬해,
높은 누대서 백구 노니는 모래 사장 내려다보네.
아득히 산속 있는 아우들을 생각하고,
멀리멀리 바닷가의 절반 가족 데려왔지.
꿈속에서 소식蘇軾처럼 적벽 놀이 기약했고,
행실은 갈홍葛洪[116] 같아 단사丹砂를 찾아본다.
마을 들판 모습 신선 사는 곳과 같은데,
홰나무 꽃 흰 귀밑머리 비춤이 부끄럽네.

115　해읍 : 영해(寧海)일 가능성이 높다. 우촌(雨村)은 1847년(64세) 영해도호부사(寧海都護府使)가 되었다.
116　갈홍葛洪 : 진(晉) 나라 사람이다. 그는 선도(仙道)를 좋아하여 단약(丹藥)을 만들려 하였는데, 구루(句漏)에 좋은 단사(丹沙)가 난다는 말을 듣고 조정에 청하여 구루령(句漏令)으로 가기를 자원한 일이 있었다.

溪月微明岸樹斜　危樓下瞰白鷗沙
山中杳杳懷諸弟　海曲迢迢挈半家
夢與蘇仙期赤壁　行如葛令訪丹砂
村園物色玄都似　慙愧槐花照鬢華

086 도덕암을 지나다 過道德菴

말 내려 덩굴 잡고 푸른 시내 올라가니,
훤칠한 석장石丈[117]이 이끌어 주는 듯하네.
소용돌이 치는 물은 용이 일찍 숨었던 곳,
정상의 소나무는 아마도 학의 옛 자리일세.
이 늙은 몸 나와 함께 있음 사랑스러운데,
도덕이 그대와 나란할 게 없음 부끄럽네.
연하煙霞 세계 지척인데 찾는 이가 적고,
조석으로 행인들은 원院 서쪽으로 달리누나.

下馬攀藤上碧溪　頎然石丈似招携
轉渦水是龍曾蟄　絶頂松應鶴舊棲
愛此老蒼同我隱　慙無道德與君齊
煙霞咫尺經過少　朝暮行人走院西

---

[117] 석장石丈 : 송(宋) 나라 미불(米芾, 자는 원장(元章)과 관련된 고사이다. 미불은 천성이 기이한 것을 좋아하였다. 무위군(無爲軍)을 맡아보게 되어 처음으로 주해(州廨)에 들어가자 입석(立石)을 보고 자못 기이하게 여겨 곧 포홀(袍笏)을 가져오라 하여 그 돌에 절하고 늘 석장(石丈)이라 불렀다고 한다.

087 단풍나무 숲에서 수레를 멈추다 楓林停車

굽이굽이 비탈길 지팡이·신이 함께 가니,
옷과 수건에 국화 향기 바람이 떨치도다.
구름 보다 솔 그늘 아래 발 멈추고,
바위에 걸터앉아 폭포 소리에 말을 잊네.
서리 속 햇빛 하늘 가득해 잎은 붉어가고,
저녁노을 나무 비치니 붉은빛이 흩어지네.
사랑스런 단풍 숲 도리어 한스러울 만해,
다만 내 쇠한 얼굴이 취옹醉翁[118]과 같도다.

厓路盤盤杖屨同 衣巾香拂菊花風
看雲駐足松陰下 據石忘言瀑響中
霜日滿天收淺碧 夕霞棲樹散乾紅
楓林可愛還勘恨 只是衰顏似醉翁

088-095 버들개지 여덟 수 柳絮八詠

뜻도 없이 정 많은 척 갔다 다시 돌아와,
말처럼 내달리는 시절 은연중 재촉하지.
풍류는 오히려 장랑張郞[119] 젊을 적 생각나,

---

118 취옹(醉翁) : 송(宋) 나라 구양수(歐陽修)의 호(號)이다.
119 장랑張郞 : 남북조(南北朝) 시대의 장서(張緖)를 말한다. 장서는 남제(南齊) 오군(吳郡) 사람인데 어렸을 때부터 문재(文才)가 있었고 풍자(風姿)가 청아하였다. 무제(武帝)는 촉(蜀)에서 바친 고운 버들을 영화전(靈和殿) 앞에 심어두고 일찍이 말하기를 "이 버들은 풍류스럽기가 장서(張緖)의 젊었을

품평은 일찍이 사녀謝女[120] 재주 거쳤다네.
누대 밖 석양은 푸른 풀 향기롭게 하고,
강남에 비 내린 기후는 황매철과 가깝도다.
앓고 난 뒤 봄 풍경 모두 아른아른하니,
부질없는 수심이 또 눈에 가득하네.

無意多情去復回 駸駸節序暗中催
風流尙憶張郞少 題品曾經謝女才
樓外斜陽薰碧草 江南雨候近黃梅
病餘春望渾成纈 又送閒愁滿眼來

두 번째 其二

나직이 잠깐 맴돌아 사람 옷에 붙었다가,
또 바람에 흔들려 의지할 곳 잃었네.
묵은 인연 있는 듯 거미줄에 걸렸는데,
지극히 정 많은 제비가 치고 돌아오네.
빽빽이 길에 뿌려진들 뉘 아쉬워하랴?
진흙에 잘못 떨어져 붙으면 일 그르치는데,
옛 나무 공연히 끝없는 한을 머금고서,
버들가지 하늘하늘 따라 날고자 한다.

때와 같다."라고 하였다.

120 사녀謝女 : 진(晉) 나라 왕응지(王凝之)의 아내 사도온(謝道蘊)을 말한다. 진 나라 때 태부(太傅)를 지낸 사안(謝安)이 아들과 조카들을 모아 놓고 시문을 논했는데 얼마 안 있어 눈이 몰아치자 기뻐하면서 "백설이 분분한 것이 무엇과 같으냐?[白雪紛紛何所似]"라고 하니 조카인 호아(胡兒)가 대답하기를 "공중에 소금을 뿌리는 것에 견줄 만하다.[撒鹽空中差可擬]"고 하자 질녀인 사도온이 "버들솜이 바람에 날린다는 표현만 못합니다.[未若柳絮因風起]"라고 하므로, 사안이 크게 웃으며 즐거워했다고 한다.

低回一霎點人衣　又被風欺失所依
似有宿緣蛛胃住　劇多情緒燕掑歸
密來糝徑誰相惜　誤落黏泥事已非
故樹空含無限恨　煙絲款款欲隨飛

세 번째 其三

휘날리기 아지랑이 같고 합쳐짐 먼지 같아,
갠 하늘 침침하니 사람 시름 자아내네.
백설가白雪歌에 동조할 이 없다고 말하지 말라,
아마도 이후에는 반드시 부평浮萍 되리.
한양 거리 궁궐에서 허전하게 바라보니,
남아 있는 꽃들마다 가슴 아파하도다.
풍정을 한가로운 꽃나무에 비길 수 없으니,
죽을 때까지 미친 듯한 흥취로 봄 보낸다.

颺似遊絲滾似塵　晴天黯黯正愁人
莫言白雪無同調　也有浮萍托後身
九陌重城空悵望　餘紅剩紫各傷神
風情不比閒花木　抵死顚狂送一春

네 번째 其四

이미 이슬 젖어 뜰 이끼에 자다가,
특별히 바람 끌려 술잔 스치기도 하네.
미친 벌이 붙고 떨어짐 참으로 괴로운데,

떼지어 나는 나비 함께 배회하기도 하지.
가무하는 대사臺榭에 이리저리 펄럭이고,
나그네의 한스러움 여인의 정 알기도 하네.
꽃다운 풀 한 시냇물 여전히 푸르니,
해마다 하방회賀方回[121]의 창자가 끊어진다.

已經霑露宿庭苔 特地牽風拂酒盃
黏落狂蜂眞懊惱 團飛群蝶與徘徊
歌臺舞榭悠揚遍 旅恨閨情領略來
芳草一川依舊綠 年年腸斷賀方回

다섯 번째 其五

색도 아닌 향도 아닌 한 가지 봄빛이,
마음껏 날고 춤춰 저절로 멋지구나.
남쪽 가니 목화가 참으로 놀라 주저앉고,
가을에는 갈대꽃이 부질없이 버들개지 흉내내네.
잠깐 잉태함 빌어 마침내 하늘로 올라가고,
억지로 형질 찾니 바로 모충毛蟲 무리일세.
산속의 십우十友[122]를 누가 평가해 우열 정하리?

---

121 하방회賀方回 : 송(宋) 나라 때 사람으로 자가 방회(方回)인 하주(賀鑄)를 말한다. 황정견(黃庭堅)의 〈기하방회寄賀方回〉에 진소유(陳少游)의 죽음을 슬퍼하며 "소유가 술 취해 늙은 등나무 아래 누웠으니, 다시는 시름겨운 눈썹으로 술 한 잔을 권할 이 없구나. 강남의 단장구를 지을 줄 아는 사람이라곤, 지금은 오직 하방회가 있을 분.[少游醉臥古藤下 無復愁眉唱一盃 解作江南斷腸句 只今惟有賀方回]"이라고 하였다.

122 십우十友 : 송(宋) 나라 증단백(曾端伯)은 열 가지 꽃을 십우(十友)로 삼고, 각각의 꽃에 대하여 계수나무 꽃[桂花]은 선우(仙友), 해당화(海棠花)는 명우(名友), 연꽃[荷花]은 정우(淨友), 다미(茶蘼)는 운우(韻友), 서향(瑞香)은 수우(殊友), 치자(梔子)는 선우(禪友), 매화(梅花)는 청우(淸友), 납매(臘梅)는 기우(奇友), 유란(幽蘭)은 방우(芳友), 국화(菊花)는 가우(佳友)라고 이름을 붙였다.

화초를 예뻐하고 좋아하는 이 가소롭다.

非色非香一種春　盡情飛舞自風神
南來吉貝眞驚坐　秋後蘆花謾效嚬
暫借胚胎終羽化　强求形質是毛倫
山中十友誰評定　可笑憐紅愛翠人

여섯 번째 其六

이 세상에서 이별 맡음[123] 한스러운데,
어찌해 경박하게 또 가지를 떠나느냐?
영화 쇠락 만남 헤어짐 응당 어쩔 수 없는 일,
오를지 내릴지 동으로 서로 갈지 기약할 수 없네.
향기로운 꿈은 간간이 부는 바람에 놀라고,
악연惡緣은 본래 부슬비를 두려워한다네.
꽃에 미친 사람 홀로 부질없이 슬퍼해,
필 때는 못 보고 떨어질 때만 보는구나.

恨向人間管別離　爲何輕薄又辭枝
榮枯聚散應無奈　上下東西未可期
香夢已驚風陳陳　惡緣生怕雨絲絲
花痴獨有閑怊悵　不見開時見落時

123　이별 맡음 : 버드나무[柳]는 이별과 관계된다. 옛날 한인(漢人)들이 손님을 송별할 때 장안(長安) 동쪽의 패교(灞橋)에 이르러 버들가지를 꺾어 주었던 데서 연유한다. 버들가지를 꺾는다는 것은 곧 송별을 의미한다.

일곱 번째 其七

미친 마음 뉘우치니 마침내 고요해져,
저 뿌리와 꽃받침 버려두고 멋대로 노니네.
자는 영혼 이미 흔들려도 꿈결과 같고,
춤 맵시가 비록 가벼우나 허리로 추지 않네.
바쁨은 인연이요 한가함은 곧 천성,
오면 누가 당길 것이며 가면 누가 불러줄꼬?
비록 잠깐 바람 불어 돌아가지만,
만 가닥 옛날 붙었던 가지 찾기 어렵네.

懺盡狂心竟寂寥　舍他根蔕任逍遙
眠魂已攪終如夢　舞態雖輕不是腰
忙卽因緣閒卽性　來誰句引去誰招
縱令頃刻風吹去　萬縷難尋舊着條

여덟 번째 其八

생각하니 나와 너 서로 처지 비슷하니,
네 마음 속 어지런 정회는 내 방자한 시이지.
남쪽 언덕 두 줄 관도官道[124]는 곧고,
서쪽 정자 한 그루 나무는 동구 문에 늘어져 있네.
정히 하루 보내기 일 년 같은 곳 만났고,
이제는 또 꽃을 안개 속에서 보는 것 같네.[125]

---

124 관도官道 : 예전에 국가에서 관리하는 주요 도로이다.
125 꽃을 …… 같네 : 두보(杜甫)의 〈소한식주중작시(小寒食舟中作詩)〉에 "늘그막의 꽃구경은 안개 속에

홀로 조용한 섬돌에 서서 아무 일도 없으니,
허공 향해 잡아서 허공 향해 후 불어본다.

算來吾與汝相宜　撩亂情懷漫浪詩
南岸兩行官道直　西亭一樹洞門垂
正當度日如年處　又是看花似霧時
獨立閒階無個事　向空捉得向空吹

096 해당화에 향기가 없다 海棠無香

온갖 꽃 온화한 기운 훈훈하기 그지없는데,
시 배우지 못한 선비는 증공이로다.[126]
비록 마음 합쳐 난초 방 들어감 부끄러우나,
어찌 일 좋아해 귤이 등橙됨이 필요하겠는가?
아양 떠는 모습 조는 듯해 참 미인이고,
향내가 안 맡아지니 꼭 스님 있는 듯.
두보가 해당화 시 쓰지 않음 않았음 한탄말라,[127]
매화도 오히려 굴원의 〈이소경〉에 나오지 않네.

보는 것 같네.[老年花似霧中看]"라고 하였다.
126 시 …… 증공이로다 : 증공(曾鞏)은 송(宋) 나라의 문인으로, 자는 자고(子固)이며 당송팔대가(唐宋八大家)의 한 사람이다. 송(宋) 나라 팽연재(彭淵材)가 말하기를, "오한(五恨)이 있는데, 첫째는 시어(鰣魚)가 뼈가 많은 것, …… 다섯째는 증자고(曾子固)가 시(詩)에 능하지 못한 것이다."라고 하였다.
127 두보가 …… 한탄말라 : 어머니의 이름이 해당(海棠)이었기 때문에 두보(杜甫)는 해당화(海棠花)를 소재로 시를 쓰지 않았다.

百花和氣太薰蒸 也學無詩一士曾
縱愧同心蘭入室 寧要好事橘爲橙
弄姿如睡眞傾國 非臭能聞定有僧
莫恨杜翁題不到 梅花猶漏屈騷稱

097-098 평재[128]와 금산정에 놀러 가기로 약속했는데 이루지 못하다 與萍齋約遊錦山亭未果

숲에 가랑비 내려 종일토록 어둑한데,
홀로 빈 난간 기대 산어귀 바라보네.
비로소 한가하면 쓸쓸한 생각 더해짐 알았는데,
정자에 올라 답답함 씻을 방도 없네.
술 있지만 외로이 그림자에게 권할 수 없고,
좋은 시 얻으니 내 넋이 사라지네.
가는 곳에 세 신선[129]과 약속둠을 감탄하니,
오히려 나에게 한 마디 말 보내준 것 감사하네.

林雨如絲竟日昏 獨凭虛檻望山門
始知閑暇增怊悵 無計登臨滌鬱煩
有酒不堪孤勸影 得詩難禁我消魂

---

128 평재 : 남한모(南漢模, 1783~1852)의 호(號)인 듯하다. 그는 의령인(宜寧人)으로 자는 원례(元禮)이다.
129 세 신선 : 원문은 삼선(三仙)으로, 당시 평재가 금산정에서 함께 만나기로 한 사람들이 세 명이었기에 그들을 신선이라고 말한 것이다.

感君行處三仙約 猶向塵人寄一言

두 번째 其二

이내 안개 산 가득해 낮 또한 어둑한데,
푸른 덩굴 문에 그대가 말 맸을 줄을 아네.
적적하게 숲속 집서 자는 나 근심 말게,
오히려 바쁜 공무 처리 번잡함보다 나으리라.
고운 돌 아름다운 기운에 곧 길 바꿔갔고,
붉은 언덕 돌아가는 꿈에 다시 넋 수고롭네.
한가한 가운데 멋진 일을 찾아보니,
날마다 보내온 편지 정다운 이야기 같구나.

嵐霧漫山晝亦昏 知君繫馬綠蘿門
莫愁寂寂林廬宿 猶勝忽忽簿領煩
錦石佳氛翻改路 丹崖歸夢更勞魂
閒中尋個風流事 課日郵筒敵晤言

099 제봉이 고을 관사를 찾아오다 霽峰來過郡齋

달 뜬 강 옛 놀이 아득한 동천洞天[130]이니,
묘향산 스님과 자주 머물러 놀았지.

---

130 동천洞天 : 도가(道家) 용어로 신선이 사는 곳을 뜻하는데, 인간 세상에 36개의 동천이 있다고 한다.

서쪽 변방 생각하니 오히려 옅은 꿈 깰 듯하고,
남주南州에서 한 번 만남도 어찌 오랜 인연 아니겠냐?
홍조鴻爪[131]는 평범하여 오직 글씨와 글뿐인데,
긴 눈썹 숨는 약속엔 구름 연기 있다네.
늙은 나는 몸이 속되지 아니함 기뻐하여,
관리되어 대번에 결하結夏[132]하는 해 되었구나.

江月前遊杳洞天 妙香缾鉢劇留連
相思西塞猶殘夢 一會南州豈宿緣
鴻爪尋常惟翰墨 厖眉隱約有雲烟
老夫自喜身非俗 作吏翻成結夏年

100 과수 이이행에게 보내다 寄贈瓜叟李彝行

산과 못을 배회하다 옛 선비를 찾으니,
동북쪽 등진 언덕 앞에 집 한 가구 있었네.
병들어 의관 못 갖췄으나 얼굴 더욱 예스럽고,
가난하여 무거리도 달게 먹지만 기운 늘 넘친다.
나는 미불未芾에 대해 비록 중론을 따르나,[133]

---

131 홍조鴻爪 : 일 후에 남기는 흔적이다. 홍조는 설니홍조(雪泥鴻爪)의 의미로, 일이 경과한 뒤에 남겨진 적상(跡象)을 비유한 것이다. 소식(蘇軾)의 시에, "인생의 이르는 곳 뭐 같을꼬, 나는 기러기 진흙 밟는 듯 하여라. 진흙 위에 우연히 자취 남겼지만, 기러기 날면 어떻게 동서를 헤아리랴?[人生到處知何似 應似飛鴻住雪泥 泥上偶然留指爪 鴻飛那復計東西]"라고 하였다.
132 결하結夏 : 승려들의 하안거(夏安居)를 말한다. 음력 4월 16일부터 7월 15일까지 일체 외출하지 않고 이 기간 동안 한데 모여 수행하며 정진을 한다.
133 미불未芾에 …… 따르나 : 과수에 대하여 나도 남과 같이 평한다는 의미이다. 중인(衆人)들에게 미

그대는 장융張融[134]같은 사람이니 없어서는 안 되네.
구월 구일 국화가 속절없이 그댈 저버리니,
응당 백의白衣로 술병 들고 오길 나 기다리리라.[135]

徘徊山澤訪舊儒[136]　艮背皐前宅一區
病懶冠巾顏更古　貧甘糠籺氣常腴
吾於未芾雖從衆　君是張融不可無
九日黃花空負汝　故人應待白衣壺

101-105 버드나무 柳

일찍이 봄 뜻 탐해 엷은 그늘 만들고,
가지 속 어여쁜 꾀꼬리 울음 요란해지네.
가랑비 막 지나가니 풀처럼 짙고,
저녁 햇빛 잠깐 비쳐 금빛보다 말끔하다.
붉은 누대 번화한 거리엔 천 겹의 색이 있고,
재자가인들은 한마음으로 완상하네.
오수문五水門 동쪽 앞 지나가는 나그네,

친 사람이라는 말을 들은 미불이 소식에게 "노형은 어떻게 생각하는가."라 하니 소식이 "오(吾)는 종중(從衆)하리라."라고 하였다는 고사가 있다.
134　장융張融 : 남제(南齊) 때의 사람이다. 자는 사광(思光)이다. 장융은 매우 가난하여 거주할 집도 없었으므로, 조그마한 배를 끌어다 놓고 언덕에 거주했다고 한다.
135　백의白衣로 …… 기다리리라 : 흰 옷 입은 사람은 술 가져오는 사람을 뜻한다. 백의는 옛날 중국에서 종이 입었던 복색으로, 심부름꾼을 뜻한다. 진(晉) 나라 도잠(陶潛)이 9월 9일 명절에 술이 없어 울타리 밖 국화 밭에 나가 서글픈 심정으로 한동안 멀리 바라보고 있는데, 이때 강주태수(江州太守) 왕홍(王弘)이 보낸 백의사자(白衣使者)가 술병을 들고 찾아왔다는 데서 인용한 것이다.
136　구유(舊儒)가 《수경실》본에는 구유(癯儒)로 되어 있다.

오늘도 이별의 마음 애간장이 다 녹누나.

早偸春意作輕陰　梢裏嬌鶯語向深
細雨初過濃似草　夕暉乍映淡於金
朱樓綺陌千重色　才子佳人一種心
五水門東前度客　別魂消盡又如今

두 번째 其二

하루 개었다가 다시 아흐레 흐리니,
풍광이 모두 눈길 닿는 곳마다 깊어가네.
꽃이 서로 어우러져 성城이 비단 같고,
달은 더욱 영롱하니 골짝은 금빛일세.
준마의 그림자를 머물러 두는 듯하고,
비둘기의 마음을 흔들어 놓는구나.
아련한 황요강黃嶢江 가의 꿈속에,
물가의 닫힌 사립문은 지금도 그대로네.

一日晴還九日陰　風光都在望中深
花能點綴城如錦　月更玲瓏谷是金
似欲牽留駬馬影　不禁搖蕩鵓鳩心
黃嶢江上依依夢　流水柴門掩至今

세 번째 其三

매서운 바람 불어 하늘하늘 그늘 흔들려,

한 봄의 그늘 옅은 듯하다 다시 짙은 듯.
버들꽃은 춤추는 나비 샘내다 끝내 눈 되고,
버들가지 꾀꼬리 깃에 붙어 똑같이 금빛일세.
길이 빗속 연기 서린 때의 모습 보내주니,
모두 남북으로 오가는 이 마음과 관계되네.
해마다 해마다 동쪽 문의 길에서,
꺾였으나 다시 살아나 오늘에 이르렀네.

剪剪風過裊裊陰　一春如淺復如深
花猜蝶舞終爲雪　絲着鶯衣倂是金
長送雨中烟際色　總關南去北來心
年年歲歲靑門道　折盡還生也到今

네 번째 其四

무수한 봄철 나무 다 꽃다운 그늘이지만,
그 풍치 버드나무처럼 깊은 것은 없었지.
창 앞에 수를 놓아 드리워 다시 실 고치고,
언덕 위에 채찍 버리면 다시 싹 나오네.[137]
십 분의 이 풀빛이요 십 분의 삼은 이별의 한,
오 리 강다리에 만 리 밖 떠나가는 마음일세.
요하遼河의 옛 변방서 슬퍼하자 창자 끊어지니,
공연스레 호가胡笳 오늘날까지 원망케 하네.

---

137 언덕 위에 …… 나오네 : 버들가지를 꺾어 말의 채찍을 삼고 버리면 꺾은 곳에서 다시 싹이 나온다는 의미이다.

幾多春樹總芳陰　無個風情似此深
刺繡窓前垂更縷　遺鞭陌上折還金
二分草色三分恨　五里江橋萬里心
腸斷遼河悲古塞　枉敎羌笛怨于今

다섯 번째 其五

햇볕 향한 가지가 그늘진 땅을 쓸고,
꾀꼬리가 와 실컷 울도록 버려두네.
취한 객 부축해 잡으니 옥산玉山 무너질 듯,[138]
부유한 집을 둘러싸니 펼쳐놓은 금과 같네.
해질녘 환해서 멀리서 빛이 유난히 잘 보이고,
바람 없어도 나부끼니 미친 마음이로다.
사계절 중 가장 좋은 때 오직 삼월이니,
다시 온다 할 지라도 지금과 같지 못하리.

媚日姿容掃地陰　任敎鶯語托情深
扶將醉客山頹玉　籠得豪家塀鋪金
向晚輕明偏遠色　不風搖蕩是狂心
四時最好惟三月　縱使重來未似今

---

138 취한 …… 무너질 듯 : 흔히 '옥산(玉山)이 무너진다.'라는 표현은 외모가 아름다운 사람이 술에 만취된 것을 형용한 말이다. 동진(東晉) 때 산도(山濤)가 죽림칠현의 한 사람인 혜강(嵇康)의 사람됨을 평하여 말하기를 "혜강의 사람됨은 우뚝해서 마치 홀로 우뚝 선 낙락장송과 같고, 그가 취했을 때는 기운 모습이 마치 옥산이 곧 무너지려는 것과 같다.[嵇叔夜之爲人也 巖巖若孤松之獨立 其醉也 傀俄若玉山之將崩]"라고 한 데서 온 말이다.

106-107 이승지 만포께 드리다 呈李承旨晩圃

검은 각건에 소나무 그림자 우거지고,
돌 평상에 맑은 바람 거문고 먼지 털어주네.
차조 밭에서 때로는 관리도 될 만하고,
이곳이 도랑桃浪[139]이니 거듭 나루터 물을 필요없다.[140]
눈에 찍힌 외로운 지팡이[141] 시내의 달 맞이하고,
구름 속 두 나막신은 산의 봄을 기다리네.
내가 장차 스님 영철에게 알려 주노니,
산림에서 지금 한 사람다운 이를 보았노라.

松影參差烏角巾　石床淸籟拂琴塵
秫田不妨時爲吏　桃浪無勞再問津
印雪孤藤邀澗月　破雲雙屐候山春
吾將報與僧靈澈　林下如今見一人

두 번째 其二

정자 이름 창랑이라 시험 삼아 갓끈 씻고,

---

139 도랑桃浪 : 복사꽃 필 무렵에 이는 물결인 도화랑(桃花浪)을 이른다. 두보(杜甫)의 〈춘수(春水)〉에 "삼월의 복사꽃 물결, 강물은 옛 자취 회복하네.[三月桃花浪 江流復舊痕]"라고 하였다. 이곳에서 도랑은 선경(仙境)으로 볼 수 있을 듯하다.

140 나루터 물을 필요없다 : 다른 곳을 찾을 필요가 없다는 말이다. 공자가 도를 행하고자 제자들을 데리고 천하를 주류하던 시절, 초(楚) 나라에 들렀을 때 마침 밭을 갈고 있던 두 은자(隱者) 장저(長沮), 걸익(桀溺)에게 자로를 시켜 나루터를 묻게 했던 데서 온 말이다.

141 외로운 지팡이 : 원문은 고등(枯藤)으로, 자신이 누리던 부귀영화를 버리고 산림에 은거하는 사람을 비유한다.

다시 산수 경치로 고아한 정취 펼쳐본다.
동산엔 마힐摩詰 온 듯한 그림[142] 한 축 빗겨있고,
수계修禊[143]는 왕희지를 이으니 글씨 절반 남아 있네.
집 아래 어린 소나무는 구름 사이로 나왔고,
울타리 밑 새 고사리 빗속에서 싹텄구나.
서적을 가지고 동쪽 집으로 가고서,
봄 산 위아래 들판을 다 갈려고 한다.

亭號滄浪試濯纓　更將泉石暢高情
園移摩詰圖橫軸　禊續羲之筆半行
舍下稚松雲際出　籬根新蕨雨中生
擬將書籍東家去　耕盡春山上下平

108 남고[144]에게 드림[145] 贈南皐

시 명성은 산의 기운 예전부터 가을하늘 가득해라,
(내가 14세 때(1797년)에 공은 임천林川에 계셨다. 관리로서 충주忠州를 지나다가 찾아오셔서 도중의 시를 외우셨는데 아직까지도 그 '가을 하늘과 산들의 기운 우뚝하도다.'라는 구절 생각난다.)

142　마힐摩詰 온 듯한 그림 : 왕유의 〈망천도(輞川圖)〉를 말한다. 〈망천도〉는 본디 당(唐) 나라 때의 시인으로 산수화에도 아주 뛰어났던 왕유(王維)가 일찍이 망천(輞川)에 별장을 짓고 망천의 20곳의 승경(勝景)을 배경으로 하여 그린 그림이다.
143　수계修禊 : 물가에서 노닐면서 불길한 재앙(災殃)을 미리 막던 풍속으로, 보통 삼월 삼일에 행하였다. 진(晉) 나라 왕희지(王羲之)의 난정 수계(蘭亭修禊)에 대한 고사가 유명하다.
144　남고 : 윤지범(尹持範, 1752~1821)의 호(號)인 듯하다. 본관은 해남(海南)으로 다산 정약용의 외육촌형(外六寸兄)이다. 아버지는 위(偉)이다.
145　이 시의 주석(註釋)은 《청랑간관초고(青琅玕館初稿)》에만 있다.

구월에 단양 가셨는데 다시 이곳 놀러오셨네.

창 사이에 봉 자鳳字 남겨[146] 주신 게 심히 죄송해,

다시 바위 어귀에서 고기 배를 묻는구나.

(공이 산에 들어올 적에 내가 산속 사람과 함께 배를 끌고 고기를 잡았다. 이 저녁에 공이 마침 왔다가 헛되이 돌아갔으니 내가 돌아온 뒤에 비로소 다녀갔단 말을 들었다. 공의 걸음이 삼암三巖을 지나지 못했을 것이라 생각되어 어스름에 곧 지팡이를 잡고 험한 고개를 넘어 하선암 아래에서 기다렸다.)

세월은 자취 남겨 백발에 놀라고,

세상사 기약 없어 푸른 물 보고 느끼누나.

말씀해 주신 진중한 뜻 저버려서,

지금도 산 표범은 아직 크질 못했네.

(나의 어렸을 적 이름이 표豹인데 옛적에 공이 '남동자南童子에게 주는 서문'을 지어 주셨는데, 권장하고 권면하는 뜻이 깊었다. 지금 이미 성인이 되어 자취를 거두고 산속에서 사니 은둔을 말하는 게 아니라 문장이 이루어지지 않았음을 말하는 것이다.)

詩聲岳氣舊橫秋

(余十四 公時在林川 以官吏過忠州見訪 誦道中詩 尙記其橫秋列岳氣崢嶸之句)

九月丹丘復此遊

深愧囱間留鳳字

還從巖口問漁舟

(公入山之時 余與山中人 挐舟打魚 是夕公適枉虛 及歸始聞意公行未過三巖 卽晩挽藤越險 候于下仙巖下)

年光有跡驚華髮

世事無期感碧流

---

146 봉 자鳳字 남겨 : 나를 만나지 못하고 돌아갔다는 뜻이다. 진(晉) 나라 때 혜강(嵇康)의 친구 여안(呂安)이 일찍이 혜강의 집을 찾아갔을 적에 마침 혜강은 출타 중이어서 그의 형 혜희(嵇喜)가 여안을 반갑게 맞이하였는데, 여안이 문에 들어서지 않고 문 위에다 봉 자(鳳字)를 써놓고 갔던 데서 온 말이다. 봉 자를 파자(破字)하면 범조(凡鳥)가 된다.

辜負贈言珍重意
至今山豹未成彪

(余小字豹 昔年公有有贈南童子序 深蒙獎勉 今旣狀大 斂跡山居 非隱之謂
特文章未成耳)

109-110 심명여에게 주다 2수 贈沈明如 二首

지난해 서쪽 유람 둘 다 기약 못 했는데,
가는 길에 갑자기 만나 서로 알게 되었지.
태촌台村의 해 저물어 지팡이 머물게 한 곳이고,
오갑烏岬의 등불 가물거려 베개 마주할 때라네.
진즉부터 마음 비워 지조 감춰 둠 알았고,
점차 맑은 기운 성긴 눈썹에 있음 놀랐었지.
요즘 한 번 만나보고 사귈만한 자,
명여明如를 놔두고 다시 누가 있으리.

往歲西遊兩不期 忽逢行路得相知
台村日晏留筇處 烏岬燈殘對枕時
久識虛襟藏疋操 漸驚淸氣在疎眉
邇來一面成交者 除卻明如更有誰

가까이다 거처 정해 누차 함께 다니다,
하루라도 서로 떨어지면 온종일 생각하네.
눈 오는 날 편지 보내 작은 길이 터졌고,

바람 편에 글 읽는 소리 성긴 울타리로 들려온다.
본심은 참으로 도잠 마을에 나아갔고,
문장은 모름지기 송옥宋玉의 글처럼 전해지리.
몇 곡조 큰 노래 소리 들리는 동쪽 집의 밤,
물시계 소리 장차 다하려는데 달빛이 쏟아지네.

卜居比近屢追隨　一日相離一日思
投簡雪中通小徑　讀書風便過疎欄
素心眞就陶潛里　麗藻須傳宋玉詞
數闋高歌東舍夜　漏聲將盡月華垂

111 남산에 있으면서 이문우가 보내준 이별시를 뒤늦게 화답하다 在南山追和李文友見贈別詩

설화루雪花樓 위에 눈 날리던 때,
헤어질 적 시 한 수엔 정情도 많았었지.
한 번 그윽한 곳에서 멀리 헤어지고부터,
몇 번이나 펼쳐 읊으며 마음을 달랬던가?
책을 볼 적 부처 함께 등잔불을 나누고,
이 닦을 때 스님 데리고 석지石池 찾아갔지.
옛 약속에 향로봉을 오늘 홀로 오르니,
친구의 지팡이와 나막신 어찌 이리 더딘가?

雪花樓上雪飄時 分手多情一首詩
一自幽栖成遠別 幾回披咏慰相思
看書與佛分燈火 嗽齒攜僧到石池
舊約香爐今獨上 故人筇屐尙何遲

112 학교鶴橋 족형에게 보내드리고 겸하여 벗 임치은에게 드리다 寄呈鶴橋族兄兼呈任友穉殷

친교를 맺은 이 오직 몇 친구뿐인데,
이별이 오히려 자주 있다네.
멀리서 바라봐도 강산은 있고,
보고 보아도 세월은 흐르네.
그리움 일면 항상 달 아래를 거닐고,
일이 없으면 또한 시를 읊조리네.
시폭詩幅에 가득한 그대 생각하는 뜻을,
모름지기 나누어 둔지遁池에도 부쳐다오.(치은이 둔지에 있었다)

結交惟數友 離別尙多時
望望江山在 看看日月馳
有懷常步月 無事亦吟詩
滿幅思君意 須分寄遁池(穉殷在遁池)

113 벗 민원례에게 부치다 寄閔友元禮

그대를 처음 만나 보았을 적에,
한 번 보고 이미 마음 즐거웠지.
웃으며 근곡芹谷을 찾아가자 기약했고,
나란히 소매 펄럭이며 학산鶴山을 지났지.
이별에 덧없는 세상이 슬프고,
서신은 타향에 있을 적 주고 받았네.
파초를 일찍이 좋아했으니,
그 또한 평안한가를 묻노라.

與君始相見 一見心已歡
笑語期芹谷 聯翩過鶴山
離別嗟浮世 音書在異關
芭蕉曾所好 爲問亦平安

114 서벽정에서 놀다 遊栖碧亭

버들 따라 꽃 사이로 점점 북으로 오니,
초가 정자 서벽정이 높은 누대 옆에 있네.
목소리 고상한 새 나뭇잎 뒤에서 늘 울고,
노는 나비 향기 찾아 앉을 곳으로 돌아온다.
다행히 맑은 바람 때로 소맷자락 흔드니,
해질녘에 또 큰 술잔 잡은 것도 무방하다.

봄이 이미 절반 지나도록 늘 객이었는데,
올라 조망하며 활짝 웃게 되었구나.

隨柳穿花漸北來 茅亭栖碧傍高臺
幽禽隔葉尋常語 戲蝶探香著處廻
幸有淸風時拂袂 不妨斜日且深杯
春光已半長爲客 登眺方成笑口開

115-116 이원지가 영흥으로 돌아가는 것을 보내다 2수
送李元之歸永興 二首

관북은 험하고 거친 데지만,
원지는 더없이 훌륭한 사람.
해서楷書를 자못 스스로 터득했고,
얼굴엔 본래 속됨이 없지.
이별했다가 다시 만났으니,
또 다시 어느 때 만나보리.
돌아가는 기러기 그대와 함께 가니,
구월에 찾아 올 수 있는가?

關北崎嶇地 元之絶妙人
楷書頗自得 眉宇本無塵
分別還今日 相逢更幾辰
歸鴻與爾去 九月可來賓

가련하도다. 같은 나그네로서,
홀로 돌아가는 사람 먼저 보내네.
밤늦도록 얘기하니 구름 속 달 뜨고,
아침에 길 가니 비가 먼지 적시누나.
철관鐵關 가는 길은 멀고 먼데,
도성에서는 이별이 빈번하네.
오늘 고향 그리는 마음이여,
유난히 그대 때문에 새롭구나.

可憐俱是客　先送獨歸人
夜語雲開月　朝行雨浥塵
鐵關程道遠　京洛別離頻
今日思鄕意　偏知爲尒新

117 아침의 서늘함 早凉

구십일 동안의 무더위 해가 가장 긴데,
어떻게 다 보내고 또 서늘한 기운 생기나?
높은 누각에서 더위 물리쳤기 때문만이 아니고,
문득 맑은 날 창의 햇볕이 두렵지 않네.
구름 덮인 바다에 정情 전하는 한 쌍의 학,
우거진 숲속서 우는 한 마리 매미도 바쁘네.
어찌하리오. 이날 시를 읊는 나그네가,
바로 봄 보고부터 고향 생각했으니.

九十朱炎日最長 如何送盡又生凉
非緣高閣全排暑 頓覺晴窓不怕陽
雲海送情雙鶴跂 風林流響一蟬忙
爭如此日吟詩客 直自看春憶故鄕

118 봄비에 동쪽 들로 나가다 春雨出東郊

광희문 밖 길이 아스라한데,
꽃다운 풀 하늘 닿아 광주까지 뻗쳐있네.
어찌 이별 때문에 혼 녹이겠는가?
동풍이 은연중 시름을 일으킨다.

光熙門外路悠悠 芳草連天入廣州
可但消魂爲離別 東風都起黯然愁

119 탁영정에 오르다 登濯纓亭

생활을 모두 물결에다 맡기니,
장삿배가 겨우 지나니 낚싯배가 오네.
어찌 알리오. 누각 위의 손님이,
저 바쁜 일을 스스로 한가하게 여김을.

摠將生理寄波間 賈船才過釣船還
那識片明樓上客 取佗忙事自爲閑

120 산사에서 자고 일어나다 山寺睡起

솔창문 부들자리 일찍이 찬 기운 생기니,
자고 일어나니 아침 햇볕 도량에 그득하다.
난간 북쪽 맑은 강은 안개와 섞여 희고,
지붕 위의 높은 산봉우리 하늘처럼 푸르네.
시를 즐긴 옛 병은 연하고질煙霞痼疾[147]과도 같고,
마음 맑게 지녀 치닫는 광증 이제 없네.
오로지 소리 있는 데서 도리어 형상 있으니,
앉아서 숲 밖 길게 퍼지는 종 경쇠 소리 듣는다.

松櫳蒲簟早生凉 睡起初陽滿道場
檻北澄江和霧白 屋頭高岫盡天蒼
嗜詩舊祟煙霞疾 習靜今無馳騁狂
耑是有聲還有相 坐聽鍾磬出林長

---

[147] 연하고질煙霞痼疾 : 당(唐) 나라 처사(處士) 전유암(田游巖)이 고종(高宗)에게 말하기를, "신은 연무(煙霧)와 노을에 고질병이 들었습니다."라고 하였는데, 고질병 환자처럼 산수(山水)에 중독되었다는 말이다.

121 늦게 날이 개다 晩晴

문을 닫고 장맛비를 근심하다,
문 열고 늦게 갠 날씨에 기뻐하네.
고갯마루에 구름 그림자 엷어졌고,
강어귀에는 석양이 환하도다.
멀리 바라보니 정신이 툭 트이고,
높게 읊조리니 기운이 비로소 안온해진다.
매미 소리는 어느 곳에서 간절하게 나는가?
울창한 숲 우거진 서성西城이 생각난다.

閑戶愁長雨 開門喜晩晴
嶺頭雲影薄 江口夕陽明
遠眺神亟暢 高吟氣始平
蟬聲何處切 深樹憶西城

122 산성에서 자다 宿山城

오촌 북쪽 길 바라보니 마음이 느긋해,
한 번 산성 자는데 정한 인연 있는 듯.
오늘은 몸 나는 새 위에다 두었지만,
이후에는 고개 돌려 흰 구름가를 보노라.
천가에 비친 달빛 아래 푸른 내는 둘러 흐르고,
단풍 숲은 아홉 절의 연기 속에 삐죽하네.

친구가 술 가지고 가지 않으니,
물가 정가 동쪽 가에 빈 배만 매여 있네.

鰲村北路意悠然 一宿山城似定緣
此日致身飛鳥上 佗時回首白雲邊
碧溪繚繞千家月 紅樹參差九寺烟
未有故人攜酒往 水亭東畔繫空船

123 압구정에 올라 푸를 청자靑字 운을 내다
登狎鷗亭得靑字

땅도 높고 하늘도 넓게 보이는 압구정,
맑은 밤 고적한 강에서 달과 별을 굽어보네.
삼포의 갈대는 모래 가에 하얗게 있고,
두 왕릉의 솔과 잣나무 안개 속에 푸르다.
늦가을 일만 가호 외려 다듬이소리 들리고,
풍년 든 외로운 마을에선 술병이 있도다.
고개 돌리니 일찍이 쪽배를 맸던 곳,
버들가지 이미 여섯 살 나이 먹었구나.

地高天闊狎鷗亭 淸夜空江俯月星
三浦蒹葭沙際白 二陵松柏霧中靑
秋窮万戶猶砧杵 歲熟孤村有酒瓶
回首扁舟曾繫處 柳條今已六年齡

124 집을 옮기다 移家

시내 북쪽 시내 남쪽에 자주 터 잡아,
십 년 만에 거듭 성 남쪽 모퉁이 이르렀다.
일찍 심었던 나무들은 다 열매 달려있고,
전에 놀던 아동들은 모두 수염 났네.
뜰 손질하고 이어 일상의 일 익혀서,
텃밭 일궈 점점 생계를 꾸린다네.
창 앞에 국화 심을 비어있는 땅 많으니,
이사한 계획 실수 아님 문득 기쁘구나.

溪北溪南屢卜居　十年重到郭南隅
曾栽樹木皆垂實　舊戲兒童盡有鬚
掃理庭除仍熟課　開治畦圃漸成圖
窓前種菊多閑地　卻喜移家計不疎

125 산을 바라보다 看山

금봉金鳳이란 푸른 산 초가 앞에,
푸른 산빛 방울지고 저녁놀도 곱도다.
팽택彭澤[148]의 말 잊었다 뜻 알려 할진댄,
유연한 경지 이르면 환히 알 수 있다네.

---

148 팽택彭澤 : 팽택 영(令)을 지낸 진(晉) 나라 도잠(陶潛), 즉 도연명(陶淵明)을 말한다.

金鳳靑山茅屋前 翠微滴又晚霞鮮
欲知彭澤忘言意 才到悠然卽了然

126-128 족질 종현에게 주다 3수 贈族姪鍾玄 三首

백세토록 동성 간에 돈독했었고,
참된 사귐 고금에서 중히 여긴 것.
나와 너 아울러 나이가 비슷했고,
또한 나에게 진정을 토로했지.
옥 덩어리 가벼운 보물이 아닌데,
훌륭한 재목 깊은 숲속에 있도다.
강한 바람 마땅히 물결 부술 수 있으니,[149]
어찌 다시 묻혀 있음 원망하리오.

百代敦同姓 眞交重古今
與君兼近齒 向我亦披心
璞玉非輕琓 良材在邃林
長風當破浪 豈復恨淪沈

강 건너 외로운 등불 밝힌 밤,
가슴 속에 일만 수의 시 들어있네.

---

149 강한 …… 있으니 : 웅혼한 기백과 원대한 뜻을 지니고 용맹스럽게 앞으로 나아가는 것을 뜻한다. 남조(南朝) 송(宋)의 종각(宗慤)의 숙부 종병(宗炳)이 고상한 뜻을 가져 벼슬살이를 하지 않고 있었는데, 종각이 어렸을 적에 종병이 그의 뜻을 물으니, "장풍을 타고 만리의 물결을 부수고 싶습니다.[願承長風破萬里浪]"라고 하였다.

식견 많으니 참으로 고아한 벗이요,
높은 지조는 어찌 지금의 사람이랴.
이틀 밤을 자는 가을 산 고요한데,
서로 이끌고 석양에 배 옮겨 간다.
인생은 만났다 헤어졌다 하는 것,
이번에 또 한 번 생각하게 되겠네.

江外孤燈夜 胸中萬首詩
多聞眞古友 高操豈今時
信宿秋山靜 提攜晚艇移
人生終聚散 添得一相思

너의 집은 깊고 궁벽한 곳,
월암 밑에 울타리를 둘러놓고 있지.
질박한 성격에 일찍이 도리 들었고,
문장으로 일가를 이루었지.
참으로 지기가 적음을 탄식하며,
홀로 고풍이 남아 있음 사랑하네.
이 세상에 청안靑眼[150]이 있으니,
서로 보고 한 마디 말도 없누나.

爾家深僻處 籬揷月巖根
質朴曾聞道 文章是立門

---

150 청안靑眼 : 반가운 사람을 말한다. 진(晉) 나라 죽림칠현(竹林七賢)의 한 사람인 완적(阮籍)은 예교에 얽매인 속된 선비가 찾아오면 흰 눈[白眼]을 뜨고, 고상한 선비[高士]가 찾아오면 청안을 뜨고 대했다고 한다.

定嗟知己少 獨愛古今存
此世有靑眼 相看無一言

129 한 해 저물어 가는 여관에서 旅館歲暮

외로움이 가장 깊어 밤 함께 긴데,
세모의 푸른 등불은 한 책상만 벗한다오.
다만 고향 생각에 잠 못 이루고,
잠들면 문득 고향에 가는 꿈일세.

孤懷耿耿夜俱長 歲暮靑燈伴一牀
只爲思鄕眠不得 眠成却是夢還鄕

130 봄의 노곤함 春困

서원西原의 자잘한 풀 멀리서 푸름 생겨나,
춘곤春困에 혼미해 오래 잠을 깨지 못하네.
산의 빛은 마치 안개 낀 듯하고,
새소리는 베개 가에서 많이 듣는다.
책상 위의 우아한 시《풍요선》과 맞먹고,
입가의 맑은 향기《도덕경》을 읽는 듯하네.
물욕과 나그네 수심을 다 없애버리니,

참된 경지 내 몸 잊음 깊이 알겠도다.

西原細草遠生靑　春困迷人久未醒
山色似從煙際見　鳥聲多在枕邊聽
牀頭雅韻風謠選　口角淸香道德經
物慾客愁消遣盡　深知眞境可忘形

131 늦게 일어나다 晏起

아침 해가 높다란 집에 떠오르니,
갠 창에 잠이 흡족하지 못하도다.
전날 밤 술기운 아직도 남아있는데,
지난해 추위가 조금 겁나는구나.
터놓고 웃을 일 도모하지 못하나,
내 몸에 맞음이 편안함을 깨닫네.
제갈공명이 무엇을 꿈꾸느라,
기나긴 날 부들방석에 누웠던가?[151]

朝旭昇高屋　晴窓睡未闌
餘醺前夜酒　小怯去年寒
不謀開口笑　自覺適身安

---

151 제갈공명이 …… 누웠던가 : 제갈량(諸葛亮)이 일찍이 융중(隆中)에 은거하고 있을 적에 읊은 시에 "초당에 봄잠이 넉넉하니, 창밖의 해는 더디기만 하구나. 큰 꿈을 누가 먼저 깰꼬, 평생을 내 스스로 아노라.[草堂春睡足 窓外日遲遲 大夢誰先覺 平生我自知]"라고 하였다.

孔明何所夢 遲日臥蒲團

132 풍요속선[152] 風謠續選

조물주는 겸하여 주지 않으니,
문장가는 절반은 곤궁하게 살지.
적전嫡傳 계승은 다 심약沈約의 법이고,
온화한 부류는 다 주周나라 풍이로다.
쓸쓸히 바라보며 저승을 슬퍼하니,
읊조렸던 사람들 보이는 듯하네.
옛사람 어이해야 볼 수 있을까?
감상하는 마음만은 다르지 않네.

造化無兼與 文章半是窮
正宗皆沈律 沖㴒幷周風
悵望悲泉下 沈吟在眼中
古人那得見 惟有賞心同

---

152 풍요속선 : 1797년(정조 21) 천수경(千壽慶) 등이 편찬한 위항시집(委巷詩集)인 《풍요속선(風謠續選)》을 보고 지은 시로 보인다.

133 삼청자에게 주다(영남사람으로 성은 김이고 40세이다. 모두 16번 과거에 응시하여 합격하지 못했는데 지난 겨울 또 실패하고 돌아갔다. 귀로에 서로 만나 함께 충주에 도착, 하룻밤을 묵었다.)
贈三靑子(嶺人也 姓金 年四十 凡十六擧不中 前冬又敗歸 歸路相遇 共至忠州 留一宵)

공평한 도리 없음 탄식하노니,
높은 재주 오히려 불우하다네.
함께 맑은 파수灞水[153] 가에서 눈물 흘리니,
영문郢門의 노래[154]를 뉘 알아 줄까?
낙포洛浦에 청운이 멀고도 먼데,
중원中原에는 백설 노래 많기도 하다.
새로 사귀어 다시금 석별하려니,
남쪽을 바라보는 그 맘 어떠리.

歎息無公道 高才尙轗軻
共垂靑灞淚 誰識郢門歌
洛浦靑雲遠 中原白雪多
新知還惜別 南望意如何

---

153 파수灞水 : 중국 장안의 동쪽에 있던 냇물이다. 이곳에 있는 다리 곧 '파수의 다리[灞橋]'에서 송별할 때 버들가지를 꺾어 준 장소로 유명하다. 이런 연유로 절류(折柳)가 송별을 뜻하게 되었다.
154 영문郢門의 노래 : 수준이 매우 높은 노래란 뜻으로 곧 〈양춘백설가(陽春白雪歌)〉를 말한다. 영중(郢中)에서 어떤 사람이 처음 〈하리파인(下俚巴人)〉이란 노래를 부르자 그 노래를 알고 화답하는 이가 수천 명이었고, 〈양아해로(陽阿薤露)〉를 부르자 화답하는 이가 수백 명으로 줄었고, 〈양춘백설가〉를 부르자 화답하는 이가 수십 명으로 줄었다 한다.

134-136 남에게 주다 3수 寄人 三首

흰 구름 바라보니 다만 끝 없고,
밝은 달에 그리다가 찼다간 이우누나.
새 시를 취해다가 기러기 편에 부치니,
답장은 마땅히 내년에 도착하리.

白雲相望只無邊 明月相思空屢圓
欲取新詩寄秋雁 答書應是在明年

어디서 작별했나 생각나지 않지만,
그때엔 구슬퍼도 수건은 안 적셨지.
이제 와서 도리어 그리움의 눈물지니,
손꼽아 화구花丘에서 다섯 차례 봄을 봤네.

未記何方別故人 當時怊悵不沾巾
如今卻有相思淚 屈指花丘五見春

끼룩끼룩 가을 기러기 저물녘 구름 건너가니,
호남의 먼 객이 어떻게 들을 수 있겠는가?
가련하다! 이날 밤에 멀리서 바라보니,
끝없는 푸른 산만 보이고 그대 보이지 않네.

嘹唳秋鴻暝度雲 湖南遠客若爲聞
可憐此夜遙相望 無限靑山不見君

137-139 길 가다 지어 남에게 부치다 道中作寄人

바람 속 노 저어 겹겹의 강 건너,
빗속에 걸어 첩첩의 봉우리 오른다.
이별에 이러저러한 근심 있는데,
길은 어찌 이리 멀고 먼가?

棹風越重江　江雨躡層巘
離別有憂思　道途何遼遠

울퉁불퉁 기울어진 돌 있는 곳 내려가고,
진흙 속 긴 비탈길에 시달린다.
힘을 다해 갈 길을 서두르며,
고개 돌려 보니 저무는 해 아쉽도다.

犖确下側石　泥濘困長坂
努力趲前程　迴首惜日晚

멀리서 짐작건대 취헌翠軒의 밤에,
생각하느라 마음이 편안하지 못하리.
어찌 쓸쓸한 생각이 없겠냐만,
내 가는 길을 만류할 수 없도다.

遙知翠軒夜　相思心不穩
豈無怊悵思　我行不可挽

140-143 초은招隱[155]을 본뜨다(열 사람이 송관에 모였다. 좌사左思의 〈초은시招隱詩〉 "지팡이를 짚고 은사를 부르노니 황량한 길이 고금에 가로 놓였어라.[杖策招隱士 荒塗橫古今]" 열 자字에서 금今 자를 운으로 삼았다.) 4수

擬招隱(十人會松館 左思 杖策招隱士 荒塗橫古今 十字得今字) 四首

지극한 이 야박하게 처하지 않고,
고상한 곡조는 아는 이 적네.
생각건대 그대는 홀로 바보처럼,
곧은 맘 품고 오래도록 묻혀지내네.
원컨대 그리운 맘 달래 보려고,
바람 쐬며 거문고를 당겨 보노라.
서리 이슬에 그윽한 난초 시드니,
어이 옷깃에 지니라 말을 하겠나?[156]

至人不處薄 高調少知音
念子獨如愚 懷貞久淪沈
願言慰所思 沂風援我琴
霜露悴幽蘭 云何間重襟

탄식하며 그대를 생각하다가,
쳐다보며 높은 봉우리 올라간다.

---

155 초은招隱 : 은사를 불러낸다는 뜻으로, 맨 처음 회남 소산(淮南 小山)이 〈초은사(招隱士)〉를 지었고, 그 후로는 진(晉) 나라 좌사(左思)·육기(陸機) 등이 〈초은시(招隱詩)〉를 지었다.
156 옷깃에 지니라 말을 하겠나? : 좌사(左思)의 〈초은시(招隱詩)〉시에 "가을 국화를 양식으로 겸하고 그 윽한 난초를 옷깃에 패용하네.[秋菊兼餱糧, 幽蘭間重襟.]"라고 한 표현을 빌려 온 것이다.

늘어진 등덩굴은 밝은 해를 가리고,
바위는 하늘에 첩첩히 쌓여 그늘지네.
범과 표범은 가까이 할 수 없는데,
원숭이 새 하물며 슬피 읊에랴?
사람이 어이해 늙지 않으리,
근심스런 마음만 감당 못하네.

歎息懷夫子 瞻望陟高岑
垂藤翳白日 嵌巖疊穹陰
虎豹不可比 猿鳥況哀吟
豈不令人老 憂思故難任

고라니와 사슴은 언덕 내려와,
들 가운데 풀을 모여 먹고 있구나.
사물의 성품이 이와 같아서,
사모하며 공경하는 마음이 인다.
종고鍾鼓를 그대 위해 베풀었으니,
동이의 술도 맛있고 넉넉하도다.
좋은 때를 오히려 생각할만해,
아침저녁 언제나 지금 같다면.

麋鹿下長坂 聚食野中芩
物性有如此 永慕重起歆
鍾鼓爲君設 尊酒旨且深
良辰尚可念 晨夕以永今

좋은 옥은 옥돌에 머물러 있지 않고,
큰 재목은 끝내 숲에서 나오는 법.
저 머나먼 만 리의 하늘이지만.
이 구고九皋에서 나는 새소리[157] 들어보소.
숨고 드러남 스스로 힘쓰지 않고,
성쇠는 참으로 헤아리기 어려운 법.
어찌하여 오래도록 애를 써가며,
마음 졸이고 고심하고 있는가?

良玉不留璞　大材終出林
以彼萬里天　聞此九皋禽
隱顯非自强　隆衰固難諶
如何久黽勉　耿耿以苦心

144 내 사촌에게 주다(이필은 고모의 아들로 생질이 된다.)
贈甥弟(爾泌姑之子爲甥也)

관중과 포숙아가 어떠했느냐?
곽자의郭子儀[158] 이광필李光弼[159]도 죽었다네.

---

157 구고九皋에서 …… 새소리 : 《시경(詩經)》〈소아(小雅)·학명(鶴鳴)〉에, "학이 구고(九皋)에서 우니, 그 소리가 하늘에 들린다.[鶴鳴于九皋 聲聞于天]"라고 하였다. 학은 곧 은거하는 현자(賢者)를 가리킨다.

158 곽자의郭子儀 : 당 숙종(唐肅宗) 때 안사(安史)의 난을 평정하고 분양왕(汾陽王)에 봉해진 인물이다. 그는 덕종(德宗) 때부터 상보(尙父)의 호를 하사받았으며, 무려 20년 동안 천하의 안위(安危)를 한 몸에 짊어진 불세출의 명장이다. 부귀공명을 누리고 자손이 번성하였다.

159 이광필李光弼 : 임회군왕(臨淮郡王)에 봉(封)해진 당(唐) 나라의 명장(名將)이다. 곽자의(郭子儀)와

옛적에는 삼익三益[160]을 중히 여겼으나,
이 도리가 지금은 이미 없어졌네.
매양 나이가 비슷한 사람이 있었지만,
항상 마음이 맞지 않음 걱정했네.
생질은 나이가 서로 비슷해,
만나면 거듭 의지하곤 했지.
천리마와 함께 달리기 약속했고,
난새와 봉황으로 함께 날기를 생각했다.
속마음으로 서로 권면했고,
말 없어도 기미를 훤히 알았다.
배를 채움에 숙속菽粟[161]을 귀히 여기고,
빛을 감추려고 홑옷 걸쳐 입었다.[162]
어찌 담담하기 물 같지 않으리오.
난초의 냄새 향기롭고 향기롭도다.
기예를 익혀 문자에 이르니,
덕을 밝혀 소리 아름다움을 떨쳤다.
선한 말을 하면 천 리 밖에서 호응하니,
큰일은 방안에서 조심해야 한다.
도의의 문에서 부지런히 노력하여,
그대와 함께 장차 사립문 두드리리라.

  함께 안사(安史)의 난(亂)을 평정하여 그 전공으로 중흥(中興) 제일(第一)로 일컬어졌으며, 뒤에 곽자의를 대신해 삭방(朔方)을 맡으면서 천하병마도원수(天下兵馬都元帥)로 명성을 떨쳤다.
160 삼익三益 : 나에게 유익함을 주는 세 가지 벗, 즉 정직(正直)한 벗, 신실(信實)한 벗, 견문(見聞)이 많은 벗을 말한다.
161 숙속菽粟 : 숙속은 곡물이다. 일견 보잘것없어 보이지만 살아가는 데 꼭 필요한 것을 의미한다.
162 빛을 …… 입었다 : 《중용(中庸)》에, "시(詩)에 이르기를, '비단옷을 입고 또 홑옷을 입는다.[衣錦尙絅]'라고 하였으니, 이는 밖으로 드러나는 것을 싫어하는 것이다."라고 하였다.

管鮑夫何如　郭李竟云歸
在昔重三益　此道今已非
每有齒序近　常恐心事違
出姪體所敵　會合重相依
麒驥幷許馳　鷰鷰思共飛
中情以相勖　沈黙洞幾微
實腹貴菽粟　和光在褧衣
豈不淡如水　蘭臭馥以菲
遊藝及文字　章德振音徽
善言應千里　大業戒房闈
孜孜道義門　與爾將扣扉

145 이천의 우곡을 지나다가 이숙 운경을 찾아갔으나 만나지 못하다 曩訪李叔雲卿于利川牛谷未遇

갈 마음이 바쁘기가 험한 다리 건너는 듯,
발병나도록 만남 생각해 골짝에 발소리 들리어라.
지는 해가 숲에 드니 갈가마귀 연달아 오고,
푸른 연기 시내 지나니 송아지 쌍쌍이 오도다.
나는 고생해서 우야牛野에 들어갔는데,
그대는 이미 바쁘게 달강獺江으로 향했다.
어찌하리 오늘 밤 황무黃武 달빛 아래,
또 이별의 한 가지고 서창西窓에 도착했으니.

歸心疾似涉危杠　重繭尋期費谷跫
落日入林鴉續續　青煙過磵犢雙雙
我自辛苦投牛野　君已蒼黃向獺江
可奈今宵黃武月　又將離恨到西窓

146-150 배를 타고 가며 지은 절구 5수
江行雜絶 五首

물빛은 밝은 해를 흔들고,
산 기운은 푸른 안개를 이끈다.
강 갈매기 친하지 이미 오래여서,
서로 바라보며 차가운 물가에 서 있네.

水光搖日白　山氣曳煙青
江鷗親已久　相望立寒汀

기우뚱 위태로운 언덕 위 돌이,
떨어지려 한 지가 이미 천년이 되었다.
뱃사공들이 일제히 힘을 써서,
평온하게 지내고 비로소 뒤돌아 보았네.

欹危岸上石　欲落已千秋
棹人齊用力　穩過始回頭

돛을 걸어도 배가 나아가지 않아,
돛을 내려서 배 가운데 놓아 두었다.
너에게 알리노니 안심하고 가면,
결국에는 순풍을 만날 때 있으리라.

卦帆船不進 下席在船中
戒爾安心去 終當遇順風

저녁에 용문의 북쪽서 자고,
아침에 용문 남쪽 향해서 간다.
어여뻐라 이곳 용문의 빛깔,
아침저녁 맑은 못에 있음 아끼네.

暮宿龍門北 朝向龍門南
愛此龍門色 朝暮在澄潭

물안개에 아침에도 외려 어둡고,
바위 꽃은 여름인데 봄인 듯하다.
누웠자니 강물 소리 귓속에 있어,
참으로 물을 베고 있는[163] 셈일세.

水霧朝猶暗 巖花夏有春

---

163 물을 베고 있는 : 진(晉) 나라 손초(孫楚)가 장차 숨어 살려고 하면서, "돌을 베개 삼고 흐르는 물에 양치질하련다.[枕石漱流]"라고 말해야 할 것을 "물을 베고 돌로 양치질하련다.[枕流漱石]"라고 잘못 말했는데, 왕제(王濟)가 그 말을 듣고서 잘못을 지적하자 손초가 "물을 베는 것은 '속진에 찌든 귀를 씻어 내기 위함이요,[洗其耳]', 돌로 양치질하는 것은 '연화(煙火)에 물든 치아의 때를 갈아서 없애려 함이다.[礪其齒]'"라고 대답했던 고사가 있다.

臥來江在耳　眞是枕流人

151-154 하담 荷潭

비 올 듯한 기운이 사람 훈훈하게 해 취한 듯한데,
높다란 집에서 멀리 바라보니 생각 어이 감당하랴?
숲 끝의 멀리 있는 나무들은 용대龍臺 북쪽이요,
구름 끝의 석양 비치는 곳은 조령鳥嶺 남쪽이로다.
붉은 꽃 피어 깎아지른 언덕에 늘어져 있고,
푸른 버드나무 가지 꺾이어 한적한 연못 쓸도다.
강가에서 이틀 밤 자며 개인 풍경 본 기분,
성긴 발 쳐놓고 저녁 노을 기다림만 못하지 않네.

雨氣薰人似中酣　高齋極目思何堪
林梢遠樹龍臺北　雲末斜陽鳥嶺南
紅艸花開垂斷岸　祿楊枝折掃空潭
江干信宿看晴意　不下疏簾候夕嵐

삼십 년 동안이 마치 잠 맛에 취한 것 같아,
가난 도리 걱정하며 다만 모름지기 견뎌내야지.
주리고 추워 한퇴지의 행위[164] 따름은 부끄럽고,

---

164 한퇴지의 행위 : 한유(韓愈)가 벼슬하기 위해 윗사람에게 자신을 알리는 글을 보내는 것 같은 떳떳하지 못한 행위를 말한다.

농사짓고 글 읽어 기꺼이 동소남董召南[165]이 되리.
거문고와 책 지니고 물가 별장 찾으려 하여,
공연히 꿈속에서 바람 부는 연못을 감돈다.
어떻게 장미꽃 아래 자그마한 집을 지어,
백조 무리 속 푸른 이내 보며 지낼까?

三十年如睡味酣 憂貧憂道只須堪
饑寒恥逐韓公子 耕讀甘爲董召南
擬挈琴書尋水墅 空留魂夢繞風潭
何當小築薔薇下 白鳥群中望翠嵐

촌술이 사람 붙들어 깼다 취했다 하는데,
바람 근심 비 걱정을 견디기가 어렵구나.
황량한 산 장정長亭[166] 북쪽에서 구불구불 이어지고,
무너진 길 호수 남쪽에서 굽이굽이 도는구나.
들의 갓 쓴 사람 매미 우는 숲 밖에 홀로 오고,
고깃배는 해오라기 못에서 서로 말을 나눈다.
앉아 있으니 양양襄陽을 그린 그림과 흡사하니,
강 구름과 산의 이내를 그려 놓았도다.

村酒留人醒復酣 愁風愁雨正難堪
荒山曲折長亭北 壞道迂遲積水南
埜笠獨歸蟬外樹 漁舟相語鷺邊潭

---

165 동소남董召南 : 당(唐) 나라 때 안풍(安豊) 사람으로 은사(隱士)인데 한유가 〈동생행(董生行)〉이라는 노래를 지어 동소남이 주경야독(晝耕夜讀)하며 부모에게 효도하고 처자식을 사랑하는 내용을 읊었다.
166 장정長亭 : 예전에 멀리 떠나가는 사람을 전송하던 곳으로 10리 마다 설치하였다.

坐來恰似襄陽畵 混點江雲與岳嵐

그대 만나 잔 잡으니 어찌 능히 취하리오,
시사詩社가 쓸쓸하니 한을 못 견디겠네.
몇 번이나 구름 날고 물길은 흘러가서,
지금에 제비는 가고 기러기는 남으로 오네.
넝쿨진 외덩굴에 새로 비가 내리니,
쓸쓸한 연꽃은 예전 못에 심은 걸.
반악과 같은 귀밑머리[167]로 서로 대하며,
작은 누대 종일토록 산속 이내 바라본다.

逢君把酒詎能酣 詩社蕭條恨不堪
幾度雲飛仍水逝 如今鷰北又鴻南
支離瓜蔓新添雨 怊悵荷花舊種潭
相對一雙潘岳鬢 小樓終日看風嵐

155-158 수운정 水雲亭

베개 아래 샘물 소리에 낮잠도 시원한데,
일어나니 서책 절반이 이리저리 흩어졌네.
석양이 홀연 높은 소나무 뒤로 들어가는데,

---

167 반악과 …… 귀밑머리 : 반악은 젊어서 용모가 매우 아름다웠는데 중년에 백발이 되었다고 한다. 이런 사실을 인용하여 송(宋) 나라 사술조(史述祖)의 〈제천악백발(齊天樂白髮)〉이란 사(詞)에 "가을바람이 일찍 반랑의 귀밑털에 들어가니, 이처럼 희끗희끗한 머리에 문득 놀라노라.[秋風早入潘郞鬢 斑斑遽驚如許]"라고 하였다.

나무꾼 도끼 소리 때로 한두 번 들려오네.

枕下鳴泉午夢淸　起來書帙半縱橫
斜陽忽入高松背　樵斧時聞一兩聲

두어 집 닭 울고 개 짖는 물가 마을에,
송죽松竹 그늘 속에 반이나 문 닫아 놓았네.
주민들이 모두 꼭 세상 피해오지 않을 것이나,
바라보니 언제나 무릉도원 같누나.

數家鷄犬水頭村　松竹陰中半掩門
未必居人皆避世　望中長似武陵源

시냇가에 조그만 사립문이 비스듬하고,
한가로이 열리고 닫혀 사람조차 보이잖네.
경물과 마음 다함께 고요함을 알아야만,
산새가 잠잘 적에 물새가 날아가리.

溪上欹斜鹿眼扉　等閒開閉見人稀
要知境與心俱靜　山鳥眠時水鳥飛

돌 포개고 덩굴 끌어 끊어진 다리 기웠는데,
　　　　　　　（缺）
도화의 물을 멈추게 할 수가 없어,
남몰래 녹아가는 봄 얼음 애석히 여긴다.

疊石牽蘿補斷橋　　　（缺）
無因駐得桃花水 坐惜春氷暗暗消

159-165 영월의 단종릉을 지나다 過寧越莊陵

밭에다 패물 버린 그때 일 생각하며,
사백 년 지난 세월 부로들 슬퍼했네.
천지간에 이제 와선 한할 것도 없으니,
영월에는 그래도 육신 사당 있는 것을.

田間遺佩想當時 四百年中父老悲
天地卽今無可憾 越中還有六臣祠

산 아래의 살던 백성 이백 가구,
태평시절 속에 뽕나무와 삼을 심었다.
오늘에 이르도록 오직 우는 두견새만이,
길게 동강 향해 낙화落花를 위로한다.

山下遺民二百家 太平烟雨種桑麻
至今惟有啼鵑杜 長向東江弔落花

떨어진 꽃은 봄과 함께 돌아오지 아니하고,
오랜 세월 아무 까닭 없이 풀빛은 푸르네.
소쩍새 소리가 귀에 들려올까 두려우니,

달 밝을 적에 금강정錦江亭에 오르지 말라.

落花不與春俱返　萬古無嵓草色靑
恐有子規聲到耳　月明休上錦江亭

금강은 어찌 그리 밤낮을 급히 흐르는가?
서쪽으로 양주만 지나면 바로 도읍 한양이지.
멀리 오릉의 아름다운 기운 질펀함을 생각하니,
구의산九疑山[168]에 떠오른 달 외로움을 견딜 수 없네.

錦江日夜流何急　西過楊州是漢都
遙憶五陵佳氣遍　九疑山月不勝孤

봉래산 동편에 뵈고 구의산은 푸르니,
신선 세계 제향과 가까움을 알겠구나.
아마도 육신과 함께 열성조께 조회하며,
흰 구름 깊은 곳서 난새 봉새 타셨으리.

蓬萊東望九疑蒼　知是仙鄕近帝鄕
應與六臣朝列祖　白雲深處駕鸞鳳

사릉思陵[169]의 소나무와 잣나무는 어느 곳에 있는가?
천 리 밖의 양산에 석양빛이 외롭다.

---

168 구의산九疑山 : 창오산(蒼梧山)이라고도 하는데, 이 산에 순(舜) 임금의 무덤이 있다고 한다.
169 사릉思陵 : 조선 6대 임금 단종의 비(妃)인 정순왕후(定順王后)의 능의 이름이다. 경기도 남양주시 진건읍 사릉리에 있다.

상강湘江[170]을 향하여 밤 비파 소리 슬퍼 말라.
달이 밝아 오히려 창오산을 바라본다.

思陵松柏知何處 千里揚山落照孤
莫向湘江悲夜瑟 月明猶得望蒼梧

높은 누각 아스라하여 갠 하늘을 바라보니,
빠른 피리 소리 맑은 노래 석양 바람에 들려온다.
산과 물가 언제나 적막함을 견딜 수가 없어,
동시에 한恨 몰아서 소리 속으로 들어온다.

危樓迢遞瞰晴空 急竹淸歌倚晩風
山浦不堪長寂寞 一時吹恨入聲中

166 정진사에게 주다 贈丁上舍

섬진강 동쪽가 푸른 버드나무 물가,
보이는 곳 텅 비었고 앉은 자리 그윽하다.
참으로 계산溪山 향한 마음을 못 가누어,
(소식의 시에 '세상 사람들은 저자로 달려가는데,
나홀로 계산溪山 곁으로 향하네.'라 했다.)
돌아와서 연못의 가을 경치 거느리리.

---

170 상강湘江 : 순(舜) 임금이 남쪽 지방을 순수하다가 죽었으므로 창오(蒼梧)에다 장사지냈다. 순 임금의 비(妃)인 아황(娥皇)과 여영(女英)이 상강에 이르러 둘이 부둥켜안고 울다가 상강에 빠져 죽었는데, 그들이 흘린 피눈물이 대나무에 떨어졌으므로 반죽(斑竹)이 생겼다고 한다.

蟾江東畔綠楊洲 望處虛明坐處幽
定向溪山廉(東坡詩 世人鶩朝市 獨向溪山廉)不得 還來領略二潭秋

167 유공거에게 주다 贈柳公遽

나이가 둘 다 삼십이 넘었는데,
그대의 진晉나라 사람[171] 같은 글씨 사모하네.
중선암 위에 붓 휘둘러 글씨 쓴 곳을,
팔짱 끼고 즐겨 보는 중 나만 빠진 게 한일세.
(공거가 글씨를 잘 썼는데 '그가 중선암을 지나다가 휘둘러 쓴 자취가 있다'고 들었는데 나는 안타깝게도 뒤에 이르러 볼 수 없었다. '서원아집도기'에도, 고개를 쳐들고 돌에 쓰는 이는 미불米芾이고 팔짱을 끼고 올려다보는 이는 왕흠신王欽臣[172]이다.)

三十行年共有餘 愛君能作晉人書
中仙石上揮毫處 袖手耽觀恨少余
(公遽善書 聞其過中巖有揮洒之蹟 而余苦後至 未及覩爾 西園雅集圖記
昂首而題石者米元章也 袖手而仰觀者王仲至也)

---

171 진晉 나라 사람 : 진(晉) 나라에는 왕희지(王羲之) 등의 명필들이 많았다.
172 왕흠신王欽臣 : 송(宋) 나라의 문신・학자이다. 구양수(歐陽脩)에게 문장을 인정받고, 문언박(文彦博)의 추천으로 벼슬하여 공부원외랑(工部員外郞) 등을 지냈다. 저서에 《광풍미집(廣諷味集)》, 《왕씨담록(王氏談錄)》 등이 있다.

168 하선암(내가 단양에 머문 지 삼 년 되는 해 가을에, 남고 윤임천 영공이 정상사와 권계구·유공거를 이끌고 나는 듯이 산에 들어 왔다. 단양의 깎아지르고 높으며 험준한 바위, 기이한 연못, 울창하며 깊고 그윽한 소나무가 공에게 기이하고 멋진 모습을 바치지 않은 것이 없었다. 마침 마중 나갈 수 없어 비록 이 여행의 시초에는 참여할 수 없었으나 오히려 다행히 그 뒤를 따라 남아있는 흥취를 보았다. 시의 창작은 하선암에서 시작하여 은주암에서 마쳤으니 내가 본 경관을 기록한 것이다.)

下仙巖(余居丹之三年秋 南皐尹林川令公攜丁上舍及權季構柳公遽 飄然入山 凡丹之巖之刻峭 潭之詭異者 雲松之鬱然而深幽者 靡不呈奇獻巧於公 適失迎候 雖不得與玆遊之始 猶幸踵其後塵 而覩其餘興 詩之作始於下仙巖 終於隱舟巖 記余目所到也)

산길에서 망설이다 참으로 기약 못했는데,
뜻밖에 만난 일이 도리어 기이하다.
하선암이 이로 인해 가슴 속으로 들어왔으니,
솔바람 불어 말 내렸을 때를 길이 기억하네.

峽路依違儘不期 不期逢著事還奇
仙巖自此添懷緖 長記松風下馬時

169 삼오령 三五嶺

파巴 자字의 물가 지之 자字 길,
그대 떠남 잊게 만드니 바쁘게 서둘지 마라.
산속 집과 객사의 아련한 꿈속에,
서로 또 이곳을 찾을 줄 생각지 못했다.

巴字水邊之字路　教君忘去莫怱怱
山齋旅店依依夢　未信相尋又此中

170 마진에서 자다 宿馬津

진秦·한漢·진晉·당唐은 모두 까마득하고,
두보·한유·소식·육유는 마침내 어디로 갔는가?
강 하늘이 홀연히 관솔 밖에 환하니,
산방에서 만 권의 책 읽는 것보다 좋도다.

秦漢晉唐俱邈矣　杜韓蘇陸竟何於
江天忽白松明外　勝讀山房萬卷書

171 도담(물 가운데 바위로 된 세 봉우리가 있어 도담이라 했다.)
島潭(潭水中 有三石峰 所以島名也)

간 데 없는 삼신산이 물 가운데 있건만,
누선樓船을 잘못 보내 바다에서 구했구나.
겹겹이 봉쇄한 뜻 이제야 알겠으니,
여섯 마리 자라[173]가 떠내려 감을 근심했네.

神山宛在水中洲 枉遣樓船海上求
始得重重關鎖意 直愁漂下六鰲頭

172 다시 지음 再賦

뱃머리에 조는 갈매기 앉은 것이 반가운데,
상앗대가 잠긴 교룡 건드릴까 걱정일세.
삼봉이 하나하나 마음속에 생겨나니,
수미산須彌山이 풀잎배에 들어감을 믿겠구나.

稍喜船頭入睡鷗 翻愁篙眼犯潛虯
三峰一一生肝肺 方信須彌納芥舟

---

173 여섯 마리 자라 : 《열자(列子)》〈탕문(湯問)〉에 의하면 여섯 마리의 자라가, 발해(渤海)의 동쪽 바다에서 대여(岱輿), 원교(員嶠), 방호(方壺), 영주(瀛州), 봉래(蓬萊) 등 다섯 선산(仙山)을 6만 년을 주기로 하여 교대로 등에 지고 있다고 한다.

173 정씨의 정원 鄭氏園

두세 집의 인가가 정씨네 정원인데,
고깃배 맨 곳이 바로 사립문일세.
상류에다 도화나무 심지 않았으니,
이미 금화동 속 마을을 지났다네.
(못 서쪽 몇 리 거리에 금화동이 있다. 금화동에는 복숭아나무가 많은데, 들으니 '봄에 떨어진 붉은 꽃이 산에 가득하고 물에 질펀한데, 못은 상류에 있어 이 나무가 없다.'고 한다.)

三兩人家鄭氏園　漁舟繫處是柴門
上流不種桃花樹　已過金華洞裏村
(潭西數里 有金華洞 洞多桃樹 聞春時落紅滿山漫水 潭在上流　無此樹)

174 석문(도담에서 위쪽은 절벽의 형세가 더욱 기이하다. 홀연히 하나의 높은 산에 구멍이 보이는데 높이가 백 길이 된다. 가는 길이 있어 그 구멍 속으로 들어갈 수 있는 것 같은데 사람은 올라갈 수 없다. 우러러 엿보니 다만 하늘이 둥글고 기다랗게 보이니 곧 이른바 석문이다. 대개 그 돌의 형세는 가운데는 벌어지고 위로 이어졌는데 이어진 곳은 곧 교량 같다. 고금의 본 사람들이 문이 되는 줄은 알았지만 다리가 되는 줄은 몰랐으니 아래에 있으면서 서 보았기 때문이다.)

石門(自潭而上 壁勢尤奇 忽見一頂山竅 高可百丈 若有細路入其竅中 人不得上 仰而窺 但見天形圓楕 卽所云石門也 盖其石勢 中拆而上連 連處正似橋梁 古今觀者 知其爲門 而不知其爲橋 由在下面看耳)

한 쌍의 벼랑이 옆으로 옥룡 허리 떠받드니,
험한 길 허공 통해 붉은 하늘로 들어가는 듯.
시력이 만약 땅을 벗어나 올라갈 수 있다면,
돌 무지개다리라 불러도 해로울 것 없다오.

雙厓橫戴玉龍腰　鳥道虛疑入絳霄
眼力若能離地上　未妨呼作石虹橋

175 은주암 隱舟巖

땅을 의지할 데 없는 곳 이끼 자랐고,
하늘만 바라볼만한 곳에 돌이 얹혀 있구나.
조물주 솜씨 장주莊周께 비웃음 당할까 걱정되니,
공연히 산 밑을 파서 골짜기에 배 숨겼네.[174]

無地可依苔長髮　有天堪望石開頭
化工恐被莊周笑　謾鑿山根藏壑舟

174　조물주 …… 숨겼네 : 《장자(莊子)》〈대종사(大宗師)〉에 "골짜기 속에 배를 숨겨 두고 산을 못 속에 숨겨 두면 안전하다고 여긴다. 하지만 한밤중에 힘센 자가 등에 지고 달아나도 어리석은 사람은 알아채지를 못한다.[夫藏舟於壑 藏山於澤 謂之固矣 然而夜半 有力者 負之而走 昧者不知也]"라고 하였다.

176 이별 뒤의 기록을 붙여 놓음 附別後錄

나홀로 조각배와 함께 있으니,
가을 구름 담담하여 어두워지려 하네.
어지러운 산은 가도 보이질 않아,
텅 빈 물가 앉아서 말을 잊누나.
또렷또렷 모래밭에 새는 나오고,
어둑어둑 언덕에 의지한 구름 지나간다.
혼자 노래 부르다 대답하자니,
나도 모르게 사립문에 가까워졌네.

獨與扁舟在　秋雲澹欲昏
亂山行失望　空水坐忘言
歷歷出沙鳥　荒荒依岸雲
自歌還自答　不覺近柴門

177 용문 섬돌 산수화 노래(동파의 〈유여산설(遊廬山說)〉에 "내가 처음 여산에 들어가니, 산골짜기가 기이하고 빼어나 이것저것을 보느라 겨를이 없어 시를 짓고자 아니했다."라고 했으니 대개 관광과 시를 겸할 수 없음이 으레 이와 같다. 우리들이 용문에 놀러 갔으나 시를 짓지 못한 이유이다. 돌아와 산에 있으니 대단히 적막했다. 여름 가을도 이미 지나갔는데 문득 지나간 경계를 생각하니 시가 끝내 없어서는 안 되었다. 그러므로 용문삼관을 지었으니 볼만한 세 가지를 거론한 것이다. 저 여러 절이나 여러 봉우리를 직접 답사하고 본 것은 이미 오래되

어 자세히 기억하지 못하는데 별 것 아니다.)

龍門砌石山水畵歌[175](東坡遊廬山說云 僕初入廬山 山谷奇秀 應接不暇 不欲作詩 蓋遊觀之不可與詩兼 皆如此 吾輩龍門之遊 所以無詩也 及歸山居 殊廖闃 夏秋旣徂 輒思過境 詩又不可以終無 故作龍門三觀 擧可觀者三也 若其諸刹諸峰之足跡所到目所及者 旣久不詳記 亦自檜以下耳.)

178 은행나무[176](절의 문 옆에 문행 한그루가 있다. 높이는 몇백 자가 되는지 알 수 없는데 둘레가 수십 발이다. 승은 "이 나무는 예부터 마른 가지나 병든 잎이 없었으니 붙잡아 보호한 공적을 성대히 일컫고 높인다."라 했다. 자세히 보니 참으로 그러했다.)

文杏(寺門有文杏一樹 高不知爲幾百尺 其圍數十尋 僧言 此木自古無枯枝病葉 盛稱尊扶植之功 諦視信然)

띠 이어 둘레 재고 멀리 서서 바라보니,
누각 가득 찬 기운이 하늘에 솟아 있네.
천년 묵어 어느 해 심었는지 기억 못 하고,
일만 잎 도무지 하나도 마르지 않았구나.
뿌리 밑 개미 사는 구멍 얼마나 많은가?
꼭대기에 도리어 소를 가릴만한 가지 있네.
궁벽한 산 알아주는 사람 적음 안타깝고,
머리를 돌려 보니 벽수璧水[177] 다리 푸르도다.

---

175 〈용문체석산수화가(龍門砌石山水畵歌)〉는 제목만 있고 시는 남아 있지 않다.
176 은행나무 : 은행나무의 열매는 은행(銀杏), 그 재목은 문행(文杏), 그 잎은 압각(鴨脚)이라 한다.
177 벽수璧水 : 벽수는 벽옹(辟雍, 고대의 대학)에 둘린 물이니, 즉 태학(太學)을 가리킨다.

(한양 성균관에 은행나무를 심었으니 행단의 뜻을 취한 것이다. 몇백 년이 흘러 가지와 잎이 무성하니 선비들이 그 아래에 줄줄이 서 있었다. 지금 이 절 앞의 은행나무는 홀로 궁벽한 산에 처하여 사람과 만남이 드무니 공자와 석가여래의 가르침이 같지 않은 것이 또한 이와 같은 것이 아니겠는가?)

續帶量圍立望遙 滿樓寒翠拂雲霄
千年不記何年種 萬葉都无一葉凋
根底幾多容蟻穴 梢頭還有蔽牛條
窮山恨少人知處 回首靑靑璧水橋
(國之泮宮種杏樹 取杏亶之義 經屢百年 枝葉繁茂 襟紳濟濟於其下 今此寺前之杏 獨處窮山 罕與人遇 豈孔釋之敎 所以不同者 亦猶是耶)

179 수월암 水月菴

잠깐만에 봉우리가 천억만 개 솟더니만,
앉아 하늘 바다 끝 북서남을 다 보누나.
용문에는 사람 놀랠 시구詩句가 있을테니,
상제의 자리 아마 수월암水月菴과 통하리라.

立出峰巒千億萬 坐窮天海北西南
龍門合有驚人句 帝座應通水月菴

180-187 산사기행 山寺紀行

마을가 흰 돌로 된 나루 있는데,
왕래 많아 푸른 이끼 낄 틈이 없네.
옛사람 숨어서 살았던 곳을,
지금 사람 수레와 말 타고서 온다.
무릉도원 마침내 어디에 있나?
바위 어귀서 속절없이 서성거린다.

村邊白石渡 踏久無蒼苔
昔人栖隱處 今人車馬來
桃源竟何處 巖口空徘徊

격렬하게 세찬 물결 쏟아지더니,
맑은 물이 못 그림자 만들었구나.
험함 편함 처지 따라 다르니,
언제 맑고 고요함이 변하겠는가?
내 마음이 완전히 이와 같으니,
적막하게 참선 경지에 들어섰누나.

頹激瀉奔波 泓澄作潭影
所遇殊險夷 何曾變淸靜
吾心了如此 寂寞入禪境

덩굴이 어찌 덮어 싸고 있는가?
묘하게 솔 바위 감고 갈 줄 알았구나.

일만 첩첩 겹겹의 산들,
가을 되니 붉고 푸른 빛 흩어 놓았네.
밝은 해는 숲을 비추어,
숲속의 나그네를 취하게 하네.

薜蘿何蒙籠 巧解緣松石
能令萬重山 秋來散紅碧
霜日照林表 林中醉行客

가을 숲에 환한 기운 남아 있길래,
산속의 해 어두워짐 알지 못했지.
덩굴 길이 갑자기 다시 걸리고,
바람과 샘물 소리 멀리 들린다.
어이해 굳이 꼭 문암사門巖寺에 와,
경방經房에서 밤 북소리 들어야 하리.

秋林有餘明 不知山日暝
蘿逕忽復懸 風泉稍遠聽
何須門巖寺 經房夜敲聲

시내 서쪽은 돌 빛이 희고,
시내 동쪽은 돌 빛이 검도다.
시내 근원 끝까지 찾아볼 수 없고,
키 큰 나무는 저 멀리 밝고 어둡다.
마치도 생학笙鶴[178]이 오는 것처럼,

---

178 생학笙鶴 : 신선이 타고 다니는 학의 이름이다. 주(周) 나라 영왕(靈王)의 태자(太子) 왕자교(王子喬)가 학을 타고 젓대를 불며 하늘로 올라가 신선이 되었다고 한다.

찬 구름 소나무 뒤편 건너가누나.

川西石色晧 川東石色黛
川源不可窮 雲木遠明晦
怳疑笙鶴來 冷雲度松背

조금 절 길에서 떨어져 와서,
또 나무꾼 길을 만났네.
아마도 옛적 좁은 길 낸 사람은,
스스로 자연의 맛 얻었나보다.
다시 옛사람 자취를 밟으나,
어찌 옛사람 일을 알리오?

稍從寺路分 又與樵徑値
念昔開逕人 自得林泉意
還踏昔人跡 那知昔人事

바람 그치니 폭포 소리 멀어지고,
구름 돌아가니 못물 빛을 깨끗하구나.
곧장 동쪽 숲의 선명함 대하니,
서쪽 봉우리 어둠을 어찌 기억하리.
침침한 돌 누대의 아래,
노니는 고기 내려다 볼 수 없네.

風止瀑聲遙 雲歸潭色澹
正對東林鮮 那記西峰暗

沈沈石臺下 遊魚不可覩

객지 생활 어느덧 삼 년 되어,
겨우 한 번 이곳에 유람왔네.
다시 벗을 따라서 이야기를 하며,
또다시 몇 번이나 올 수 있으리?
못물은 맑고 햇빛을 엷으니,
잎은 환한데 서리 기운 재촉한다.
연달아 있는 산을 다 볼 수 없어,
가을 생각 참으로 못 가누겠네.

爲客飜三載 茲遊始一回
還從故人語 復得幾時來
潭淨日光薄 葉明霜氣催
連山不可極 秋思正難裁

188 허성화의 시에 답함 答許聖和韻

정묘丁卯년에 시인이 나를 전송했으니,
벽성碧城의 높은 나무 아래서 옷 적시려 하네.
일생 동안 아마도 금사로金沙路를 생각하리니,
섬의 풀과 마을 꽃이 석양빛을 띠었다.

丁卯詩人送我歸 碧城雲樹欲沾衣

一生應憶金沙路 嶼草村花帶夕暉

189 금사에서 낙조를 보다 金沙觀落照

자색 기운 멀리 멀리 물빛에 출렁이고,
백 년 세월 길이 이 속에서 바빴다오.
뉘 알리오? 천축 서쪽 끝 나라가,
다시 동방을 향해 석양을 보낼 줄을.

紫氣荒荒盪水光 百年長是此中忙
誰知天竺西頭國 還向扶桑送夕陽

190 금사사에서 묵다 宿金沙寺

둥근 모래톱 가없어 오솔길도 모르는데,
해는 아랑포阿郞浦 향하여 저무누나.
박달나무 향 깊고 천불은 조용하고,
방풍나물[179] 익으니 종소리가 들려오네.
누각 가린 나무는 밝은 달 품는 듯하고,
바다 보는 스님은 흰 구름 속 서 있는 듯.

---

179 방풍나물 : 식물의 이름으로 약재로도 쓰인다.

긴긴 밤 금색세계金色世界[180]서 배회하니,
객 마음 완전히 풍진 세상 피하고 싶네.

圓沙无際邐難分　日向阿郎浦裏曛
檀木香深千佛靜　防風菜熟一鍾聞
遮樓樹似涵明月　望海僧如立白雲
永夜徘徊金色界　客心渾欲謝塵紛

191 용추 龍湫

옛 못에 용 떠나고 물엔 하늘만 비추는데,
상상해보니 바람과 우레 눈앞에 있는 듯.
진흙 모래에 엎드려 있으니 신물神物이 성내고,
머리를 돌려 바라보니 돌산과 통한다네.
그늘진 느티와 버드나무 무너지려는 언덕 막고,
언뜻 보인 물고기는 옛집을 지킨다네.
일천 이랑 벼논에는 가뭄 든 해 없나니,
구름과 비 잠깐의 공보다 훨씬 낫다.

古湫龍去水涵空　想像風雷在眼中
畾伏泥沙神物怒　轉回頭角石山通
陰陰欅柳防隤岸　瞥瞥魚鰕守故宮

---

[180] 금색세계金色世界 : 불교 용어로 아미타불(阿彌陀佛)이 살고 있는 정토(淨土), 괴로움과 걱정이 없는 지극히 안락하고 자유로운 세상이다.

千頃稻田无旱歲 絶勝雲雨片時功

192 서쪽 지방의 유람 西遊

서쪽 일흔 다섯 장정長亭[181] 노닐었으나,
마음 심란해 겪은 일 기억할 수 없네.
너른 들은 하늘과 푸른빛을 다투고,
근해에 이어진 산은 물결 모양이네.
붉은 노을 진 뒤에는 시 절로 지어지고,
장맛비 내리는 때 술은 반이나 깨었지.
참군은 모름지기 홀로 턱을 괴면서,[182]
아침에 상쾌한 기운 절에 가득하구나.

西遊七十五長亭 怊悵無緣記所經
曠野與天爭碧色 連山近海學波形
茜霞落後詩仍就 梅雨飛時酒半醒
寄語參軍須拄笏 朝來爽氣滿禪庭

---

181 장정長亭 : 10리(里) 길의 이수(里數)를 말한다. 5리길의 이수를 단정(短亭)이라 한다.
182 참군은 …… 괴면서 : '홀로 턱을 괴다.'는 괴홀(拄笏)을 푼 것으로, 홀로 턱을 괸다는 것은 세상일에 얽매이지 않고 초연히 유유자적하는 풍도를 의미한다. 진(晉) 나라 왕휘지(王徽之)는 성품이 본디 세세한 세상일에 얽매임이 없었는데, 그가 일찍이 환충(桓沖)의 기병 참군(騎兵參軍)으로 있을 적에 한번은 환충이 그에게 말하기를, "경(卿)이 부(府)에 있은 지 오래되었으니, 요즘에는 의당 사무를 잘 알아서 처리하겠지?"라고 하자, 그는 아무런 대꾸도 하지 않은 채 고개를 쳐들고 홀(笏)로 턱을 괴고는 엉뚱하게 "서산이 이른 아침에 상쾌한 기운을 불러온다.[西山朝來 致有爽氣耳]"라고 했던 데서 온 말이다.

193 한양에서 일찍 출발하여 고향으로 돌아오다
自京早發還鄕

십 리 떨어진 동쪽 다리 밖,
서리 마르니 들판의 햇빛 환하다.
잎 다 져서 숲은 마치 그림자 같고,
얕은 모래 흐르는 물소리가 없구나.
역 길에 계절 풍경 이미 바뀌니,
도성 문엔 이별의 한이 생겨나겠네.
돌아갈 길 조금씩 가까워지자,
길에서도 고향 생각 배나 더하누나.

十里東橋外　霜乾野日明
葉空林似影　沙淺水無聲
驛路時光改　都門別恨生
歸程應漸近　在道倍鄕情

194-204 하담의 초려에서 서선과 함께 짓다
7율 7수 5율 4수
荷潭草廬與書船共賦 七律七首 五律四首

경륜은 아마 노련한 농부와 의논해야 할 것인데,
사는 곳은 기장과 토란 심은 물가 마을.

말 알아봐 북야北野가 텅 비리라 여겼더니,[183]
소 먹이고[184] 노래하며 동문을 나섰다네.[185]
마른 박 덩굴 울타리에 눈은 뿌리고,
대추밭의 무성한 이끼는 드러난 뿌리 에워쌌네.
초은시가 완성되면 스스로 숨으리라,
고금의 황량한 길[186] 왕손을 그린다네.

經綸應與老農論　黍地芋區水岸村
識馬曾期空北野　飯牛還唱出東門
匏蘺暗雪鳴枯蔓　棗圃深苔擁斷根
招隱詩成身自隱　荒塗今古憶王孫

(갑자년〈1804, 21세〉에 내가 한양에 머무르고 있었는데 모임의 여러 공들과 함께 초은시를 모방하여 지어 보았을 적에 좌태충左太冲[187]의 '지팡이를 짚고 은사를 부르니, 황량한 길이 고금에 가로 놓여있다'를 (운자로) 사용하여 나이를 순서로 하여 운을 나눌 적에 서선은 도자塗字를 얻었고 나는 금자今字를 얻었으니 지금 이미 십 여 년이 지났다. 친지들은 다 흩어져 타향에 있는데 나와 서선書船이 사는 곳이 가장 궁벽하다.)
(歲甲子 余客京城 與社中諸公 賦擬招隱詩 用左太冲 杖策招隱士 荒塗橫古今 序齒分韻 書

---

183 말 …… 여겼더니 : 한유(韓愈)의 〈송온처사부하양군서(送溫處士赴河陽軍序)〉에 "백락이 기북의 들판을 한번 지나가자 말들의 그림자가 보이지 않게 되었다.[伯樂一過冀北之野 而馬群遂空]"라는 유명한 말이 나온다.
184 소 먹이고 : 원문은 반우(飯牛)로, 춘추(春秋) 시대에 역척(甯戚)이 곤궁하여 남의 소를 먹이면서 소의 뿔을 두드리며 노래를 지어 불렀더니 제 환공(齊桓公)이 듣고 그가 어진 사람인 줄 알고 불러 정승을 삼았다.
185 동문을 나섰다네 : 원문은 출동문(出東門)으로, 소평(邵平)은 진(秦) 나라의 동릉후(東陵候)였는데, 진(秦) 나라가 멸망하자 일개 포의(布衣)가 되어 장안(長安) 성문 동쪽에서 외를 심어 먹고 살았다. 그런데 그 외가 맛이 좋아 세상에서는 동릉과(東陵瓜)라고 불렸다고 한다.
186 고금의 황량한 길 : 좌사(左思)의 초은시(招隱詩)에 "지팡이를 짚고 은사를 부르노니 황량한 길이 고금에 가로놓였어라. 암혈에는 건물이 없고 구중에는 우는 거문고 있어라.[杖策招隱士 荒塗橫古今 巖穴無結構 丘中有鳴琴]"라고 하였다.
187 좌태충左太冲 : 태충은 진(晉) 나라 좌사(左思)의 자(字)이다.

船得塗字 余得今字 今已十許年 親知俱散在佗鄕 余與書船 居最遐僻)

물 흐르는 비탈 우거진 산굽이 험한 곳 다 지나니,
기다란 숲 맑은 냇물 경개가 홀연히 달라지네.
물가 집 울타리엔 옥수수가 넉넉하고,
객 머무는 숲속 집엔 바고[巴菰][188]가 많구나.
어부 나무꾼 다니던 흰 돌 깔린 다리를 가로질러,
문은 가을 산의 평원도平遠圖[189]를 마주했네.
다만 엄자릉처럼 숨기로[190] 일찍 약속했으니,
그대가 중년에 강호 누움이 반갑구려.

砯崖榛曲歷崎嶇 長薄晴川境忽殊
水屋編籬饒蜀黍 林齋留客足巴菰
橋橫白石漁樵路 門對秋山平遠圖
只爲羊裘曾有約 喜君中歲臥江湖

(서선은 옛적에 삼송정에서 살았는데 내가 벽에다가 시를 적어놓았으니 '문득 사립문을 나서면 저자가 보이니, 권하건대 그대는 호수나 바닷가에 초가집을 지으라.'고 하였다. 서선도 또한 '만년에 만약 강호의 뜻을 이룬다면 왕유의 그림 속에서 이집을 물어보리라.'라는 시구가 있었다. 고향의 전원에다가 집을 짓고 오래도록 함께 사귀고 노는 즐거움을 누리고자 했는데 이미 이윽고 중간에 모였다 흩어졌다 하여 안타깝게도 처음 마음을 져버렸다. 이제 서선이 강가에 사는 것을 보니 거듭 감회가 일어난다.)

---

188 바고[巴菰] : Tabacco의 음역(音譯)으로 담배를 뜻하는 담바고[淡巴菰]를 줄인 표현으로 추정된다.
189 평원도平遠圖 : 땅이 평탄하여 멀리까지 바라보이는 경치의 그림이다. '가을 산의 평원도를 대하고 있다'는 표현은 곧 그림처럼 아름다운 가을 산이 보인다는 의미이다.
190 엄자릉처럼 숨기로 : 엄자릉은 한(漢) 나라의 엄광(嚴光)으로 그는 자기 학우(學友)였던 무제(武帝)가 제위(帝位)에 오르자 변성명을 하고 세상에 숨어 양가죽으로 만든 옷[羊裘]을 입고 여울가에서 고기를 낚으며 일생을 마쳤다.

(書船昔家于三松亭 余題詩壁上有云 便出柴門見街市 勸君湖海結茅廬 書船亦有 晚年若遂江湖意 摩詰圖中問此家之句 意欲結屋鄕園 以永從遊之樂 旣已中間聚散 苦負初心 今見江居 重起感焉)

짙푸르던 귀밑머리 홀연 이미 듬성한데,
벽에 쓴 시 꿈 같으니 옛 숲속 집이구나.(일이 앞의 시에 보인다.)
갈매기 떼 저물 무렵 모래사장 자리 빌리고,
기러기 발자국은 자주 눈 위 글씨 옮긴다.
여기서 떠나가면 꼭 계령鷄嶺의 비 근심하리니,
어느 때나 이담鯉潭 고기를 함께 먹을꼬?
한스럽도다. 구월의 단산丹山 길로,
함께 못 살고 떨어져 혼자 사는 것이.

鬢髮靑蒼忽已疎 壁詩如夢舊林廬(事見前)
鷗群晚借沙頭席 鴻爪頻移雪上書
此去定愁鷄嶺雨 何時共食鯉潭魚
生憎九月丹山路 不就比居就索居

(임신년〈1812, 29세〉 9월에 서선과 단산丹山을 가보기로 약속을 하고 이어서 장차 그곳에서 살고자 하여 단산 여행을 드디어 결의했다. 나를 먼저 가라고 하고서는 서선이 뒤에 오고자 했는데 마침내 마음만 먹고 함께 하지 못했다. 함께 지내다 갈라져 90리의 먼 거리가 되었으니 일이 대개 여기서 시초가 되었다.)
(壬申九月 與書船約 作丹山行 因將卜居 其行遂決意 使我先之 書船後 竟有意而未就共自比居分張 作三舍之遠 事蓋崶於是)

가을 회포 쓸쓸함 어느 때나 가라앉으려나?

밤새도록 솔바람이 물소리와 싸우는구나.
동구에 갈 기약 있으니 내가 석장石丈[191]을 찾아갈 것,
산을 살 방도가 없어 돈을 모은다네.
깊은 계곡 저절로 숲 속 사슴 성품을 얻고,
슬픈 골짜기 야학野鶴[192]의 정 용납되기 어렵도다.
부러워라. 하담荷潭에서 춘삼월이 지난 뒤에,
비단 같은 푸른 벌판에 햇빛이 비치니.

秋懷寥落幾時平　終夜松風鬪水聲
入洞有期尋石丈　買山無術致錢兄
幽谿自得林麋性　哀壑難容野鶴情
却羨荷潭三月後　綠蕪如織有新晴

(단양의 곤궁하고 고달픈 모습이니 장차 옮겨 살 뜻이 있음을 보인 것이다.)
(是丹丘窮苦之狀 以示將有移居之意)

청산을 사랑하여 성에 들어가지 않았으니,
산의 푸르른 빛이 사립문에 가득 하네.
남쪽으로 돌아가는 맑은 시냇물을 보내고,
서쪽으로 내려감에 나지막이 석양이 밝아지네.
그림이 〈연강첩장도烟江疊嶂圖〉[193]의 뜻 이룰까 걱정하니,

---

191 석장石丈 : 기이한 돌을 말한다. 송(宋) 나라 미불(米芾)은 천성이 기이한 것을 좋아하였다. 일찍이 무위현(無爲縣)에 부임했을 때, 그 청사(廳舍)에 있는 기석(奇石)을 보고는 매우 좋아하여 즉시 의관(衣冠)을 정제하고 그 돌에게 절을 하고 매양 그 돌을 석장이라고 불렀던 데서 온 말이다.
192 야학野鶴 : 들에 사는 학을 말하니, 닭이나 오리 따위와 어울리지 않으므로, 은사(隱士)가 속세 밖에서 초연함을 비유한다.
193 〈연강첩장도烟江疊嶂圖〉: 송(宋) 나라 왕진경(王晉卿)의 연강첩장도로서, 연기가 끼인 강물에 첩첩이 쌓인 산을 그렸다.

(하장荷庄은 산을 띠고 물을 두르고 있어,〈연강첩장도〉의 뜻이 있다.)
고개 위 구름의 정情 시에 있음을 금할 수 있으랴?
(소동파의 시에 '아름다운 그대의 시 고개의 구름과 같다.'라는 구절이 있다.)
유난히 버들 뱃길 솔 언덕에 붙어 있음 생각하니,
절반은 막고자하고 절반은 평평하고자 하네.

因愛靑山不入城 卽看橫翠滿柴荊
南來穩送晴流轉 西下低收返照明
直恐畵成烟嶂意(荷庄帶山繚水 有烟江疊嶂圖意)
可禁詩有嶺雲情(坡詩謂君詩似嶺雲)
偏憐柳港緣松岸 半欲周遮半欲平

산과 들이 멀고 먼데 두 번 가을 지냈으니,
바람과 눈 덕에 조금이라도 머물렀네.
시가 옛사람 가깝기는 어려우나 끝내 속되진 않고,
가난이 맑음에 방해되진 않지만 마침내 시름일세.
짧은 삿갓 쓰고 화전火田 일굼이 새로운 일과요,
무성한 숲속에서 모임 가지니 요즘의 풍류로다.
강가 살며 닭 잡고 기장밥 넉넉하다 할 만 하니,
푸른 바다 향해 갈 작은 배를 마련하리.

山野迢迢兩度秋 相看風雪少淹留
詩難近古終非俗 貧不妨淸竟是愁
短笠燒畬新日課 茂林修契近風流
江居見說饒鷄黍 擬向滄溟具小舟

초가 엮음 원래 세속 시끄러움 피하려는 뜻 아니고,
일 생겨도 마음 편히 가져 모든 근심 사라지네.
산 가깝고 물 근처에 터 잡으니,
남과 짝해 낚시질 땔나무도 할 수 있구나.
콩밭에 풍년 드니 큰 배에서 소금 사고,
(주민이 콩으로 소금을 사니 곧 그 지방 풍속이다.)
대추나무 아래 시장에 곡식 익으니 초교와 접해있네.
(강은 속리俗離로부터 오니 강가의 토질이 대추에 적당하다)
다만 선경이 나를 놓아주지 않을까 두려워,
놓아줄 때 어찌 애써 나를 부르길 기다리랴.

結廬元不避塵囂　生事安心萬慮消
卜地近山兼近水　伴人能釣復能樵
豆田歲熟通鹽舶(居人以荳博鹽 卽土俗也)
棗市秋登接草橋(江自俗離來 江上土性宜棗)
只恐丹邱不放我　放時何待苦相招

누웠다 일어남 모두 타고난 정취인데,
시흥詩興을 조용히 스스로가 아는구나.
벽에는 안씨의 가훈이 걸려 있고,
(내 집에 《안씨가훈》 1권이 있다. 서선이 일찍이 빌려가 보았는데, 그중 10여 조목을 뽑아서 써서 벽에다 걸어 두었다. 그동안 이사해 옮겼으나 옛 종이가 그대로 벽 오른쪽에 있었.)
책상에는 장공長公의 시 모여 있네.(책상에 소동파의 시가 있다)
초목과 서로 성정性情이 통하고,
호산湖山은 살쩍과 눈썹을 비춘다.

응당 바람 불고 눈 오는 밤,
글을 보는 시간 더해 주리.

臥起皆天趣 文心靜自知
壁留顏氏訓(余家有顏氏家訓一卷 書船嘗借觀 採其言十餘則 書揭壁上
間經遷徙 見古紙依然在壁右) 牀蓄長公詩(案有坡詩)
草木通情性 湖山照鬢眉
只應風雪夜 添得看書時

색色은 은미한 말로부터 얻어지고,
맛은 응당 참으로 실천하는 데 더해지리.
안개와 구름 읊으니 시도 함께 윤기 나고,
물과 대나무 그리니 모두가 세밀하네.
바람 소리는 심안心眼을 통하게 해주고,
둥근 달빛은 손가락 끝에 있도다.
사람과 거문고는 이제 적막해졌고,[194]
강 이슬은 푸른 갈대에 가득하다네.

色自微言得 味應眞踐添
煙雲詩共潤 水竹畫俱纖
虛籟通心竅 圓光在指尖
人琴今寂寞 江露滿蒼蒹

---

194 사람과 …… 적막해졌고 : 진(晉) 나라 왕헌지(王獻之)가 죽었을 때 왕휘지(王徽之)가 빈소로 달려가 곡(哭)도 하지 않은 채 곧장 영상(靈牀) 앞으로 가서 왕헌지의 거문고를 끌어당겨 연주하였다. 그러나 아무리 오래 타도 조화로운 소리가 나지 않자, "아, 자경(子敬)이여, 사람과 거문고가 모두 사라졌구나.[子敬子敬 人琴俱亡]"라고 탄식하였는데, 먼저 죽은 사람에 대한 애도의 심정을 나타내는 고사로 쓰인다.

한가로운 해 비치는 기원杞園에서,
그대의 우울한 마음 달래준다.
(집 뒤 작은 동산에 기나무[杞樹]가 많다. 이로 인해 스스로 호를 지었다 한다.)
그 지방민 가난해 그 열매를 먹고,
초가집은 깨끗하여 수풀과 어울리네.
누런 기나무 열매는 엷은 가을빛 사랑하고,
푸른 나무 짙은 들빛을 좋아한다.
내가 온 때는 세밑이니,
눈보라에 높은 곳 오르니 쓸쓸하구나.

閑日杞園上　慰君幽鬱心（家後小園多杞樹　因以自號云）
土人貧食實　茅屋淨宜林
黃愛秋陽薄　靑憐野色深
我來當歲晚　風雪悵登臨

눈 오는 하늘이 바다와 같고,
돌아갈 생각에 앞이 온통 희미하다.
나그네는 어담魚潭의 밖에서 잠자는데,
집안 편지가 죽령 서쪽에서 왔도다.
엷은 구름 낀 날엔 험한 길이 걱정되고,
경사진 비탈길은 소 발굽을 시험한다.
거듭 부럽도다. 산음山陰의 정자에,
가벼운 배를 그날 밤에 이끌고 온 것이.[195]

195　산음山陰의 …… 것이 : 진(晉) 나라 왕휘지(王徽之)가 눈 내린 밤에 친구 대규(戴逵)가 갑자기 보고 싶어서 산음(山陰)에서 배를 저어 섬계(剡溪)의 그 집 앞까지 갔다가 돌아왔다는 고사가 있다.

雪天如積水 歸思望全迷
客睡魚潭外 家書竹嶺西
凍雲愁鳥道 深磴試牛蹄
重羨山陰榭 輕舟卽夜携

205-208 정월 보름날의 풍습 上元雜截

판의 무늬 스물아홉 구멍이 숭숭 뚫려,
노盧와 독犢[196]을 외쳐대던 나머지인가 싶네.
(노와 독이 놀이에서 좋은 것이다.)
아이 장난 마땅히 한계가 있어야 하니,
한 해 농사 풍흉이야 어이 저와 관계하랴.
(사목희四木戲[윷놀이]를 풍속에서는 정월 보름으로 한계를 삼았는데 '이때를 지나도록 그치지 않으면 이해에 풍년이 들지 않는다.'고 한다)

枰紋卄九孔疎疎 恐是呼盧喚犢餘(盧犢博塞采)
兒戲秖應防限在 歲功豊儉豈關渠
(四木戲 俗以上元爲限 過此而不輟 是歲不登云)

마을마다 나무 우거진 옛 성 동쪽에,
연 종이에 이름 써서 저녁 바람에 날리도다.

---

196 노盧와 독犢 : 옛날에 목제(木製)의 투자(骰子) 다섯 개를 가지고 하는 저포(樗蒲)라는 놀이가 있었는데 이것은 다섯 개의 투자마다 양면(兩面)의 한쪽에는 흑색(黑色)을 칠하고 송아지[牛犢]를 그리고, 또 한쪽에는 백색(白色)을 칠하고 꿩[雉]을 그렸으며 이 다섯 투자를 한 번 던져서 모두 흑색을 얻는 것을 노(盧)라 외치는데 이것이 가장 승채(勝彩)가 되는 데서 온 말이다.

(풍속에 정월 보름날에 종이 연을 날려 보내는데 연 뒤에 주인의 성명을 써놓아 병과 재앙을 소제해주길 빌었다.)

오늘 밤에 병과 재앙 없애 달라고 말하면,
쓸쓸하게 손 가운데의 얼레가 텅 비누나.

無村無樹古城東　鳶紙書名放晚風
(俗以上元日　放紙鳶　鳶背書主人姓名　祝消除疾厄)
道是今宵消疾厄　手中怊悵線車空

떼를 지어 들불 피워 빙 둘러싸,
우레 같은 함성 함께 돌이 날아다닌다.
(우리의 풍속이 정월 보름에 돌싸움이 있었다. 매년 시내 남북 마을 아이들이 떼를 지어 진을 만들어 장차 싸우고자 할 때 먼저 들불을 놓았다.)
물 북쪽 물 남쪽이 만촉국蠻觸國[197]이 되나,
다음날 아침에는 기쁘게 웃으며 사이좋게 지내네.

叢叢野燒綴成圍　雷喊聲來石子飛
(東俗有上元石戰　每年溪南北村童　結隊爲陳　將戰先燒野火)
水北水南蠻觸國　明朝歡笑兩依依

푸닥거리 남은 풍속 영등을 섬기나니,
(풍속이 바람 귀신을 섬기니 이름을 영등靈登이라 한다. 매년 상원에 높은 장대를 옥상에 세워 위에다 곡식 주머니를 매달아 이엉으로 덮었다가 2월 초하루가 되면 내려서 제사에 바친다.)

197　만촉국蠻觸國 : 서로 싸우는 나라이다. 와우(蝸牛) 즉, 달팽이의 두 뿔에 만(蠻)과 촉(觸)이라는 나라가 각기 자리 잡고서 하루가 멀다 하고 피를 흘리며 서로 싸운다는 이야기가 《장자(莊子)》〈칙양(則陽)〉에 나온다.

집 지붕 긴 장대에 화수火樹[198]가 이어졌네.
위에는 이엉 덮어 버섯 모양 똑같으니,
그 속에는 나락이 열 되나 들었단다.

賽神遺俗事靈登
(俗事風神名靈登 每年上元 竪高桅於屋上 上寘穀囊 覆以薰編 至二月初一日 降以供祭)　屋角長竿火樹仍
上覆薰編如菌子 箇中羅祿十來升

209 옥수수 玉蜀黍

마디 따라 열매 달려 이삭 거둠 틀림 없어,
한 줄로 길을 내어 채소 밭에 심었구나.
힘들게 일 천 개의 구슬을 맺었으니,
낱알마다 흰 머리털 그 속에 머금었네.

逐節懷胎斂穗精　一行行傍菜畦生
辛勤結得珠千顆　顆顆含將白髮莖

---

198 화수火樹 : 의미가 분명하지 않다. 불을 붙인 나무로 추정된다.

210 섣달 그믐날 밤 除夕

새벽 종 울기 전에 재실 등불 비치니,
오만 가지 정회가 백주柏酒[199] 곁에 피어난다.
뜬세상 어느 때고 지나간 날 아니겠나?
오늘밤 하루만 자면 새해를 맞겠구나.
호해湖海로 사람 보낸 뒤 매월梅月이 지났는데,
교외에서 병으로 머물며 눈 오는 날 견디누나.
작은 집을 남쪽 성 아래 새로 사서,
뜰의 풀이 저절로 푸르러짐 기다리리.

齋燈留照曉鍾前　種種情懷柏酒邊
浮世何時非往日　今宵一宿是佗年
送人湖海經梅月　淹病郊墟耐雪天
新買小堂南郭下　待看庭艸自蒼然

211-218 정운리에게 주다 贈鄭雲里

내 사모하노니 정 선생은,
마음이 산과 함께 한가한 사람이네.
전부터 원래 벗이 많지 않거늘,
하물며 높은 곳에 올랐음에랴.

---
199 백주柏酒 : 설날에 어른에게 세배를 드리며 사기(邪氣)를 쫓기 위해 가족들이 돌려가며 마시던 술로, 백엽주(柏葉酒)라고도 한다.

송옥宋玉의 슬퍼함[200]을 속절없이 지녔고,
장주莊周의 꿈[201]은 이미 깨어났다네.
어이해야 난새와 학을 타고,[202]
채색 구름 사이에서 휘파람 불어볼까?

吾慕鄭夫子　心將山共閑
從來少儔侶　況此獨躋攀
宋玉悲空在　莊周夢已還
何方跨鸞鶴　一嘯彩雲間

긴 여름 농가에서 하는 일이,
가을 오면 잠깐은 한가해지지.
푸른 하늘에 생각 함께 멀어지니,
가파른 비탈 가다 부여잡고 오른다.
석양에 학은 빙빙 돌면서 앉고,
긴 숲을 강물이 안고 도는구나.
높은 곳 올라보니 절로 쓸쓸해,
세상 사람 한가함을 문득 깨닫네.

長夏田家事　秋來得暫閑
碧天思共遠　懸磴走仍攀
落日鶴盤下　脩林抱川還

---

[200] 송옥宋玉의 슬퍼함 : 송옥은 전국(戰國) 시대 초(楚) 나라의 문인으로 굴원(屈原)의 제자이기도 하다. 송옥의 슬픔이란 곧 그가 일찍이 가을을 슬퍼하는 뜻으로 〈구변(九辯)〉을 노래한 데서 온 말이다.
[201] 장주莊周의 꿈 : 호접몽(胡蝶夢)과 같은 말이다. 장자가 꿈에 나비가 되어 훨훨 날아다녀 자신이나 세상일을 완전히 잊었다고 하였다.
[202] 난새와 학을 타고 : 이 구절은 신선이 된다는 의미이다.

登臨自怊悵 超悟世人閑

이지러진 달빛은 퍽 정이 많아,
자주 조용한 곳으로 돌아오네.
들 안개는 비스듬히 비껴 있고,
나뭇잎은 가만히 날아서 온다.
벌레 소리 사람을 늙게 하건만,
샘물 소리 어이해 재촉하느냐?
감회 있어 시 짓고자 하나,
바람 이슬 드넓어 가늠 어렵네.[203]

缺月偏多意 頻從靜處廻
野煙橫自在 林葉暗飛來
蟲語令人老 泉聲爲底催
有懷詩欲就 風露浩難裁

이 마음 원래 희고 깨끗하며,
가을달 더욱 사사로움 없도다.
풀과 나무는 샘물 소리 머금었고,
은하수는 이슬에 비치누나.
아름다운 경치를 늘 혼자서 깨닫고,
초탈한 흥취는 누구에게 자랑할까?
산음山陰의 밤[204]을 생각하니,

---

203 바람 …… 어렵네: 이 부분은 송(宋) 나라의 육유(陸遊)의 시 〈칠월십사야관월(七月十四夜觀月)〉의 "不復複微雲滓太淸 浩然風露欲三更."을 연상시킨다.
204 산음山陰의 밤: 진(晉) 나라 왕휘지(王徽之)가 눈 덮인 달 밝은 밤에 산음(山陰)에서 홀로 술을 마시다가, 불현듯 섬계(剡溪)에 있는 벗 대규(戴逵)가 보고 싶어지자, 밤새도록 배를 몰고 그 집 앞에까지

가벼운 배가 눈꽃을 실었으리라.

此心元皎潔 秋月更無邪
艸樹含泉韻 星河泛露華
境佳常獨悟 興逸向誰誇
政憶山陰夜 輕舟帶雪花

밝은 달밤에 만나 논 뒤로부터,
외로운 촛불 아래 그리워하며 잠 못 이루네.
이 뜻을 아마도 저버리기 어려우리,
오늘밤 또 달은 저렇게 둥그렇도다.
평평한 들에 차가운 달빛 쏟아지려 해,
숲 우거지나 공교롭게 달빛 뚫고 들어오네.
쓸쓸하도다. 동강에서 놀고자 한 약속이여,
안개 낀 강은 질펀히 넓고 넓도다.

自從明月後 孤燭耿無眠
此意應難負 今宵又許圓
野平寒欲瀉 林密巧容穿
怊悵東江約 烟波漫浩然

온갖 나무 처음으로 쇠락해 떨어지니,
한적한 산 저절로 소리를 내는구나.
밤 서늘해 나그네가 회포를 더하니,
노래는 짧아도 가을 정취 쏟아내네.

갔다가 그냥 돌아와서는, 흥이 일어나서 찾아갔다가 흥이 다해서 돌아왔다고 말한 고사이다.

가랑비가 담담해 장차 날 개려 하고,
가을 곤충 이따금 한 번씩 우는도다.
강직한 그대를 생각하고 있으니,
아마도 꿈에서는 분명히 날 보리라.

萬木初銷落　空山自作聲
夜涼添客抱　歌短瀉秋情
微雨澹將霽　寒蟲時一鳴
正懷人耿介　應有夢分明

쇠잔한 별 뜬 밤에 기러기 떼 비껴 가니,
어찌 홀로 난간에 의지할 수 있으리.
예전부터 가는 해에 느낌이 있어서지,
가벼운 추위를 두려워서가 아니라네.
달을 향한 국화꽃은 윤기가 흐르고,
서리 날자 고운 잎이 둥그렇다.
멀리서 짐작건대 봉익생鳳翼笙을 불면서,
소나무 아래서 조용히 서성거리리.

橫雁殘星夜　那堪獨倚欄
從來感徂歲　不是怕輕寒
向月黃化潤　飜霜錦葉團
遙知吹鳳翼　松下靜盤桓

가을 바람 속에서 자다가 일어나니,
문 앞에 잎이 지고 있도다.

산에 사니 그저 이러한데,
가을 기운 홀연히 삼엄해졌네.
쌓인 돌에 차가운 물 급히 흐르고,
한적한 숲 조각달이 걸려있도다.
세 신선이 오가던 곳에서,
서늘한 날 휘파람 한 번 불려 하네.

睡起西風裏　門當落葉邊
山居聊乃爾　秋意忽森然
疊石寒流急　空林缺月懸
三仙來往處　一擬嘯凉天

219 감영지정 鑑影池亭

버드나무 어둑어둑 비가 와 시원한데,
밤바람이 숲 속 연못 불어 주름지누나.
백로와 부들잎, 모래 언덕 가까이 있고,
거미줄과 외꽃은 집 담장을 덮었구나.
깊은 골목 밥을 싸서 다닌 사람 없고,
좋은 이웃 도리어 객 머무른 향기가 있네.
물가에서 술 마시니 온갖 근심 없어져,
제후 안 되어도 취향醉鄉[205]에 이른다네.

---

205 취향醉鄉 : 술에 얼큰히 취해 느끼는 즐거운 경지이다.

欅柳陰陰送雨凉　暗風吹綠皺林塘
鷺絲蒲葉偎沙岸　蛛網瓜花覆屋廡
深巷正無人裏飯　芳隣還有客留香
臨流對酒千憂散　不待封侯到醉鄕

220-225 북동 北洞

길은 솔 사이로 들어가 가늘어지고,
시내 따라 가는 곳도 많아졌네.
사립문 단 곳은 모두 정자亭子이고,
산새는 스스로 피리 소리 내는구나.
비록 해마다 이를 수가 있지만,
어찌 나무마다 지날 수가 있으랴?
미치광이처럼 다만 날을 마치니,
달이 밝은데 마땅히 어찌하리오.

路入松間細　緣溪去處多
柴門盡亭閣　山鳥自笙歌
縱得年年到　何能樹樹過
顚狂秖竟日　當柰月明何

꽃동산을 두루 다니질 못했는데,
봄비는 저물녘에 많이 내리누나.
그저 밭일하는 사람과 알고 지내며,

조용하게 나무꾼 노랫소리 들어 본다.
솔바람 소리 서로 부서져 떨어지고,
샘물 소리 잔잔히 스쳐 지나간다.
푸른 풀은 다시 깔고 앉을 만하나,
옷소매가 축축이 적시는데 어찌하리오.

芳園行未遍　春雨晚仍多
聊與圃人識　靜聽樵者歌
松聲交碎滴　泉響細添過
青草更堪藉　其如沾濕何

빗소리 속에 오고 갔고,
들쭉날쭉 사람 일은 많았네.
이름난 동산도 되려 이지러진 세계니,
어느날 이별 노래 부르지 않으리?
술 사 마심 어찌 뜻 없었으랴,
꽃 보며 아마도 홀로 지내네.
봄날의 진흙탕 오교午橋의 길,
어둠 짙어지는데 이르러 어찌하리오.

去往雨聲裏　參差人事多
名園還缺界　何日不離歌
賖酒豈无意　看花應獨過
春泥午橋路　曛黑到如何

이번 길에 돌아간 듯해 잠시동안 기쁜데,

성곽을 벗어나 교외 들판으로 나간다네.
안개는 시내 굽이 비끼고 마을마다 고요한데,
비는 꽃가지 스쳐 줄기줄기 적시는구나.
비록 멋스러이 연회의 떠들썩함은 적으나,
흥취가 나물과 물고기에 있음 잘 알겠네.
어렴풋이 하얀 돌다리 있는 서쪽 길은,
바로 전년에 이틀 묵었던 곳이었지.

暫喜此行歸去如　得離城郭出郊墟
烟橫澗曲村村靜　雨過花梢陳陳踈
縱少風流喧竹肉　深知滋味在蔬魚
依依白石橋西路　還是前年信宿餘

아침 꽃 막 따뜻해져 갠 빛이 내리쬐고,
조각조각 가벼운 안개 나뭇가지 걸려있네.
우선 수레 북동에 들어오지 않았을 때,
일찌감치 행장 꾸려 두루 시내 찾는구나.
오이 심은 물 울타리 안에서 하늘거리고,
술 살 사람 외나무다리 서쪽을 지나간다.
무슨 일을 다른 날에 기억해 둘 만할까?
돌가에서 가부좌하고 꾀꼬리 소리 듣누나.

朝花初煖霽光齊　段段輕煙樹梢棲
且趁輪蹄未入洞　早將筇屐遍尋溪
種瓜水裊籬笆內　買酒人過略彴西
何事佗時堪記得　石邊趺坐聽鶯啼

골짜기 입구 다리 옆에 말 나란히 멈추니,
주민들 대낮에 그윽한 거처 잃었네.
손이 오고 감은 전혀 부질없는 일이나,
꽃은 피고 지는 그대로의 시내라지.
돌아갈 길 두 버들 너머로 나뉘어 있고,
석양이 먼저 일만 소나무 서쪽에 있네.
세상 물정 청산 속에서 다 겪으니,
봄 지난 뒤 꽃다운 숲에 새들만 지저귄다.

谷口橋邊立馬齊　居人當晝失幽棲
客來客去渾閑事　花落花開自一溪
歸路正分雙柳外　夕陽先在萬松西
世情閱盡靑山裏　春後芳林但鳥啼

226-229 그대를 보내고 겸하여 봄을 보내다
送君兼送春

날리는 꽃과 바람 속의 나비,
서로 쫓아가며 임동林洞을 지나간다.
날리는 꽃은 오히려 쫓아갈 수 있으나,
날아가 버리면 무엇을 갖고 놀까?
가는 사람 늦게서야 도읍을 나서니,
들 푸름이 꿈보다 혼미하게 하는구나.
만약 술이 수심 없앨 수 있다면,

어찌 천 동이의 술 기울이지 않겠는가?
바라보니 참으로 멀지 아니한데,
강변길에 구름 낀 산이 많도다.
다시 만날 날 분명하지 않지만,
칠월이나 팔월 쯤이겠지.
이별한 뒤 기나긴 여름날,
쉬이 보내는 봄만 같지 않으리.

飛花與風蝶 相逐過林洞
花飛尙可逐 飛盡欲何弄
歸人晩出都 野綠迷於夢
可使酒消愁 豈不窮千甕
相望諒非遠 江路雲山衆
前期未分明 秋孟戒秋仲
別後夏日長 不如春易送

봄빛이 참으로 가버렸으니,
성 위의 해 이미 어둑해졌도다.
술동이 앞으로 가길 멈추지 아니하고,
다시 길 위에서 이별을 재촉하네.
무정한 것은 오직 푸른 풀이요,
남은 한은 엷은 구름 있는 듯.
역으로 가는 길은 버들꽃 너머이니,
어찌 또 그대 바라볼 수 있으리.

春光眞去也 城日已沈曛

不向樽前駐 還催陌上分
無情惟碧草 餘恨有輕雲
驛路楊花外 那堪又望君

쓸쓸히 날리는 꽃 밤에 주렴 치는데,
물시계가 어찌 다시 새벽 향해 가는가?
어떤 산 어떤 물이 묵은 자취가 아니랴.
많은 비바람도 또한 지나가 버린 것.
영혼은 미친 나비 같아 향기와 함께 적막해졌고,
마음은 늙은 누에 같아 실마리 따라 가늘어졌다.
가인佳人은 점점 좋은 시절과 멀어지니,
내일은 배에서 두 가지 한恨 겸하누나.

怊悵飛花夜撲簾 漏籌那更向晨添
何山何水非陳跡 多雨多風亦往嫌
魂似蝶狂香共寂 心如蠶老緒仍纖
佳人漸與芳時遠 明日舟中兩恨兼

광나루 향기로운 풀 사람 시름 젖게 하니,
짙은 풀빛 강에 가득 새롭기 그지없네.
고향에 봄과 함께 돌아간다 말 말아라,
고향 가 어찌 다시 봄 붙들게 할 수 있으랴.

廣津芳草正愁人 濃綠連江一望新
莫道還鄕春作伴 還鄕那得更留春

230-231 운정집의 시에 차운하다 次雲汀集韻

돌아갈 배 매어 놓고 비 갤 때를 지켜보고,
술친구 다시 만나 봄날 도성 바라본다.
달려가는 절기 차례는 꽃들을 따라가고,
요란한 정회는 새소리에 맡겨두네.
바람과 달 나의 죄 용서해 주겠는가?
구름산은 항상 제 맹세 저버릴까 두려워한다.
어르신 근력이 지금 아직 건장하시니,
솔 아래 말 내려 걷던 모습이 기억나네.
(이상은 윤남고尹南皐에게 올림)

留繫歸舟閱雨晴　重携酒伴望春城
驅驟節序隨花陣　撩亂情懷任鳥聲
風月可能容我罪　雲山常恐負渠盟
丈人筋力今猶健　記取松間下馬行
(右呈尹南皐)

누차 제공諸公 칭찬을 받았으나,
언제 내 시에 신묘함이 들었으랴?
맑은 바람 전별 자리에서 일어나고,
단비는 농사꾼들 위안하네.
외진 곳이라 교류가 적어지고,
계절 변해 나그네 생활 새롭구나.
저물녘에 복사 오얏나무 아래를 지나가니,
오히려 남은 봄이 있는 듯하다.

屢見諸公賞 何曾詩入神
淸風生餞席 好雨慰農人
地僻交遊罕 時移客味新
晩過桃李下 猶似有殘春

232-241 봄 기러기 春雁

끼룩끼룩 기러기 소리 침상에 들리나니,
남쪽 북쪽 가면서도 무리 안 떠나 부럽구나.
어찌하여 홀로 고향 가고픈 나그네는,
봄날의 물 멀어지고 저문 구름에 막혔는가?

嘹唳聲來枕上聞 羨伊南北不離群
如何獨有思歸客 春水迢迢隔暮雲

북으로 간다고 어찌 고향 있으랴.
그저 바람 이슬과 연기 서리 때문이지.
나는 새는 모두 집 짓는데 얽매여서,
그물 걸리고 새장 갇힘 면치 못하네.

北去何曾有故鄕 等閑風露與烟霜
飛禽摠爲營巢累 羅網樊籠未遠防

늦가을에 낙엽 기러기 소리 함께 들리니,

봄철에 한 번 지난해 무리 보낸 적 있지.
하늘 끝 풀빛은 물보다 푸르러서,
내리려다 밤 구름 속 우는가 의심하네.

秋晚曾和落葉聞 一番春送去年群
天涯草色多於水 欲下還疑叫夜雲

볕 따르길 약속하고 물로 고향 삼으니,
가볍고 엷은 털이 서리를 못 견딘다.
꼭 중천에 이르면 봄은 이미 한창이라,
남쪽 생각 북쪽 한은 둘 다 막기 어렵다네.

隨陽爲信水爲鄕 輕薄翎毛不耐霜
恰到中天春已半 楚思燕恨兩難防

소상강 비파소리[206] 듣지 못해서가 아니라,
성품이 온갖 새들 우는 소리 괴롭게 여기지.
한 번 남명南溟[207]에 이르면 돌아올 날 없으니,
큰 붕새 무슨 뜻으로 구름처럼 날개 펴는가?

---

206 소상강 비파소리 : 순(舜) 임금의 비(妃) 아황(娥皇)과 여영(女英)이 타는 비파의 소리를 말한다. 아황 여영 자매가 상수(湘水)에 빠져 죽어 상부인(湘夫人)이 되었다 한다. 《초사(楚辭)》〈원유(遠遊)〉에 "상령으로 하여금 비파를 타게 한다.[使湘靈鼓瑟兮]"라고 한 데서 온 말인데, 상령이란 바로 순 임금이 창오(蒼梧)의 들에서 붕어(崩御)했을 때 소상강(瀟湘江)에 투신자살한 순비(舜妃)의 영혼이라고 한다.

207 남명南溟 : 《장자(莊子)》〈소요유(逍遙遊)〉에 나오는 남쪽 바다이다. 북명(北溟:북쪽 바다)에 길이가 몇천 리나 되는지 알 수 없는 큰 물고기가 있는데 그 이름이 곤(鯤)이다. 이 곤이 화(化)하여 새가 되는데, 그 이름이 붕(鵬)이다. 이 새가 남명(南溟)으로 옮기려면 물 위를 3천 리를 치고 달리다가 날아 올라 6개월 동안 9만 리를 날아가 쉬게 된다.

非緣湘瑟不堪聞 賦性偏勞百鳥群
一到南溟無日返 大鵬何意翼如雲

일찍이 바람 타고 변방으로 향해가니,
서리보다 시린 봄철 감당하지 못하네.
약속이나 한 듯 떠나는데 뉘 기다리랴?
이 몸에 기심機心 없어야 한계에서 벗어나지.

早被風欺向塞鄉 不堪春月冷於霜
行如有約誰相待 身是無機也解防

하늘 넓어 기러기 소리 일일이 들을 길 없고,
누각 높아 저 멀리 두세 무리 알 수 있네.
봄바람에 떼를 지어 시름에 끌려 가니,
반은 봄 강 절반은 구름으로 들어간다.

天闊无由一一聞 樓高遙認兩三群
東風陳陳牽愁去 半入春江半入雲

온 천지가 강호라서 모두가 고향인데,
왜 저렇게 비서리를 견디면서 방황하는가?
바로 기일과 노정을 어길 수 없으니,
사람에게 한계 있음 어찌할 수 없네.

江湖滿地摠宜鄉 爲底徊徨閱雨霜
似是期程違不得 有生無柰有隄防

물고기 벼 풍성한 고향 몇 번 소리 들었는가?
안개 속 도롱이 입고 너와 벗 되었지.
쪽배 타고 조만간에 응당 남쪽 가리니,
부들 무성한 빈 물가에서 저녁 구름 바라보리.

魚稻鄕中幾度聞　烟簑曾與爾爲群
扁舟早晚應南去　空渚菰蒲望夕雲

돌아올 땐 향초가 호남에 널렸었는데,
오는 날에 가벼운 구름 서리 덮고 있으리.
기러기가 해마다 울면서 지나가니,
사람들의 흰 머리를 뉘 막을 수 있겠는가?

歸時芳草遍湖鄕　來日輕雲定護霜
每一年隨一聲度　敎人頭白有誰防

242-243 수봉의 집에서 함께 읊다 數峰家共賦

살구 뺨은 동글동글 버들가지 늘어졌는데,
거센 바람 너무 심해 부지하기 어렵겠네.
해마다 이별의 한 강엄의 부賦[208] 같고,
곳곳마다 괜한 시름 하주賀鑄[209]의 사詞 같도다.

208　강엄의 부賦 : 남조 양(南朝梁)의 강엄(江淹)이 지은 〈별부(別賦)〉를 가리킨다.
209　하주賀鑄 : 송(宋) 나라 문인(文人)인 하주로 자는 방회(方回)이다. 그는 일찍이 승사랑(承事郞), 사

비 내리는 가운데 봄 경치는 저물었고,
취중에 돌아갈 꿈 기억했다 잊어버리네.
만난 사람 정다우니 뉘 집 자제런가?
비록 가난하나 닭 기장 마다하지 않으리.

杏頰團團柳線垂　狂風太放恐難持
年年別恨江淹賦　處處閑愁賀鑄詞
雨裏春光行已暮　酒中歸夢記還遺
逢人款款誰家子　鷄黍雖貧也不辭

봄빛 많지 않으나 한 해를 주관하니,
매화가 진 뒤요, 연화楝花 피기 전이로다.
세월은 산을 위해 마치 웃는 듯하고,
바람 힘은 도리어 잠들려는 버들을 방해한다.
병 앓다 일어나니 뜰에는 고운 풀 둘렀고,
술이 깰 때 석양은 유난히 아름답네.
큰소리로 노래하며 지음 적음 스스로 아니,
좋은 벗 못 만나도 멋대로 하지 않으리.

春色无多管一年　梅花飛後楝花前
年光似爲山如笑　風力還妨柳欲眠
病起庭除芳草遍　酒醒時候夕陽偏
高歌自信知音少　不遇良朋不放顚

주통판(泗州通判) 등을 역임하고는 바로 벼슬에서 물러난 뒤 일생을 독서로 유유자적하였다. 그는 시에 능하였고 특히 사(詞)에 뛰어났다고 한다.

244-245 동천을 만나다 逢洞天

꽃에 미쳐 오래도록 내 모습 잊고자 해,
나그네 생활 속 봄 지나갔음 이미 알았노라.
푸른 산에 흙비 걷힘 잠시나마 기쁘고,
농사철에 이성犁星[210] 없어져 홀연히 놀란다.
좋은 벗은 시 빼놓고 만날 수가 없고,
이별의 한은 술 마셔 조금 잊을 수 있도다.
동쪽 성에 푸른 버들 많다고 하니,
꾀꼬리 우는 시절 그대와 함께 듣자구나.

癡花久欲忘吾形　已分春從客裏經
乍喜山姿收土雨　忽驚農候沒犁星
良朋未可除詩得　離恨差能向酒停
聞道東城饒柳色　鶯啼時節與君聽

수심이 풀빛 함께 멀어졌다고 하더니,
혼이 달빛 향해 없어진 걸 어찌 알리오.
이름난 동산 꽃 천 그루 모두 가뒀지만,
예쁜 새들 버들가지에서 울기 멈추었네.
강호가 막혔으니 먼 고향 꿈을 꾸고,
비바람이 좋은 아침 해치지 않길 비네.
타향에서 벗 사귀면 끝내는 이별 많으니,

210　이성犁星 : 28수(宿)의 하나로, 쟁기의 형상과 비슷하여 이런 이름이 붙었다. 흔히 삼성(參星)이라고 한다. 오리온 좌(座)에 속한 남쪽 세 개의 별과 그 부근의 별들을 가리키는데, 이 별자리가 보이면 농사를 시작한다.

가는 기러기 만나 시 짓고 푸른 하늘 본다.

只道愁將草色遙 那知魂向月中消
名園鎖盡花千樹 好鳥啼休柳幾條
隔是江湖勞遠夢 乞無風雨度芳朝
他鄕結友終多別 歸鴈詩成望碧霄

246-248 영수 물가의 봄밤 潁湄春夜

산 위의 달 꽃과 함께 고요하니,
들의 구름 여름 초입에 어둑하다.
동쪽 성에 비어있는 땅 넉넉하고,
초가에도 모두 큰 정원 있구나.
술이 깨니 꿈꾸기도 어렵고,
시를 지어 할 말을 다했네.
올해 예주藥洲에서 온 나그네.
또 물가 마을에서 자고 있다.

山月與花寂 野雲交夏昏
東城饒散地 茅屋盡名園
酒醒難爲夢 詩成自解言
今年藥洲客 又宿水邊村

살구꽃이 온통 환하니,

마을이 어둡지가 않구나.
저자 파하니 사람은 초야로 돌아가고,
밭 갈기를 멈추니 송아지가 내려온다.
시냇가 거닐며 비 올 듯 알고,
숲에서 읊으며 새 울음에 답하네.
다른 날 신선 세계로 돌아갈 적,
고개 돌려 동곽촌東郭村을 바라보리라.

杏花都是白　墟落不曾昏
市散人歸草　耕休犢下園
澗行知雨意　林咏答禽言
他日歸丹上　回頭東郭村

한 철 봄이 하룻밤을 지낸 것 같으니,
바람 끌어 꽃을 날려 멀리 보내누나.
간 곳마다 밝은 달빛에 술기운이 오르고,
예로부터 버들 늘어진 다리가 서글펐지.
한가한 이와 멋 아는 이 마침내 뜻 맞고,
먼 길과 세월은 서로를 봐주질 않네.
이별 뒤에 높은 누각 다시금 오르지 말라,
비록 사방 둘러봐도 또한 부르기 어려우리.

一番春似一經宵　風引飛花度眼遙
行處普騰明月酒　古來怊悵綠楊橋
閑人韻士終相得　長道流光兩不饒
別後高樓休更上　縱然四望亦難招

249-251 송릉에서 동천을 찾아가다 松陵訪洞天

봄밤에 그대 집에서 자나니,
동쪽 시냇가 수양버들 사이로다.
그대 새 거처 시가지에 가까우니,
서로 대하며 구름 낀 산 생각하네.
저무는 해에 만남 이별 잦으니,
외진 시골이라 왕래가 적구나.
모름지기 사람 보내 소식 전해주어,
사립문 닫고 있는 나를 위로해다오.

春夜君家宿　東溪垂柳閒
新居近街市　相對憶雲山
暮歲多離合　遐鄕少往還
須憑人寄信　慰我掩柴關

비 오는 가을날 그대 찾아가니,
좋은 정자 나무 사이에 가려 있었지.
샘 물줄기 어둑한 길 옆 흐르고,
누런 잎새 쓸쓸한 산에 가득하네.
우두커니 서 있으니 이웃 물어도,
홀로 들 풍경 속 갔다 돌아온다네.
송릉松陵의 길 이제금 알았으니,
그윽하고 조용하기가 내 고향 같도다.

秋雨訪君去　名亭掩樹閒

細泉流暗逕 黃葉擁寒山
久佇比人問 孤行野景還
松陵今識路 幽聞似鄕關

붉은 감 누런 배에 소박한 흥취 일어,
옻칠한 쟁반 술 차려 이별 잔치 벌렸구나.
정자에는 뉘엿뉘엿 저녁 햇빛 지나가고,
강변 멀리 떠나는 기러기는 가볍도다.
시율이 감히 당대 훌륭함 비할까마는,
벗 사귐은 진인晉人의 맑음과도 같구나.
그대 잠깐 만났으나[211] 오랜 벗처럼 반가운데,
다만 타향 꿈속에도 그리는 정 어찌하리오.

柿赤梨黃野趣生 髹盤置酒別筵成
亭臺冉冉斜陽度 江國迢迢去雁輕
詩律敢方唐代盛 朋交頗似晉人淸
感君傾蓋歡如故 只奈他鄕夢裏情

252 가을의 흥취 秋興

서리 바람 날로 세짐 싫진 않지만,
가을 더워 자주 비와 후덥지근함 근심하네.

---

211 잠깐 만났으나 : 원문은 경개(傾蓋)로, 경개는 수레를 멈추고 일산을 기울인다는 뜻이다. 길에서 잠깐 만나는 것을 말한다.

또 남은 구름 불어 다 가길 기다려,
중천에 뜨는 둥근 달 보기가 좋구나.
호방한 정취는 술과 같이 농후함을 믿으니,
차기가 얼음 같은 야박한 풍속 뉘 상관하랴.
꼭 청광淸狂[212]이 참으로 병은 아닐 터이니,
칠발七發[213]을 가지고 매승에게 묻지를 말라.

霜飇不厭日凌凌　秋燠頻愁雨氣蒸
且待餘雲吹去盡　好看圓月正中升
豪情自信濃如酒　薄俗誰關冷似氷
未必淸狂眞是病　休將七發問枚乘

253 성중에게 부치다 寄聲中

서로 사귐 요즘 사람 같지 않아,
푸른 바다와 죽당竹堂에서 만나 지냈지.
자손들은 모두 다 몰락했으나,
풍류와 운치는 둘 다 고상했지.
오래된 집은 국화에 둘러싸였고,
외로운 배 옆엔 백조가 노닌다네.
이별의 시 참으로 좋으니,

---

[212] 청광淸狂 : 마음이 깨끗하여 청아(淸雅)한 맛이 있으면서도 그 하는 짓이 상규(常規)에 어긋남을 말한다.
[213] 칠발七發 : 한(漢) 나라 때 매승(枚乘)이 지은 문체(文體)의 하나이다.

서로 생각하며 한 번 길게 읊누나.

交好非今世 滄溟與竹堂
雲仍俱護落 風韻兩蒼茫
老屋黃花內 孤舟白鳥傍
別詩眞可愛 相憶一吟長

254 중여에게 부치다 寄重汝

그대의 몸 비록 왜소하나,
일찍이 유관儒冠[214]에 부끄럽지 않았네.
기운은 문장의 화려함 품고 있고,
마음은 법도를 지키며 편안하지.
옛적 놀던 갈매기 섬은 아득하고,
새 시구의 국화와 샘은 산뜻했지.
하룻밤 지낸다는 헛된 언약 남겼으니,
산어귀에 해가 이미 다 저물었다.

汝身雖短小 曾不愧儒冠
氣幷文華蘊 心將矩度安
舊遊鷗嶼曠 新句菊泉寒
一宿虛留約 山門日已殘

---

214 유관儒冠 : 유자(儒者)가 쓰는 갓이다. 두보(杜甫)의 시에, "유관이 그르쳤다."라는 구절이 있는데, 그것은 유관을 쓰고 글을 읽었기 때문에 신세를 그르쳐서 궁하게 산다는 탄식이다.

255 명서의 집에서 한자限字의 운으로 시를 짓다
明瑞家限韻

작은 난간서 동곽산東郭山을 평평하게 굽어보니,
하나의 뜰이 풀과 꽃 사이에서 반듯하네.
밭에서 서리 맞은 배추 거둬 오고,
연못에는 마른 연잎이 물에 떠 흘러온다.
다만 성정 항상 스스로 안정해야 하니,
도시라고 한가롭지 않은 것은 아니지.
그대 알고 지냄 지금 외려 늦었으니,
나에게 소식 전함 아끼지 말기 바라네.

小檻平臨東郭山　一庭方正草花間
田收白菜帶霜入　池泛枯荷隨水還
但使性情恒自靜　未應城市不爲閒
與君結識今猶晚　　寄我音書願勿慳

256-258 후천댁에서 자다 宿后泉宅

문장과 서화로 함께 노닌 이십 년,
그대의 호기豪氣로 보니 아직 진과 같도다.
번번이 술을 마시면 봄의 흥취 남아있고,
연속해 시 지으니 밤잠이 줄어드네.
노닌 벗들 이제 모두 별처럼 흩어졌고,

객창에는 예로부터 빗소리가 유난했지.
언송관偃松館에서 인생의 꿈 많이 꾸니,
초은招隱 노래 완성되자 함께 취해 쓰러지네.

文墨追遊二十年　看君豪氣尙如前
番番對酒餘春興　續續題詩減夜眠
社伴於今星散盡　客窓從古雨聲偏
偃松館裏多生夢　招隱歌成共醉顚

봄을 전송한 지 닷새가 지나니,
이미 꽃 한 송이도 없음을 깨닫네.
강 길은 근심 속에 길고,
산 집은 비오는 속에 외롭다.
백 년은 마침내 쉽사리 지내고,
삼경三徑[215]은 매양 도모하기 어렵다.
이별 자리서 시가 무슨 힘이 있을까?
차마 떠나지 못해 술 다시 청한다.

餞春經五日　已覺一花無
江路愁邊永　山齋雨裏孤
百年終易度　三徑每難圖
離別詩何賴　留連酒更呼

성령이 풍속을 무시하는 게 아니고,
나그네 되니 일이 도리어 없어서지.

215　삼경三徑 : 세 갈래로 뻗은 정원의 오솔길로 은자(隱者)의 문정(門庭)을 말한다.

술 잔뜩 취하다 보니 달 자주 바뀌고,
여위도록 읊으니 꽃이 외롭지 않구나.
책은 양웅楊雄의 집에 두었고,
돛은 곽희郭熙²¹⁶ 그림에 들어간다.
틀림없이 온당한 새 시를 지었으니,
그대를 생각하여 급히 부르고 싶도다.

性靈非傲俗 爲客事還無
痛飮月頻改 瘦吟花不孤
書留楊子宅 帆入郭熙圖
定有新詩穩 思君急欲呼

259-260 취원루 聚遠樓

걸어오는 길 자연스레 익숙한데,
어찌하여 더욱 그윽하게 보이나?
몇 그루에 예쁜 꽃이 피었는가?
좋은 시구에 지난 가을 생각난다.
문장으로는 그대들이 있고,
좋은 동산엔 오직 이 누각이 있네.
어찌하면 함께 길을 떠나,
한 번 멋진 유람 누리지 않으리오!

---

216 곽희郭熙 : 송(宋) 나라 때의 화가(畫家)로, 특히 산수화(山水畫)에 뛰어났다.

自是行來慣 如何看更幽
好花添幾樹 佳句憶前秋
文藻有君輩 名園惟此樓
那能不携去 一得辦奇遊

저택 어찌 우열 논할 필요 있으랴.
주렴 너머 산빛 가득한 이 누각이 훌륭하지.
꽃 가랑비 맞고 들쭉날쭉 피고,
풀 한적한 오솔길 차지해 쑥쑥 자란다.
여러 군데 화려함을 절로 갖고 있는가?
백 번 올라 봐도 매번 놀랄 만하네.
유람객 다만 봄과 함께 왕래하니,
바람에 버들은 선들선들 이별의 정 묶는구나.

第宅何須甲乙評 滿簾山色是樓名
花經細雨參差發 草占閒蹊荏苒生
幾處繁華能自有 百回登眺每堪驚
遊人只與春來往 風柳悠揚綰別情

261-262 동천을 기다리나 오지 않음 待洞天不至

동쪽의 수양버들 꾀꼬리 우는 곳 보며,
말 타고 느긋하게 먼지 이는 곳 지난다.
먼 곳 사람 먼저 가지 않으리니,

오늘날 그대 그린 이는 먼 곳 사람일세.

東望垂楊黃鳥處 等閒鞍馬度紅塵
遠人不是先歸去 今日思君是遠人

기다리는 이 오지 않고 청산은 저무니,
다만 온 편지를 세세하게 보는구나.
짐작건대 먼 곳 사람 돌아간 뒤에는,
아마 응당 이 글 보기 어려울 것이네.

待人不至青山暮 只把來書仔細看
料得遠人歸去後 還應看得此書難

263-264 산재에서 눈을 만나 취성당금체[217]를 본떠 짓다
山齋遇雪效聚星堂禁體

섣달 매화 다 떨어져 새잎은 뾰족뾰족,
새벽바람 불어오니 비가 엉겨 눈 되었네.
창살이 거꾸로 비친 종이에 눈 밝아지고,
집 처마 고드름 드리워 빗소리 끊어졌다.

---

217 취성당금체 : 취성당(聚星堂)에서 시를 지을 때 몇몇 글자를 쓰지 않도록 정한 규칙의 시체를 말한다. 쓰지 않도록 한 글자란, 눈[雪]을 읊을 때 눈을 쉽게 표현할 수 있는 글자들을 쓰지 않도록 정한 19개의 글자로, 玉(옥)·月[달]·梨[배꽃]·梅[매화]·練[명주]·絮[솜]·白[희다] 등이다. 이는 본디 구양수(歐陽脩)가 영주(潁州)의 태수(太守)로 있을 때 〈눈[雪]〉 시를 지으면서 정한 것인데, 소식이 뒤에 영주의 취성당에서 시를 지을 때 이 규칙을 따라 〈취성당의 눈〉 시를 지었기 때문에 이렇게 말한 것이다.

남쪽 동산 멋진 나무 수만 가지에,
흰 꽃 가득 감싸는데 차마 꺾을 수가 없네.
처음부터 공색空色 본래 다르지 않음 깨달았고,
마침내는 동정動靜 서로 마멸됨을 탄식했도다.
뜰가에 개 부딪혀 지나감을 분간 못 하고,
처마틈에 새가 날며 부딪힘이 공연히 밉다.
더욱이 사람 집에 나오는 연기가,
부질없이 공중 향해 흰 비단을 사라지게 한다.
수레가 대로 달려 흰 담요 같은 눈 갈고,
나막신은 깊은 길 밟아 옥가루를 더럽히네.
그동안 티끌과 흙 성가시게 스며들어,
맑은 빛이 잠깐도 머무르지 못했었지.
이전 용렬한 이가 천지 시끄럽게 한다 들어,
내가 지금 한탄하나 누구와 말하리오.
섬계剡溪의 외로운 배 영원히 감회 있으니,
마음속 기약 정녕 쇠를 당기는 자석 같네.

臘梅飛盡尖新葉　曉風吹雨凝作雪
窓欞倒照紙眼明　屋霤垂凍鈴聲絶
南園嘉樹万万枝　素花縈盈未忍折
始悟空色元不異　終嗟動靜相磨滅
庭隅不分犬衝過　簷隙生憎鳥飛掣
況復人家吹烟火　漫向空中消素纈
車走通街碾白氈　屐踏深蹊涴瓊屑
由來塵土苦相侵　不使淸光駐一瞥
舊聞庸人閙天地　吾今歎惜從誰說

剝溪孤舟永有懷 心期定似磁引鐵

오년 동안 동산에서 초엽주를 마셨으니,
석람도인石藍道人은 수염이 눈과 같도다.
나에게 〈양춘백설가陽春白雪歌〉를 주니,[218]
눈과 겨룰만한 새로운 시 둘 다 맑고 깨끗하네.
꽃 마음이 너무 일찍 피려 할까 걱정되어,
또한 봄의 신이 잠깐 꺾으려 하는구나.[219]
자세히 봐도 다섯모의 기이함[220] 분간 어려운데,
옷으로 살며시 받아보니 근심이 곧 없어진다.
청산이 평지 된 것 의아하게 보지 마오,
어찌 문득 가는 구름 끌어당김 있겠는가?
어찌 바람 타고 용문龍門을 완상하여,
솔과 돌에 구슬 비단 함께 볼 수 있을까?
일찍이 도곡陶穀의 방법[221]으로 차 끓였고,
옥 복용할 적 어찌 동군董君 가루 쓰겠는가.
정녕코 청명함이 번뇌를 씻어 주니,
침침한 눈 한 번 쓸어 시야 열어 주리라.
또 새봄에 삼백三白[222] 있음 축하하니,

---

218 〈양춘백설가陽春白雪歌〉를 주니 : 나에게 좋은 시를 주었다는 뜻이다. 양춘(陽春)과 백설(白雪)은 전국 시대 초(楚) 나라의 고아(高雅)한 가곡(歌曲) 이름으로, 이 노래가 워낙 수준이 높아 이해할 수 있는 사람이 별로 없어 따라 부를 수 있는 자가 극히 드물었다 한다.

219 또한 봄의 …… 하는구나 : 꽃이 너무 일찍 필까 보아서 눈을 내려 개화를 막았다는 의미이다.

220 다섯모의 기이함 : 이몽양(李夢陽)의 눈이란 제목으로 쓴 시에, "내일이면 입춘 다섯모의 꽃이 되겠지[明日立春應五出]"라든가, 하맹춘(何孟春)의 "봄눈은 다섯모가 난다.[春雪五出]"라고 하였다.

221 도곡陶穀의 방법 : 송(宋) 나라 학사(學士) 도곡(陶穀)이 태위(太尉) 당진(黨進)의 집에서 가기(歌妓)를 데려온 뒤에, 쌓인 눈을 떠서 찻물을 끓이며 "당 태위의 집에 있을 때에는 이런 풍류를 몰랐을 것이다."라고 자랑했다는 고사가 있다.

222 삼백三白 : 동지(冬至) 이후 세 번째 돌아오는 술일(戌日)을 납일(臘日)이라고 하는데, 납일 전에 세 번 눈이 내리는 것을 삼백이라고 한다. 이때 내리는 눈이 보리 농사에 좋다고 한다.

교외 살며 누차 농부의 말 확인한다.
촌사람의 말 듣고 풍년을 즐거워해,
쇠처럼 찬 초가집 걱정하지 않는구나.

五歲桐山飮椒葉 石藍道人鬚如雪
贈我陽春白雪歌 雪鬪新詩兩淸絶
花心恐作太早計 也被東皇薄摧折
諦視難分五出奇 衣邊穩受愁旋滅
勿訝靑山作平地 如何却有歸雲掣
安得乘風賞龍門 共看松石瓊絲纈
烹茶曾用陶家法 服玉何須董君屑
定有淸明滌煩惱 一掃昏花開眼覘
且賀新春見三白 郊居屢驗田公說
聽取村聲樂稔年 不愁茅屋念如鐵

265 김천 도중 金川道中

서주西州의 눈바람에 처음 추위 겪었으니,
이미 갖옷 포개 입고 말타기에 익숙해 있다.
항상 짧은 옷 입고서 이광 따르려 했는데,[223]
어찌 초가집에서 원안袁安처럼 누워있으랴.[224]

---

223 짧은 …… 했는데 : 용맹스럽고 호협한 인물과 함께 사냥 등을 하면서 기상을 길러 보고 싶다는 뜻이다. 이광(李廣)이 한 무제(漢武帝) 때 우북평 태수(右北平太守)로 있으면서 사냥을 나가 풀숲 속의 바위를 보고 호랑이로 여겨 활을 쏘았는데 화살이 바위를 뚫고 깊이 박혔다는 고사가 전해 온다.
224 원안袁安처럼 누워있으랴 : 후한(後漢)의 현사(賢士) 원안(袁安)이 한 길 높이로 폭설이 내린 날, 다

다만 나랏일은 기한이 있기 때문에,
명루名樓에서 이틀 머물며 완상함을 허락지 않네.
점점 멀어져 점차 외물의 누 없어짐을 알았으니,
한 채찍질로 요동 벌판 지나감 어렵지 않으리.

西州風雪始經寒　已慣重裘上馬鞍
常欲短衣隨李廣　那堪白屋臥袁安
只緣王事期程在　不許名樓信宿看
漸遠漸知无物累　一鞭遼野未應難

266 도중에 눈을 만나다 道中逢雪

뱃속의 책 담은 너 더욱더 아낄 만해,[225]
머나먼 중원이 바로 고향과 같도다.
이 때문에 길손은 이별 가벼이 여겨,
눈보라도 마다치 않고 까마득히 가는구나.

腹中書籍堪憐汝　萬里中原是故鄕
所以行人輕遠別　不辭風雪去茫茫

른 사람들과는 달리 밖에 나가서 양식을 구하지도 않고 차라리 굶어 죽겠다면서 혼자 집에 누워있었던 고사가 있다.
225 뱃속의 …… 만해 : 진(晉) 나라 때 학융(郝隆)이 칠석날 대낮에 밖으로 나가 하늘을 향해 배를 드러낸 채 누워있기에 어떤 사람이 그 까닭을 물으니, "나는 책을 말리고 있다."라고 하였다. 《세설신어(世說新語)》〈배조(排調)〉뱃속에 시서(詩書)가 가득하여 학식이 풍부함을 나타낸다.

267 만월대 滿月臺

기울어진 주춧돌은 고려조의 것인데,
반절은 솔 소리요 반절은 보리싹일세.
푸르른 삼각산은 오랫동안 변치 않는데,
당시에 철견鐵犬[226]은 이미 쓸쓸하도다.

傾攲柱礎認前朝　半是松聲半麥苗
三角靑山長不改　當時鐵犬已寥寥

268 총수 葱秀

관도官道는 구불구불 일만 나무 둘렀고,
석문石門의 아침 해는 길손 옷 비춘다네.
소나무 꼭대기엔 밤을 새워 눈이 쌓여,
도리어 맑은 하늘 향해 훨훨 나는구나.

官道逶遲萬木圍　石門初日澹征衣
松梢也有經宵雪　還向晴天作態飛

---

226 철견鐵犬 : 쇠로 만든 개의 상(像)을 말한다.

269-270 부벽루 浮碧樓

경관과 이름이 서로 부합하니,
서쪽 와서 누각 하나 얻었도다.
빙 돈 물굽이 활이 달 품은 듯,
긴 대나무는 흰 베가 가을날에 널린 듯.
아스라이 허공으로 달아나려 하더니,
한가로이 멋진 유람 얻었구나.
다투어 내게 시 청하며 종이 보내니,
향속鄕俗일지라도 풍류를 숭상한다네.

境與名相稱　西來得一樓
迴灣弓抱月　修竹練橫秋
曠欲逃空界　閑能辦勝遊
乞詩爭送紙　鄕俗尙風流

성 머리와 절 아래에,
세운 건물 모두 이름난 누각이네.
부옇게 구름 산이 저물었고,
무성한 모래 나무에 가을이 왔구나.
굴 깊은데 기린 이미 멀리 가버리고,[227]
누대 높아 학들이 일찍부터 놀다 갔네.
사람 만류하는 뜻이 있는 듯,
한적한 강은 흐르려 하지 않구나.

---

227 굴 깊은데 …… 가버리고 : 옛날 고구려 동명왕(東明王)이 부벽루 아래 기린굴(麒麟窟)에서 기린마(麒麟馬)를 길러 이 말을 타고 기린굴에서 나와 하늘로 올라갔다는 전설이 있다.

城頭與寺下 起屋盡名樓
漠漠雲山暮 離離沙樹秋
窟深麟已遠 臺高鶴曾遊
似有留人意 空江不肯流

271 도중에 짓다 道中作

먼 길이 돌돌 말려 말발굽 사이에 있고,
구름과 눈 겹겹인데 북으로 산 바라보네.
오히려 천 리를 날고 싶은 뜻 있으나,
예 오면서 고향 가는 꿈은 없어졌도다.
長征捲入馬蹄閒 雲雪重重北望山
猶有飛騰千里意 此來无夢到鄉關

272 백상루 百祥樓

일만 점 산봉우리 한 점의 푸름 없고,
누대 기댄 사람 바다에 떠 있는 듯.
하늘빛은 거꾸로 난간가로 모두 향해,
땅 가까이 몇 개의 별 보인다네.

萬點山无一點靑 倚樓人似泛滄溟

天光倒向欄頭盡 去地无多見數星

273 의주에 머무르다 留義州

길고 긴 역로에서 한양을 바라보며,
열흘을 가 징주澄州에서 또 걸음 멈추었네.
오랫동안 통일되었던[228] 상국과도 같으니,
한 해를 눈보라 치는 변방 성에서 또 있네.
이름난 누대의 악기 노래[229] 어느 때나 시끄럽고,
나그네 자리 거문고 바둑은 절로 맑도다.
홀연히 옆 사람 고향 서신 받은 걸 보니,
내 마음 비로소 이별 아쉬움 있구나.

遲遲驛路望王京 十日澄州且駐行
萬古車書猶上國 一年風雪又邊城
名樓竹肉無時閙 客榻琴棊自在淸
忽見傍人得鄕信 吾心始欲有離情

---

228 통일되었던 : 원문은 거서(車書)로, 거서는 세상이 하나로 통일되어 중국의 문화권에 편입된 것을 말한다. 《중용장구(中庸章句)》 제 28장에 "지금 온 천하가 같은 수레를 타고 같은 문자를 쓰게 되었다.[今天下 車同軌 書同文]"라는 말이 나온다.
229 악기 노래 : 원문은 죽육(竹肉)으로, 연회(宴會)를 말한다. 죽(竹)은 관악기를 가리키고, 육(肉)은 육성으로 노래하는 것이다.

274 의주에서 신자하[230]의 이별시에 차운하다
灣上次申紫霞別詩

시도詩道는 응당 새기고 계획대로 되는 게 아니라,
신령한 마음 활법活法으로 때에 맞게 운용해야지.
질박 꾸밈 어찌 더하고 덜어짐이 없을까마는,
풍취는 예로부터 바뀜이 있어야 하네.
결국 온갖 강물 모두 바다에 이르니,
어찌 만 구멍이 억지로 같은 소리 내겠는가?
정영精英한 기운 합치는 곳서 원래 감응해야지,
고친다고 각별히 정 있는 게 아니라네.

詩道應非刻劃成 靈心活法與時行
質文詎得无增損 風趣從來有變更
止竟百川俱到海 何曾萬竅强同聲
精英合處元相感 不是針磁別有情

275 또 신자하의 시에 차운함 又次申紫霞

첫 눈이 보슬보슬 오경에 내리는데,
이별 인연 다시 묵연墨緣이 이뤄지게 했구나.
해내海內에서 사귀었던 선비에게 전하려고,

---
230 신자하 : 신위(申緯, 1769~1845)를 말한다. 조선 후기의 문신·화가·서예가였고, 본관은 평산(平山), 자는 한수(漢叟), 호는 자하(紫霞)·경수당(警修堂)이었다.

저 멀리 하늘 끝 옛적 갔던 길 가리키네.
다른 날 밤 꿈속 혼은 아마도 막히지 않고,
그 당시 희롱하고 웃던 일 다 놀라울 만하네.
초인楚人은 이미 천금 같은 승낙 중히 여겼으니,[231]
어찌 족하 이름 추켜올림 기다리리오.

初雪霏微下五更　別緣還遣墨緣成
爲傳海內曾交士　遙指天涯昔至程
佗夜夢魂應不隔　當時嘻笑盡堪驚
楚人已重千金諾　何待揄揚足下名

276-278 삼강을 건너다 渡三江

다만 말굽 얼음 소리만 들리고,
압록강 물은 보이지 않는구나.
삼강三江 한 길로 평평하여,
숫돌 같고 또 화살 같네.

但聞馬蹄氷　不見鴨頭水
三江一路平　如砥復如矢

---

231 초인楚人은 …… 여겼으니 : 언어에 매우 신중함을 뜻한다. 초(楚) 나라의 장수 계포(季布)가 의협심이 아주 강하여 한 번 승낙한 일은 반드시 지켜 어김이 없었으므로, 초 나라의 속담에, "황금(黃金) 백 근을 얻는 것이 계포의 승낙 한 번 얻은 것만 못하다."라고 한 데서 온 말이다.

갈대는 흰 눈 가운데 누렇고,
해가 지도록 시골 마을 없네.
묻노니 구련성九連城은,
어느 때 진강부鎭江府였던가?

蘆黃雪白中 盡日無村塢
借問九連城 何時鎭江府

가파른 높은 산은 겹겹으로 깎였고,
투구 쓴 듯한 꼭대기 엄숙히 벌여 있네.
가까운 봉우리가 쩍하니 열려 있고,
먼 봉우리는 이지러진 곳 때우는 듯.

奔峭削重重 鍪頭儼羅列
近峰呀然開 遠峯如補缺

279 구련성 가는 도중 九連城道中

돌멩이가 말굽 치니 말은 더디 가고,
바다 하늘 끝없는데 석양이 드리우네.
길손은 규인閨人의 꿈 미치지 못해,
침상에선 관산關山도 단지 순간일세.

石子彈蹄馬去遲 海天無際夕陽垂

行人不及閨人夢 枕上關山只片時

280 산해관 山海關

울지탑尉遲塔이 어찌 영위주令威柱[232]가 되었나?
서달徐達[233]의 관문에는 진상秦相[234]의 글 없도다.
동쪽 변방 야인은 말을 괴이하게 여겨,
미더움 못 전하고 다만 허망함 전한다네.

尉遲塔豈令威柱 徐達關無秦相書
多怪東陬野人語 未能傳信只傳虛

281 고려총 高麗叢

남색 하늘 구슬 같은 땅 홀연히 아득한데,
이 몸은 무하無何[235]의 광막한 마을에 이르렀네.

---

232 영위주令威柱 : 무덤 앞에 있는 망주석인 화표주(華表柱)를 말한다. 한(漢) 나라 때 요동 사람인 정영위(丁令威)가 영허산(靈虛山)에서 도를 닦아 신선이 되었다가 천 년이 지난 뒤에 학이 되어 요동으로 돌아와 화표주에 앉아 울었다고 하는 고사가 있다.

233 서달徐達 : 명(明) 나라 장수로 태조를 도와 사방을 평정했다. 명 나라 제일의 개국 공신이 되었으며, 위국공(魏國公)의 봉호를 받았다. 서달이 산해관(山海關)의 관성(關城)을 창건했다 한다.

234 진상秦相 : 진(秦)의 재상이었던 이사(李斯)를 말한다.

235 무하無何 : 무하유지향(無何有之鄕)의 준말로, 유무(有無)와 시비(是非) 등 모든 대립적 요소가 사라진 이상향(理想鄕) 혹은 선경(仙境)을 뜻하는 말인데,《장자(莊子)》〈소요유(逍遙遊)〉의 "지금 자네가 큰 나무를 가지고 있으면서 쓸모가 없다고 걱정한다면, 어찌하여 아무것도 없는 시골 마을[無何

답답한 가슴 속의 많은 일을,
고려총 밖에서 한 번 길게 읊조리네.

藍天玉地忽茫茫　身到無何廣漠鄕
碾礧胸中多少事　高麗叢外一吟長

282 오산[236]에게 주다 贈吳山

서기書記의 성명 진실로 또 넉넉한데,
붓은 비바람 놀라게 해[237] 마침내 무엇하리오?
시험 삼아 《당송제가선唐宋諸家選》을 보거라,
일찍이 조선 사람은 몇 수의 시 실렸는가?

書記姓名眞亦足　筆驚風雨竟何爲
試看唐宋諸家選　曾有東人幾首詩

有之鄕]의 광막한 들판에다 심어 놓으려고 하지 않는가."라는 말에서 비롯된 것이다.
236 오산 : 주 54) 참조.
237 붓은 …… 놀라게 해 : 두보(杜甫)가 〈기이백(寄李白)〉에서 이백(李白)의 뛰어난 시재(詩才)를 찬탄하여 "붓이 떨어지면 풍우가 놀라고, 시가 이루어지면 귀신이 울었지.[落筆驚風雨 詩成泣鬼神]"라고 하였다.

283 수레 속에서 짓다 車中作

언 돌이 삐죽삐죽 가는 길은 한량없고,
수레바퀴 기울어져 쑥대같이 뒹군다네.
불안하고 바쁜 속에 마음을 수습하고,
뛰고 떨리는 가운데 몸 의탁해 가는구나.
비록 발과 장막 있어 차가움은 막아주나,
겨드랑이서 절로 나는 바람 어찌 막으리.
무슨 수로 난새 타는 기술 터득해,
북해와 창오蒼梧를 순식간에 갈 수 있으랴?[238]

氷石稜稜去不窮 車輪欹側轉如蓬
收心慌慌忙忙裏 托體跳跳顫顫中
縱有簾帷能禦冷 可禁肘腋自生風
何由學得騎鸞術 北海蒼梧瞬息通

284 요동 들 遼野

쌓인 기운 아득하고 푸른 하늘 어슴푸레,
한 무리 노새 방울 소리 멀리멀리 가는구나.
평평한 밭은 물결 같아 주름이 생겨났고,
저 멀리 누대는 쑥 같아 모두 다 날아갈 듯.

---
238 북해와 …… 있으랴? : '먼 거리를 순식간에 날 수 있을까?'라는 의미로서, 창오산(蒼梧山)은 호남성(湖南省) 영원현(寧遠懸) 경계에 있는 산이며 이 산기슭에 순(舜) 임금을 장사지냈다고 한다.

태자[239]의 남긴 혼은 속절없이 물만 남아,
정영위丁令威가 남긴 자취[240]는 이미 다리에도 없다네.
쟁기질 흔적은 땅에 가득해 바퀴 자국 같으니,
긴 노정에 요동을 지난 줄 깨닫지 못했네.

積氣茫洋曖碧霄　一群驟鐸去遙遙
平田似浪混成皺　遠樓如蓬盡欲飄
太子殘魂空有水　令威遺跡已無橋
犁痕滿地車同轍　未覺長程是度遼

285-286 들을 바라보다 望野

눈동자에 맺힘은 가까운 곳부터 먼저고,
멀리 지나면 눈으로 우러러 보는 듯하네.
이러한 까닭에 망망한 요동의 들 형세는,
높은 사방이 푸른 하늘과 붙어있도다.

眼珠受照先從近　遠過珠心似仰瞻
所以茫茫遼野勢　四邊高與碧天黏

십 리의 하교河橋의 길,

239　태자 : 전국(戰國) 시대 진(秦) 나라에 인질로 잡혀 있던 연(燕) 나라 태자 단(丹)을 말한다.
240　정영위丁令威가 남긴 자취 : 요동 사람 정영위가 신선이 되고 나서 천 년 만에 학으로 변해 다시 고향을 찾아와서는 요동 성문의 화표주(華表柱) 위에 내려앉았다는데, 소년 하나가 활을 쏘려고 하자 허공으로 날아올라 배회하다가 탄식하면서 떠나갔다는 전설이 전한다.

평평히 보여도 가기는 문득 더디네.
연기는 마을 끝부터 일어나고,
하늘은 나무뿌리 향해 드리워 있네.

十里河橋路　平看到却遲
烟從村際立　天向樹根垂

287 산해관 도중 山海道中

북풍은 언제나 얼굴을 때리고,
서편 해는 조금씩 따뜻해지네.
너른 들 방향을 잘 모르겠고,
긴 길은 부질없이 꺾이고 도네.
마을 드물어서 섬세히 그리려하고,
말 빨라 시구가 원만하기 어렵구나.
길 양 옆엔 버들이 많기도 해서,
봄날이 아닌데도 어여쁘구나.

朔風常打面　西日稍溫然
廣野迷方向　長途慢折旋
村稀描欲細　馬疾句難圓
挾道多楊柳　非春亦可憐

288 이제묘 夷齊廟

은주殷周 시절 살았을 적 그래도 성대했는데,
고사리 노래 부르며 어찌 쇠한 운명 탄식했나?[241]
가슴 아픈 천년 세월 만하灣河의 사당에서,
기자箕子 나라[242] 사람이 백이伯夷에게 제사지내네.

生際殷周亦盛時 薇歌何歎命之衰
傷心千載灣河廟 箕子邦人祭伯夷

289 강녀[243]묘 姜女廟

동으로 겹겹 관문 나가도 낭군이 보이질 않아,
바다 마르고 산 꺾이도록 곡하는 소리 길었네.
고희천자古稀天子[244]의 시 세 수가 예 있으니,
이로부터 사람들이 허맹강許孟姜을 알았도다.

---

241 고사리 …… 탄식했나 : 주(周)의 무왕(武王)이 은(殷)을 멸망시키자, 백이(伯夷)와 숙제(叔齊)가 주나라 곡식을 먹을 수 없다고 하여 수양산(首陽山)에 들어가서 고사리를 캐 먹다가 죽음에 임박해 노래를 지어 불렀다고 한다. 그 가사에, "저 서산에 올라가서 고사리를 캐도다. …… 아아, 죽음뿐이로다. 운명의 쇠함이여.[登彼西山兮 採其薇矣 …… 吁嗟徂兮命之衰矣.]"라고 한 것을 말한다.

242 기자箕子 나라 : 주(周) 나라 무왕(武王)이 은(殷) 나라 현인(賢人)인 기자를 조선에 제후로 봉하여 기자가 우리나라로 와서 범금팔조(犯禁八條)와 정전법(井田法)을 시행했다고 한다.

243 강녀 : 정녀(貞女) 맹강(孟姜)을 말한다. 맹강은 성이 허씨(許氏)인데, 형제의 순서가 맏이기 때문에 맹강이라 부른다. 그녀의 남편은 범랑(范郞)으로 진(秦) 나라 때 장성 쌓는 역사에 부역을 나가서 해가 지나도록 돌아오지 않으니, 그의 처 맹강이 만 리를 달려 남편을 찾아왔다가 남편이 죽었음을 알고 드디어 그녀도 이곳에서 죽었다. 이에 후세 사람들이 사당을 세워 정절(貞節)을 표장하였다.

244 고희천자古稀天子 : 청(淸) 나라의 건륭황제(乾隆皇帝)를 말한다. 그는 나이 칠순이 되었을 때 스스로 '고희천자(古稀天子)'라고 칭했다.

東出重關不見郎　海枯山折哭聲長
古稀天子三詩在　從此人知許孟姜

290 산해관 山海關

장성을 차지함이 어찌 영웅이라 하겠나,
포용해 차별 없음이 성인의 공평함이네.
다만 덕이 하늘과 같이 크다면,
꼭 오랑캐라 하여 함께 못할 법 없지.

割據長城詎足雄　包荒無別聖心公
但令德意如天大　未必蠻夷不可同

291 일찍 출발하다 早發

해가 들판 밭 가운데서 뜨니,
수레 타고 내려다 볼 수 있구나.
비스듬한 햇빛이 말굽 사이 비치니,
노새 그림자 백 보도 더 된다네.

日出野田中　可以凭車頫
斜光射蹄間　騾影過百武

292 들 가운데서 사방을 바라보다 中野四望

들이 넓어 비로소 지구 둥근 것을 알겠으니,
먼 산은 낮게 깔려 평지의 밭에 드네.
만약 정면에서 볼 때 바둑판과 같다면,
만 리에 어찌 주먹 만한 땅 숨기랴?

野濶方知地體圓　遠山低下入平田
若令正面如棋局　萬里何由隱一拳

293 갑군의 장막 甲軍幕

군복 입고 구탈甌脫[245] 생활 익숙해지니,
종이 두드려 남향 문 창틈에 바른다네.
그래도 낫구나. 동방의 가난한 선비 집에서,
연기 자욱한 곳 앉아 경서 논함보다는.

緹衣甌脫慣居停　硾紙塗窓向日扃
猶勝東方貧士屋　烟煤深處坐談經

---

245 구탈甌脫 : 변경에 설치한 척후병들이 머무는 토실(土室)을 말한다.

294 안주의 기녀 혜란에게 주다 贈安州妓蕙蘭

남쪽서 온 좋은 시구 수주隋州에서 나왔는데,
당시의 심은후沈隱侯[246] 생각에 애간장이 끊어진다.
뛰어난 향기[247] 지녔던 그대, 봄 이미 저물었지만,
고운 마음 흰 머리털 더욱더 멋스럽구나.

南來名句出隋州 腸斷當年沈隱侯
今日國香春已暮 錦心華髮更風流

295 언덕에 오르다 登皐

평평한 들 가운데 그릇 엎은 듯한 언덕 있어,
한 눈에 온 요동 형세 볼 수가 있네.
보통 사람 스스로 평지에 가 있으나,
영웅호걸 필시 높은 곳만 많은 게 아닐세.

平郊中作覆盆皐 一擊全遼勢莫逃
自是凡流在平地 英豪未必許多高

---

246 심은후沈隱侯 : 양(梁) 나라 때 문장가로 이름이 높았던 심약(沈約)을 말한다. 은(隱)은 그의 시호이다. 심약은 일찍이 양 고조(梁高祖)의 노염을 사자 이를 몹시 두려워한 나머지 그것이 병이 되어 끝내 죽고 말았다.
247 뛰어난 향기 : 원문은 국향(國香)으로, 이는 뛰어난 향기를 말하는데 흔히 매화와 난초 등의 별칭으로 쓰인다.

296 영평부를 지나다 過永平府

해지는 노룡盧龍의 변방,
한적한 성 우북평右北平의 땅.
시는 흔히 옛 모습을 요구해,
오늘날의 지명을 쓰지 않네.

落日盧龍塞 寒城右北平
詩要多古色 地不用今名

297 지현知縣 조당趙瑭[248]에게 주다 贈趙知縣瑭

관문 초목 잎 없고 물은 동쪽으로 흐르는데,
석양에 옛 변방에 말을 세웠네.
늙은 돌은 지금까지 이광李廣 고사[249] 전하고,
어지러이 솟은 산 어느 곳서 전주田疇[250] 찾을까?
해 질 때 슬픈 노래[251]에 사람들은 저자를 보고,

---

248 조당趙瑭 : 조당은 1820년 진사시에 합격했고 남상교가 청(淸) 나라에 가 만났을 때 지현(知縣)의 직에 있었다는 사실 이외에는 알 수 없다. 이 시의 내용으로 보아 연경에 도착하기 전에 만나 시를 주고받았고 귀국길에 조당을 찾아 보려했음을 알 수 있다.

249 이광李廣 고사 : 이광이 한 무제(漢武帝) 때 우북평태수(右北平太守)로 있으면서 사냥을 나가 풀숲 속의 바위를 보고 호랑이로 여겨 활을 쏘았는데 화살이 바위를 뚫고 깊이 박혔다는 고사이다.

250 전주田疇 : 위(魏) 나라의 무종(無終) 사람이다. 조조(曹操)가 오환(烏丸)을 칠 적에 장맛비로 갇히자, 전주에게 계책을 물으니, 전주가 노룡(盧龍)으로 빠져 나가는 길을 알려 주어 대첩(大捷)을 이루게 하였다.

251 슬픈 노래 : 연(燕) 나라 시장에서의 슬픈 노래를 말한다. 전국(戰國) 시대 때 형가(荊軻)가 연(燕) 나라 태자인 단(丹)의 부탁을 받고 진왕(秦王)을 죽이러 떠날 적에, 축(筑)의 명인인 고점리(高漸離)의 반주에 맞추어 "바람이 차갑게 부니 역수가 차갑구나. 장사가 한번 떠나가니 다시는 돌아오지 못하

새벽 별 젓대 소리에 나그네 누각에 기대누나.[252]
하양河陽 땅에 고을 가득 꽃 피길 기다려서,
녹양교綠楊橋 옆에다가 돌아갈 수레 묶어 놓으리.

關楡無葉水東流 立馬斜陽古塞頭
老石至今傳李廣 亂山何處覓田疇
悲歌落日人觀市 長笛殘星客倚樓
會待河陽花滿縣 綠楊橋畔繫歸輈

298 눈 온 밤에 주국인周菊人[253]이 왕림하다
雪夜周菊人見枉

싸락눈 펄펄 내려 이른 봄을 물리치니,
창에 비친 달빛 희미해 나그네 시름 일으키네.
뉘 알리오, 지척의 도성 안 먼지 속에,
다시 산음에서 대규 찾아 가는 사람[254] 있을 줄을.

리라.[風蕭蕭兮易水寒 壯士一去兮不復還]"라는 슬픈 노래를 부르고 작별했다는 고사가 유명하다.
252 젓대 …… 기대누나 : 당(唐) 나라 시인 조하(趙嘏)의 〈조추(早秋)〉 시에 "몇 점 남은 별빛 아래 기러기는 변방을 질러가고, 한 가락 피리 소리 속에 사람은 누대에 기대 있네.[殘星幾點雁橫塞 長笛一聲人倚樓]"라는 구절이 나온다. 두목(杜牧)이 이 표현을 좋아한 나머지 그를 '조의루(趙倚樓)'라고 불렀다 한다.
253 주국인周菊人 : 주달(周達, 1786~?)을 말한다. 그의 자(字)는 길인(吉人)이며 호(號)는 국인(菊人), 강소성(江蘇省) 운간인(雲間人)으로 신위(申緯)가 1812년, 김정희(金正喜)가 1822년 연경에서 만난 인물이다.
254 산음에서 …… 사람 : 진(晉) 나라 왕휘지(王徽之)가 눈 내린 밤에 친구 대규(戴逵)가 갑자기 보고 싶어서 산음(山陰)에서 배를 저어 거룻배를 타고 흥에 겨워[扁舟乘興] 섬계(剡溪)의 그 집 앞까지 찾아 갔다가 그냥 돌아왔다는 고사가 있다.

小雪霏霏閣早春 半窓微月客愁新
誰知咫尺城塵裏 還有山陰訪戴人

299-300 돌[255]에 대해 쓰다 題石

백 신령이 바다 동쪽가에 받들고 나왔으니,
묘한 곳에서 누가 질박한 곳이 참임을 알까?
돌을 끌고 만인이 바다 같은 땅으로 향하니,
그대 아는 이가 바로 날 사랑하는 사람이지.

百靈擎出海東濱 巧處誰知樸處眞
攜向萬人如海地 識君人是愛吾人

천금과 지푸라기 둘 다 잊어버려,
잠시 세상에 나와도 잘 감추었네.
평천平泉의 돌 품평함이 도리어 속되니,[256]
어찌 한 번 절을 한 미원장米元章[257]만 같을까.

---

255 돌 : 남상교가 압록강을 건너면서 고가로 매입한 물건인 청난간석(靑琅玕石)을 가리킨다. 주달(周達)이 남상교가 가지고 온 이 물건의 가치를 알아보았는데 남상교는 이를 오사권(吳思權)에게 주었고 남상교가 가지고 온 이 물건에 대해 소식을 들은 채일(蔡逸)이 오사권을 맞이해 구경하고 그 물건을 청난간석(靑琅玕石)이라 명명했다. 박우훈, 〈雨村 南尙敎의 淸 文人과의 交遊〉,《東亞人文學》제29집, 東亞人文學會, 2014.12. 참조.

256 평천平泉의 …… 속되니 : 당(唐) 나라 이덕유(李德裕)의 별장인 평천장(平泉莊)이 하남성(河南省)에 있었는데, 수석이 매우 아름다워 유명했다. 이덕유(李德裕)가 일생의 힘을 기울여 기화요초를 평천(平泉)에 가득 채우고 말하기를, "평천을 경영한 것은 선세의 유지를 따른 것이니, 평천의 꽃 하나 나무 하나 만이라도 무너뜨려서는 내 자손이 아니다. 오직 언덕이 골짜기가 되고 골짜기가 언덕이 된 연후에라야 그만둔다."라고 하였는데, 그 손자 연고(延古)가 마침내 돌 하나 때문에 장전의(張全義)의 감군(監軍)에게 해를 당했으니, 능곡(陵谷)이 변천되기 전에 평천은 이미 주인이 없어졌다.

257 절을 …… 미원장米元章 : 원장(元章)은 송(宋) 나라 서화가(書畵家)인 미불의 자(字)다. 미불(米芾)이 기암괴석을 좋아하였는데, 언젠가 보기 드문 기이한 돌을 대하고는 절을 하며 "내가 돌 형님을 보

千金一芥兩相忘 暫出人間亦善莊
題品平泉還是俗 何如一拜米元章

301-302 부채에 써서 중서 오사권²⁵⁸에게 주다
題扇贈吳中書思權

북극암北極菴 앞 몇 번째 집이었던가?
묵연으로 일찍이 농두화²⁵⁹를 부쳤었네.
연남의 저자에서 바삐 손을 잡았는데,
예로부터 슬픈 노래²⁶⁰ 부를 때 해 쉬 기울었지.

北極菴前第幾家 墨緣曾寄隴頭花
忽忽握手燕南市 從古悲歌日易斜

집이 동쪽 해가 뜨는 지역에 있고 보니,
회령會寧에서 서쪽 보면 다시금 하늘가라.
덧없는 삶 한 번 만남은 참 물 위의 부평초라,
이제 막 만났는데 이미 이별 근심에 잠기네.

기를 소원한 지가 20년이나 되었소.[吾欲見石兄二十年矣]"라고 했다고 한다.
258 중서 오사권 : 중서(中書)는 한(漢) 나라 이후에 궁정의 문서와 조칙(詔勅) 따위를 맡아보던 벼슬이다. 오사권(吳思權, 1782~1851)에 대해선 註 54) 참조.
259 농두화 : 농두매(隴頭梅)와 같다. 그리는 정(情)의 의미를 가진다. 농두매(隴頭梅) 고사 참조.
260 예로부터 …… 노래 : 예로부터 연조(燕趙) 지방에는 비분강개하여 슬피 노래하는 우국지사(憂國志士)가 많았다는 의미로 보인다. 한유(韓愈)의 〈송동소남서(送董邵南序)〉에, "연조 지방에는 예로부터 감개하여 슬피 노래하는 선비가 많았다고 일컫는다.[趙古稱多感慨悲歌之士]"라고 하였다.

家在扶桑日出州 會寧西望更天頭
浮生一面眞萍水 才得相逢已別愁

303 방철항이 보내온 시에 차운하다
次方鐵港見贈韻

우레 같은 수레 소리 비처럼 흐른 땀 섞인 시문 동쪽,
홀로 그댈 향한 한 번 웃음이 통했구나!
글의 기운 이미 얼굴 보고서 구분했고,
신령스런 마음이 갑진甲辰 동갑임을 안 듯하네.
강서 땅은 예로부터 명사 많다 했는데,
해외의 어떤 사람이 국풍國風[261]을 뽑을까?
늘그막에 상봉하여 쉬이 이별하니,
묵연墨緣은 쓸쓸히 자국 없이 사라졌네.[262]

車雷汗雨市門東 獨向夫君一笑通
文氣已從眉宇辨 靈心似識甲辰同
江西自古饒名士 海外何人擇國風
衰暮相逢容易別 墨緣怊悵踏泥鴻

---

261 국풍國風 : 작가 자신이 자신의 시를《시경(詩經)》〈국풍〉에 비겼다. 자신의 시에 대한 자부심을 엿볼 수 있다.
262 자국 …… 사라졌네 : 본디 돌아가는 기러기가 다시 올 때를 생각하여 눈 녹은 진흙 위에 남겨둔 발자국이, 다시 돌아올 때에는 형적이 없어 찾을 길이 없게 된다는 설니홍조(雪泥鴻爪)에서 온 말로, 과거의 사적이 흔적도 남지 않고 없어짐을 비유한 말이다. 여기서는 주고받은 시가 뒤에까지 전해질 수 있다는 의미로 쓰였다.

304-307 민재敏齋 웅보서熊寶書[263]에게 주다
贈熊敏齋寶書

수레의 빛이 외로운 객관 앞에 생겨나니,
붕우에게 바라는 바[264] 그대에게 먼저했네.
마음에는 견문 넓힐 《시경詩經》[265]이 들어있고,
거문고 줄 외 아양곡峨洋曲[266] 예禮 팔천을 알고 있네.
문장은 진실로 최치원崔致遠에게 부끄럽고,
멋진 유람은 공연히 이제현李齊賢이 부러워라.
도리어 해외에 전해진 동파체東坡體를 가지고,
명망 높은 분께 한 편을 청하누나.

車轍光生孤館前 所求朋友子能先
胸中草木詩三百 絃外峩洋禮八千
文藻實慙崔致遠 壯遊空羨李齊賢
還將海外東坡體 也向名家乞一篇

구름 가의 황금 난간 열무루閱武樓는,
먼 산 높아도 숲 위를 벗어나질 않네.

---

263 민재敏齋 웅보서熊寶書 : 웅보서(熊寶書)의 호가 민재(敏齋)였으리라 추측된다. 1821년 향시(鄕試)에 합격했고 이후 원안지현(遠安知縣)(1845)·양양지현(襄陽知縣)(1847)을 역임했다.
264 붕우에게 바라는 바 : 《중용(中庸)》에 "군자의 도에는 네 가지가 있으니, 자식에게 바라는 것으로 어버이를 섬기는 것과 신하에게 바라는 것으로 임금을 섬기는 것과 아우에게 바라는 것으로 형을 섬기는 것과 붕우에게 바라는 것으로 자기가 먼저 베푸는 것이 그것이다.[君子之道四 所求乎子以事父 所求乎臣以事君 所求乎弟以事兄 所求乎朋友先施之]"라고 하였다.
265 견문을 넓힐 《시경詩經》: 《시경》을 공부하면 "초목과 짐승의 이름을 많이 알 수 있다.[多識於草木鳥獸之名]"라고 했다.
266 아양곡峨洋曲 : 유수곡(流水曲)·고산유수곡(高山流水曲)이라고도 한다. 춘추(春秋) 시대 백아(伯牙)가 타고 그의 벗 종자기(鍾子期)가 들었다는 거문고 곡조이다.

석양에 말 탄 장수 칼 비껴 차고 서 있으니,
일만 말들 소리 없이 물 흐르듯 가도다.(열무루)

雲際金欄閱武樓 遠山高不出林頭
斜陽一騎橫鞘立 萬馬無聲去若流(右 閱武樓)

어하교御河橋의 물 속에는 봄 소리가 있는 듯,
남쪽 저자 등불 빛에 마침 눈이 개었더라.
달 보며 고향 생각하면 달사達士가 못 되거늘,
세상 어느 곳이 광명하지 아니한가?(음력 보름밤에 옥하교를 거님)

御河橋水有春聲 南市燈光趁雪晴
對月思鄕非達士 世間何處不光明(右 上元夜 踏玉河橋)

눈 녹은 물 계곡 불려 물결은 비늘 더해,
도연정陶然亭 위에는 성 먼지가 끊어졌네.
높은 곳 올라 술에 국화 띄웠던 명사들은,
누가 봄바람에 말 세우고 서 있는 자[267] 알아볼까?(도연정)

雪水添溪浪蹙鱗 陶然亭上絶城塵
登高泛菊諸名士 誰識東風立馬人(右 陶然亭)

---

267 봄바람에 …… 자 : 죽림칠현(竹林七賢)의 일원이었던 진(晉) 나라 상수(向秀)는 칠현(七賢)이 죽거나 뿔뿔이 흩어진 후 어느 날 산양(山陽) 땅을 지나다가 이웃집에서 들려오는 피리 소리를 듣고는 혜강(嵇康)·완적(阮籍)과 즐겨 노닐던 옛 추억을 생각하며 〈사구부(思舊賦)〉를 지었다고 한다. 상수는 〈사구부〉에서 '그때에 쫓겨 간 이 몇이나 남았던고 ? 봄바람에 말 세우니 홀로 애가 끊네. 안개 비 자욱한 개산 한식 길에서, 저물녘 피리 소리 차마 듣지 못하겠네.[當時逐客幾人存 立馬東風獨斷魂 烟雨介山寒食路 不堪聞笛夕陽村]"라고 하였다.

308-314 주국인[268]에게 주다 贈周菊人

나 태어나 마흔 두 번째 봄,
(내 나이 마흔 셋인데, 갑진년 9월에 태어났기 때문에 '사십이회춘'이라고 했다.),
도읍의 누대 올라 눈 한 번 새롭도다.
발걸음 서산 이르러 구경이 지극했고,
황하와 태산을 남에게서 물었구나.

吾生四十二回春
(吾年四十三 而生於甲辰九月 故云四十二回春)
京國樓臺眼一新
行到西山觀止矣 黃河泰岳訪於人

한 그루 붉은 꽃 핀 집 속의 봄,
온갖 꽃 머리 위 그윽한 향기 새롭다네.
멋진 인연 내 고향 시 모임서 마무리 못 했는데,
이곳에서 또 시인을 만났구나.
(나와 우리나라 문사 10인이 매사梅社를 결성해 일찍이 《매사시》 1권이 있었는데 중국에 들어갔다.)

一樹紅雲館裏春 百花頭上暗香新
奇緣未了吾鄉社 此地相逢更韻人
(僕與東方文士十人結梅社 曾有梅社詩一卷入中國)

---
268 주국인 : 註 253) 참조.

길 양 옆 등나무 꽃 얼마나 오래되었나?
성 남쪽의 고택 주인 새로이 바뀌었네.
항아리 하나 주길 기다리지 아니하고,
서적을 가지고 명인名人을 마주하네.
(왕어양의 고택이 유리창에 있다. 길을 낀 등나무 꽃이 있는데, 어양이 손수 심었다고 한다.)

藤花夾道幾回春 故宅城南易主新
不待一甄還見贈 好將書卷對名人
(王漁洋古宅在琉璃廠 有夾道藤花是漁洋手植云)

예쁜 꽃 일찍이 그림 속 봄에서 보았는데,
꽃잎이 눈 속에서 문득 피니 놀랐다네.
훌륭한 향기 자연스레 명사와 가까운데,
방 들어와 마음 함께할 사람 몇이나 될까?

芳草曾看畫裏春 忽驚花葉雪中新
國香自與名流近 入室同心有幾人

수목과 선화(두 공자의 아이 적 이름을 썼다)에 차례로 봄 오니,
그대 심은 복이 해마다 새로워짐 알겠도다.
우리 집에 옥수玉樹[269]를 옮겨서 심는다면,
겨우 거문고와 책 다른 사람 주기 면하리.

---

[269] 옥수玉樹 : 아름다운 나무라는 뜻으로, 재주가 뛰어난 사람을 비유적으로 이르는 말이다.

壽木仙花(用二公子之小名)次第春 知君種福逐年新
我家玉樹移栽得 剛免琴書與別人

글씨는 비바람 같고 술은 봄 같은데,
쓸쓸히 쳐다보니 뜻이 더욱 새롭구나.
울지도 노래도 않고 다시 한 번 웃으니,
선비 옷에 장부 기골 지닌 난 어떤 사람인가?

筆如風雨酒如春 寂寞相看意更新
不泣不歌還一笑 儒衣俠骨我何人

가을 숲 붉게 물들어 시월 되니,
초원의 붓놀림이 가장 맑고 새롭구나.
누워서 유람함[270]이 산수의 멋짐 뿐 아니라,
그림 보면서 그린 사람 보는 것과 같으리.

點綴霜林入小春 椒園筆意最淸新
臥遊不獨溪山好 看畫如看贈畫人

---

270 누워서 유람함 : 집에서 명승이나 고적을 그린 그림을 보며 즐기는 것을 이르는 말이다.

315 관화[271] 官話

방언이 운학韻學과 섞였으니,
궁벽하고 좁은 우리나라 풍조일세.
사물 이름 지을 땐 글자 사용 안 하고,
천지와 곤충을 들먹이네.
입과 귀로 이미 익숙하게 전해져,
말만 하면 뜻이 통한다네.
먼저 상말 쓰고 문자를 뒤에 쓰니,
처음 배우는 아이들은 어렵겠지.
때문에 시골 글방 스승이,
곱절이나 고생해도 끝내 효과는 적네.
백성은 정자丁字 아는 눈 드물고,
선비 또한 대가大家가 거의 없지.
내가 처음 서쪽 목책 들어서니,
요어遼語가 한어와 같았지.
입만 놀리면 구두가 이뤄지고,
말을 걸면 끊임없이 답할 수 있었지.
점포에서 만나는 사람은,
고용인과 물건 파는 아이들.
마을 이름과 성명은,
묻는 대로 문득 허공에 적었지.
때로는 다시 자잘한 글씨 썼고,

---

271 관화 : 관아(官衙)에서 쓰는 말이라는 뜻으로, 중국 청(淸) 나라 때의 공용어이자 표준어를 이르는 말이다.

채색 종이에 촌홍寸紅[272]을 갈겼네.
하늘이 압록강 서쪽 사람에게,
어찌 특별히 총명함을 부여했겠는가?
아마도 창힐蒼頡[273]이 글씨 만들기 전에는,
사람과 사물이 모두 홍몽鴻濛[274]했으리.
마음과 혀가 모두 지혜로웠으리니,
어찌 말 못 하고 귀먹은 자 같았으리.
많은 사람이 무엇 말하는지 잊었으니,
반드시 우리나라와 같았으리라.
알지 못하겠네, 어느 시대 성인이,
수레와 글씨를 창성하게 했던가?
이 천하 사람의 목소리를 통일하여,
문화와 교육의 도가니로 집어넣네.
명성은 날로 넓어지고,
변방에서도 높일 바를 알게 되었지.
어찌하여 압록강에 가로막혀,
오랑캐처럼 거듭 통역을 하는가?
풍속을 바꿀 방법이 없으니,
떠드는 이 오래도록 이미 많아졌네.
좋은 말 들으면 자신을 버렸으니,
옛사람 마음 어찌 그리 공평했던가?

---

272 촌홍寸紅 : 축하의 짧은 편지를 말한다.
273 창힐蒼頡 : 황제(黃帝)의 사관(史官)으로 새의 발자국을 보고서 처음으로 문자를 만들었다는 전설상의 인물이다.
274 홍몽鴻濛 : 하늘과 땅이 아직 갈리지 않은 상태, 즉 천지자연의 원기를 말한다.

方言混韻學　僻陋三韓風
名物不用字　天地曁昆虫
口耳旣傳熟　云云意則通
先諺而後文　難哉初學蒙
所以鄕塾師　倍勞終少功
民罕識丁目　儒亦鮮鉅工
我初西入柵　遼語與漢同
脫吻成句讀　酬酢應無窮
店肆之所遇　傭奴與販童
鄕里及姓名　隨問輒書空
時復作蠅頭　采箋走寸紅
天於鴨西人　賦予豈偏聰
緬憶蒼史前　民物都鴻濛
心舌具靈慧　詎得如啞聾
紛然忘稱謂　料必猶吾東
不知何代聖　車書化郅隆
一此天下喙　納之文敎中
聲名日以廣　遐裔知所崇
奈何隔一水　重譯如羌戎
易俗竟無術　咻者久已叢
聞善則舍己　古人心何公

316-319 연경에 가는 조종고를 전송하다
送趙鍾皐入燕

선왕의 예악 넓기가 이 같은데,
책력은 오히려 하시夏時 쓰고 있네.
그대는 가며 시험 삼아 요해遼海 위를 보라.
한 하늘 안팎이 푸르러 사사로움 없으리.

先王禮樂廣如斯 時憲書猶用夏時
君去試看遼海上 一天中外碧無私

사대 동안 황제 거처 기운 없어지질 않아,
화려한 위풍 필시 남조南朝에 사양 안 했으리.
새 누대 옛 동산 많이 생겼다 사라졌으니,
금오교金鰲橋와 옥동교玉蝀橋 묻지를 마라.

四代皇居氣不消 奢華未必讓南朝
新臺舊苑多興廢 莫問金鰲玉蝀橋

북녘 기운 어둑한데 상태성上台星[275]이 떨어져서,
돌아가는 소거素車로 먼저 전송하니 견딜 수 없네.
평생 《시경》 삼백 편을 마음속에 기억했으니,[276]

---

275 상태성上台星 : 영의정의 자리에 올랐으면서 장수(長壽)하기까지 하였다는 뜻이다. 상태성은 삼태성(三台星) 가운데 한 별로, 영의정을 상징하는 별이다. 노인성은 남극성(南極星)으로, 장수를 맡은 별이다.
276 마음속에 기억했으니 : 원문은 복사(腹笥)로, 마음속에 기억하고 있는 책으로 곧 박학다식(博學多識)한 것을 말한다.

전대專對²⁷⁷에 아마도 빛나는 재주 발휘하리라.

朔氣陰陰落上台 不堪先送素車回
平生腹笥詩三百 專對應勞潤色才

높은 재주 풍부한 학문 그 누가 그대 같을까?
헛됨에 구애받지 않는 안목 뜻도 남달랐지.
풍요風謠 이해함도 아마 더욱 각별하리니,
내가 알지 못하는 노래 듣게 해다오.

才高學富孰如君 眼不拘虛志不群
領略風謠應更別 敎人聞得未曾聞

320 범영각에서 머물며 이야기하다 帆影閣留話

숲속 집 참으로 사람 왕래 끊긴 듯해,
한가로이 신년에야 옛글을 검토하네.
강 마을 창포 잎에 비 내리길 기다리고,
봄 하늘엔 바로 흰 구름이 떠 있누나.
세상 놀며 장난함이 그 누가 나 같을까?
말 없이도 마음 통하는 이 오직 그대뿐.

---

277 전대專對 : 외국에 사신(使臣)으로 가서 스스로의 힘으로 잘 대응하는 것을 뜻한다. 공자가 일찍이 "《시경》삼백 편을 외더라도 정사를 맡겨 줌에 제대로 하지 못하며, 사방으로 사신을 가서 스스로의 힘으로 잘 대응하지 못한다면 비록 시를 많이 왼들 어디에 쓰겠는가.[誦詩三百 授之以政 不達 使於 四方 不能專對 雖多亦奚以爲]"라고 하였다.

쉬이 산을 나와 이틀 밤을 묵으니,
문 앞 기다리는 어린 자식[278] 어두워짐 근심하네.

林齋眞似絶人群 閒入新年檢舊文
江國正須菖葉雨 春天仍是豆灰雲
世間遊戲誰如我 言外心期獨有君
容易出山成信宿 候門穉子定愁曛

321 도중에 금비녀를 줍고서 道中拾得金釵

비녀 주려 해도 누구에게 돌려주리?
매만지며 부질없이 절로 공연한 생각하네.
방 들어가 깜짝 놀라 이리저리 찾다가,
거울 앞에 차분하게 다시 단장하겠지.
그 향기 취객을 잡아 두려는 듯한데,
풍류는 온통 이미 당시보다 줄어들었네.
탐욕 부리지 않으면 응당 금은金銀 기운 아니,[279]
자랑하며 아내에게 부질없이 의심하지 말라 하네.

釵股欲還還寄誰 摩挲空自費閒思

---

278 문 …… 어린 자식 : 도잠(陶潛)의 〈귀거래사(歸去來辭)〉에 "동복들은 기꺼이 맞아 주고, 어린아이는 문에서 기다리네.[僮僕歡迎 稚子候門]"라고 하였다.
279 탐욕 …… 아니 : 평정의 상태를 갖는다면 실상을 파악할 수 있다는 뜻이다. 두보(杜甫)의 시 〈제장씨은거(題張氏隱居)〉에 "탐욕을 가지지 않으니 밤엔 금은의 기운을 알아보고, 환해(患害)를 멀리해 은거하니 아침엔 미록의 노닒을 본다.[不貪夜識金銀氣 遠害朝看麋鹿遊]"고 하였다.

入門錯愕頻回顧　臨鏡溫存再整儀
香澤似將留醉客　風流都已減當時
不貪應識金銀氣　誇向家人莫謾疑

322-324 현대각에서 정선사를 만나 이경천과 함께 읊다
玄對閣逢淨禪師共李敬天賦

비 온 뒤 푸른 옥비녀 늘어선 듯한,
강남의 산빛 멀리 울창하고 컴컴하네.
모래 굽이 물이 빠져 부들이 누워 있고,
들길엔 사람 없고 옥수수만 무성하다.
병들고 게으른 몸 기르다가 강해졌고,
문득 시벽 때문에 선심禪心[280]에 잠긴다오.
전원에 터 잡고도 몸은 여기 묶였기에,
동계東溪의 밤나무 숲을 저버렸도다.

雨後攢攢綠玉簪　江南山色逈森沈
沙灣水退菰蒲臥　野逕人稀薥黍深
久養病慵成傲骨　却因詩癖入禪心
田園已卜身猶滯　孤負東溪茅栗林

---

280 선심禪心 : 불교용어로 선정(禪定) 상태의 마음, 즉 마음을 한 대상에 집중하여 흐트러뜨리지 않은 상태를 이른다.

물결무늬는 비단 같고 저녁 바람 시원한데,
높이 난 새 늦매미 소리에 깊은 한이 생겼네.
마을 술이 진하노니 풍년임을 알겠고,
서늘한 옷 경쾌하니 산행하고 싶구나.
양지쪽의 울타리엔 가을 빛깔이 많고,
어부와 나무꾼은 저녁 나루터서 사공 부르네.
이 몸이 아직 숨지 못했다 말하지 말라,
지금 도회지엔 이름 아는 이 적도다.

水紋如織夕風淸　高鳥殘蟬遠恨生
村酒醇釀知歲熟　凉衣輕快欲山行
向陽籬落多秋色　喚渡漁樵有暮聲
莫道此身猶未隱　卽今城市少知名

항구 밖 산들바람 불고 오리 떼는 노니는데,
시든 개여뀌와 새로 핀 국화가 함께 피었구나.
검은 구름 북으로 가니 남은 빗방울 그치고,
붉은 해가 서쪽으로 지니 가는 노을 멈추네.
오래 앉았으니 절로 호복濠濮의 생각[281]이 나고,
배를 띄우니 공연히 삽계霅溪의 집[282]이 부럽도다.
강변 누각 이틀 밤을 스님과 이야기하니,
끝없이 펼쳐진 청산이 아득히 흥 돋우네.

281　호복濠濮의 생각 : 속세를 떠나서 자연을 즐기고자 하는 마음이다. 장자(莊子)가 호량(濠梁) 위에서 물고기가 노는 것을 보고 즐거워하고, 또 복수(濮水)에서 낚시질을 하면서 초왕(楚王)이 부르는데도 응하지 않았다는 고사에서 나온 말이다.
282　삽계霅溪의 집 : 안진경(顔眞卿)이 호주자사(湖州刺史)가 되었을 때 장지화가 찾아가 알현하자 안진경이 그의 부서진 배를 고치기를 청하니, 그가 대답하기를 "나는 가택(家宅)을 물에 띄우고(浮家泛宅) 초계(苕溪)와 삽계(霅溪) 사이를 왕래하고 싶다."고 한 데서 온 말이다.

港外輕風鴨陳斜 敗葒新菊共秋花
烏雲北去收殘雨 紅日西沈駐細霞
久坐自生濠濮想 泛來空羨雪溪家
江樓兩夜留僧話 無限靑山引興賖

325 보름날 밤에 현대가 보내준 시에 화답하다
上元夜和玄對見寄韻

만 리 밖 그리면서 몇 번 봄을 보냈던가?
예전 놀 때 지은 시구 자꾸만 읊어 보네.
그대의 입속에 중원의 나이 더하여,
내 몸 곁의 외국 먼지 말끔히 씻어 주오.
또 서산에서 눈에 대해 시 짓던 밤에,
공연히 남쪽 저자서 등불 구경한 생각했지.
맨머리로 함께 풍년 점치는 방죽에 올라,
밝은 달 쳐다보니 사람을 웃게 하네.

萬里相思幾度春 舊遊詩句謾吟頻
添君口裏中原齒 滌我身邊外國塵
又値西山題雪夜 空懷南市賞燈辰
科頭共上占年壩 明月相看正笑人

326-329 정상인이 찾아오다 淨上人見訪[283]

산승이 스님 같은 담담한 내 신세 불쌍히 여겨,
고향 돌아오길 재촉하나 바로 가질 못하네.
늙어감에 경륜은 자루 긴 삿갓만 쓰고 있고,
가을 오니 연업緣業[284]은 짧은 등잔대로구나.
벽 옆에선 벌레 울고 외론 다듬이 소리 다급한데,
이슬 기운 강에 어려 온갖 나무 해맑구나.
어제 도화담桃花潭 가에서 나그네를 보냈으니,
조각배는 내일이면 서빙고에 이르리라.

山僧憐我澹如僧　意欲催歸便未能
老去經綸長柄笠　秋來緣業短檠燈
蟲聲近壁孤砧急　露氣橫江萬木澄
昨送桃花潭上客　片舟明日到西氷

매양 날이 개면 동문洞門을 나서니,
비 내릴 적마다 가을빛이 더하누나.
마을 모습 적적한데 박 넝쿨은 얽혔고,
강 기운 유유히 버들 뿌리에 스며드네.
제비와 매미의 마음 함께 바쁘고,
나그네와 승려의 옷 함께 펄럭인다.
누대樓臺에도 전원 흥취 있는 듯해,

283　淨上人見訪 : 개인소장본《우촌시(雨村詩)》에는 〈호정상인견방(昊淨上人見訪)〉으로 되어 있다.
284　연업緣業 : 불교 용어로 업연(業緣)이라고도 한다. 착한 일을 하면 좋은 인연을 부르고 악한 일을 하면 나쁜 인연을 부른다고 한다. 모든 인간을 이 연업에 의해 살아간다고 보는데 후에는 흔히 남녀의 인연의 뜻으로 쓰였다.

벼 익자 새 술 이미 술동이에 가득하네.

每趁晴天出洞門　雨添秋色一番番
村容寂寂縈匏蔓　江氣幽幽入柳根
鷰意蟬情相晚暮　客衣僧衲共翩䰄
樓臺恰有田園趣　稻熟新醪已滿尊

집이 신선 암자 같아 담장이 외로운데,
승려 오니 맑은 물 떠서 두 바리가 마주하네.
이룬 마음은 분명히 백발 머리[285]에 있고,
큰 깨달음 참으로 눈귀 없는 것이 아니구나.
오늘 밤엔 '고월敲月'구[286]가 듣기 좋으니,
다른 해엔 응당 시내 건너는 그림[287]이 있으리.
차가운 피리[288] 껄끄러워 불기 어려우니,
종이 청해 시 구하니 늙은이는 부끄럽도다.

家似仙菴一堵孤　僧來淸水對雙盂
成心的是頭顱在　大覺非眞眼耳無

---

285 백발 머리 : 원문은 두로(頭顱)로, 두로는 백발의 쇠한 머리를 가리킨다. 남제(南齊) 때의 은사 도홍경(陶弘景)이 자기 종형에게 보낸 편지에, "내가 나이 40세 전후에 상서랑(尙書郞)이 되기를 기약했는데, 지금 나이 36세에 바야흐로 봉청(奉請)이 되었고 보면, 40세의 머리를 알 만하니, 일찍 떠나는 것이 좋겠습니다."라고 했던 데서 온 말로, 전하여 나이 40여 세에 이미 쇠(衰)한 것을 의미한다.

286 '고월敲月'구 : 당(唐) 나라 시인 가도(賈島, 777~841)의 〈이응의 유거에 제함[題李凝幽居]〉이라는 시의 일부 "새는 연못가 나무에 잠자고, 중은 달 아래 문을 두드린다.[鳥宿池邊樹 僧敲月下門]"를 말한다.

287 시내 건너는 그림 : 삼소도(三笑圖)를 말한다. 혜원(慧遠)이 여산(驪山) 동림사(東林寺)에 있었는데, 도연명(陶淵明)과 육수정(陸修靜)이 찾아 왔다가 돌아갈 때, 혜원이 전송하매, 평일에는 손님 전송에 호계(虎溪)를 넘지 않았는데 이 날은 세 사람이 이야기하다가 어느덧 호계를 지나왔으므로 모두 웃었다 한다.

288 차가운 피리: 원문은 한우(寒竽)로, 차가운 피리는 오래도록 불지 않고 버려둔 피리를 이른다. 또한 학문이 거칢을 비유하는 의미로도 쓰인다.

此夜好聽敲月句 他年應有過溪圖
寒竽久澀吹難得 乞紙求詩愧老夫

서리 가린 구름 잎은 희미해지고,
시든 버드나무의 매미 소리 홀연히 없어졌네.
예로부터 높은 곳에 올라 노년을 슬퍼했으니,
잠깐동안 만남 이별 견딜 수가 있겠는가?
주머니엔 빈 바리때 하나 글 향기만 젖어 있고,
길은 천 봉우리 도니 지팡이 소리 외롭도다.
마음과 마음이 서로 합하는 곳을 찾고자 하니,
멀리 소나무 위 달 비추는 강호 볼 수 있구나.

護霜雲葉自模糊 衰柳蟬聲忽已無
自古登臨悲暮境 可堪離合在須臾
囊空一鉢書香浥 路轉千峰錫響孤
欲識心心相契處 遠分松月照江湖

330 정상인에게 주다 贈淨上人

기둥이 흡족히 흐릿한 달빛을 받고,
서늘함이 둥그런 묵죽墨竹 숲에 있네.
혼자서 스스로 삼교三敎[289] 밖에 노닐며,

---

[289] 삼교三敎 : 유교 · 불교 · 도교(道敎) 또는 유교 · 불교 · 선교(仙敎)를 말한다.

전혀 일만 인연에 구애됨이 없구나.
산 구름은 다시 오고 감 용납하니,
지팡이와 바리 어찌 같고 다름 비교하랴?
(이때에 김제태수 운리雲里 정공鄭公이 영수장靈壽杖 하나와 응기應器[290] 하나를 나에게 보내주었고, 상인 또한 운리서옥에서 지팡이 하나를 받았다.)
연사蓮社[291]에 부름 받은 뜻 저버리지 않으니,
우리 집에 먼저 북창의 바람이 불어오네.

軒楹恰受月朧朧　凉在團回墨竹叢
獨自翶翔三敎外　了無拘礙萬緣中
山雲定復容來往　筇鉢何須較異同
(時金堤太守雲里鄭公 以靈壽杖一枝應器一具見惠 上人亦得一杖於雲里書屋)
不負見招蓮社意　我家先有北窓風

331 2월 6일에 쓰다 二月六日書

밥 시루에 술밑[292] 생기자 그릇은 마르고,
바람에 사립문 삐걱거려 시름이 이네.
솔문에는 겹겹의 눈 아직도 덮였는데,

---

290 응기應器 : 절에서 승려들이 쓰는 밥그릇을 가리킨다.
291 연사蓮社 : 동진(東晉)의 고승 혜원(慧遠)이 승속(僧俗)의 18현(賢)과 염불(念佛) 결사(結社)를 맺었는데, 그 사찰의 연못에 백련(白蓮)이 있었으므로 백련사(白蓮社) 혹은 줄여서 연사(蓮社)라고 일컫게 되었다.
292 술밑 : 누룩을 섞어 버무린 지에밥으로 술을 만드는 원료이다.

매벽에선 헛되이 구구일의 추위[293] 녹인다.
예전 옷 아직 입어 갓옷의 솜 다 빠졌고,
빠진 머리 빗질 게을러 상투 뿌리 헐겁구나.
뱃속의 글은 아이 적에 읽은 것만 남았는데,
반 이상 잊어버려 요즈음에 다시 보네.

飯甑生酶酒器乾 風扉軋軋感愁耑
松門尙覆重重雪 梅壁虛消九九寒
仍著舊縫裘絮脫 懶梳逋髮髻根寬
腹書只是兒時讀 剛半遺忘近日看

332 개똥 狗矢

울타리 밑 썩은 풀엔 기운이 스며들어,
값도 없어 누가 병 치료하는 공을 말할까?
다만 일찍이 풍승상馮丞相을 만났기에,
금 술잔 옥 주발에 한 번 들어갔었다네.[294]

籬根腐草氣相通 無價誰傳療病功

---

293 구구일의 추위 : 원(元)나라 양윤부(楊允孚)의 《난경잡영(灤京雜詠)》에 의하면 옛 풍속에 동지 이후 81일을 계산하는 매화 그림을 그려 구구도(九九圖)라고 불렀다고 한다. 동지 후 남은 추위가 풀리고 따뜻한 날이 올 때까지, 그림의 흰 동그라미에 매일 연지를 칠하여 81개의 동그라미가 차면 변하여 행화(杏花)가 되니 따뜻함이 돌아온 것이다.
294 다만 …… 들어갔었다네 : 오대(五代) 주(周)나라의 손성(孫晟)이 풍연기(馮延己)와 함께 정승이 되었는데 손성이 평소 풍연기를 경멸하여 어떤 사람에게 '금술잔, 옥주발에다 개똥을 담는단 말인가.[金盃玉盌 乃貯狗矢乎]'라고 했다고 한다.

只緣曾遇馮丞相 一入金杯玉椀中

333 이입정의 시에 차운하다 次李笠亭

한가히 그대 생각 하루에 몇 번이나 했던가?
밤이 와 적막하면 생각 더해 괴로웠었지.
삼경 사경 뒤 외로운 촛불만이 남아있고,
십오 년 전엔 이미 서른두 살[295]이었다네.
지렁이가 뜰에 가득 우는 소리 세차고,
반딧불이 잎 뚫고 홀연히 높이 난다.
오중吳中의 훌륭한 선비 아마 한 없으리니,
양홍梁鴻[296] 한 사람 맞이하는 언덕이 있네.

閑靜思君日幾遭　夜來涔寂想添勞
四三更後猶孤燭　十五年前已二毛
寒蚓滿庭交響急　濕螢穿樹忽飛高
吳中佳士應無限　容一梁鴻獨有皐

---

295 서른두 살 : 이모(二毛)를 번역한 것으로, 이모(二毛)는 흰 머리털이 나기 시작하는 나이라는 뜻으로 서른두 살을 이른다.
296 양홍梁鴻 : 후한(後漢)의 양홍(梁鴻)은 지조가 매우 높았다. 권세가에서 양홍의 지조를 높이 사서 그를 사위로 삼고자 하는 자가 많았지만 양홍은 모두 물리쳤다고 한다. 같은 마을 맹씨(孟氏) 집에 딸이 있었는데, 양홍이 그를 아내로 맞아들여 패릉산(霸陵山)에 들어가 농사를 짓고 베를 짜고 글을 읽고 금(琴)을 타며 가난한 살림 속에서도 서로 공경하며 화목하게 살았다 한다.

334 김제로 돌아가는 길에 산사에서 묵다
金堤歸路宿山寺

이 선방禪房 묵는 걸 아끼는 것은,
사방 처마 오직 대나무만 있어서라네.
돌 모습은 부처 비해 오래되었고,
샘물 기운은 승과 함께 차갑도다.
빈 누각엔 종소리 오래 나고,
깊숙한 감실엔 불빛이 둥글다네.
이별 회포 잠시나마 풀려 하는데,
도리어 이 조용한 가운데가 힘들구나.

愛此禪房宿 四簷惟竹竿
石顔比佛古 泉氣伴僧寒
虛閣鍾聲久 深龕火暈團
別懷要暫遣 還是靜中難

335-340 매화 6수 梅 六首

나무 시집보내[297] 꽃 옮기니 그 성정을 알겠고,
동산 속 열 벗 이름 전부터 알았었지.

---

297 나무 시집보내 : 정월 초하룻날 해가 뜨기 전 납작하고 길쭉한 돌을 주워 과일나무 가지 사이에 끼워 두는 것을 '시집보낸다[嫁樹]'고 한다. 그렇게 하면 열매가 많이 달리고 튼실해진다고 한다.

여운黎雲[298]의 꿈 있어 연옥燕玉[299]에 해당하니,
풍류가 일생 저버린 것 믿질 않네.

嫁樹移花識性情 園中十友舊知名
黎雲有夢當燕玉 不信風流負一生

부귀한 집 곧은 마음 걸맞지가 않는 법,
서호에 있는 사람 옛 성이 임林씨일세.[300]
달 뜬 못과 구름 섬돌 너무 고와 싫으니,
얼음 장막 눈 덮인 집을 매우 깊이 사랑하네.

朱門端不稱貞心 人在西湖舊姓林
月池雲堦嫌太冶 氷幕雪屋愛偏深

반은 아양 떨며 수줍은 듯 반은 찡그리는 듯하니,
객이 와 가리개 위 봄 탐내어 구경하네.
달 지고 삼성參星이 기울어진 그 후에,
등불 앞《주역》읽는 사람 있음과 어떠한가?

半似嬌羞半似嚬 客來貪賞障中春

---

298 여운黎雲 : 여운은 창려의 구름으로, 창려는 당송필대가 중 한 사람인 한유(韓愈)를 가리킨다. 그는 당(唐)나라 시인인 맹교(孟郊)와 절친한 사이였는데 상호 깊은 영향을 끼쳤다. 그 이야기가 한유의 시 〈취하여 동야에 머물다[醉留東野]〉에 나온다.
299 연옥燕玉 : 연(燕)과 조(趙) 지방의 부인(婦人)은 아름답기가 옥(玉)과 같다는 데서 온 말로, 곧 미인(美人)을 가리킨다.
300 임林씨일세 : 여기서 임씨는 임포(林逋)로 말한다. 그는 서호처사(西湖處士)로 불렸고 북송(北宋)의 시인이었다. 매화를 심고 학을 기르며 서호(西湖)의 고산(孤山)에서 은거하였으므로 사람들이 매처학자(梅妻鶴子)라고 불렀다.

何如月落參橫後 惟有燈前讀易人

푸른 가지 흰 눈꽃이 차게 누름 근심하니,
봄의 마음 특별히 단란함 얻어야 하리.
이제까진 너무 약해 접촉함을 꺼리기에,
나무에 다가가서 뒷짐 지고 보리라.

靑枝愁壓素塵寒 要得春心別樣團
從來嫩弱嫌振觸 近樹應須負手看

달 꿴 여린 가지는 진주 구슬 엮었고,
한 치 뿌리 막 접붙여 다 마르지 않았구나.
예스럽고 기이함으로 예쁜 자태 멀리 하니,
새 품종이 범석호范石湖[301]의 매보梅譜에 더해지리.

貫月輕條綴蚌珠 寸根徑接未全枯
不將古怪親嬌艶 新譜應添范石湖

봄을 감춰 된서리를 피하지 않으니,
바람 지나 향 나갈까 두렵구나.
청아한 자태는 찬찬히 살펴봄이 합당하니,
겹겹의 구름이 낀 석양을 등졌도다.

---

301 범석호范石湖 : 송(宋) 나라 때의 시인 범성대(范成大)를 이른다. 석호(石湖)는 그의 호이다. 그의 시는 우국휼민(憂國恤民)을 노래한 작품이 많으며, 육유(陸游), 우무(尤袤), 양만리(楊萬里)와 함께 남송사대가(南宋四大家)로 불린다.

藏春不爲避嚴霜 怕有風過漏洩香
氷姿只合深深見 疊得雲屛背夕陽

341-346 매사의 여러 벗과 함께 짓다
與梅社諸友共賦

두 곳 사이 산이 겹겹이 있고,
푸른 강물 아스라이 이어지네.
꽃이 물에 떠 있으니 나무꾼 길 상상하고,
물고기가 내려오니 서창書窓에 물어본다.
법복法服의 문은 둘이 없고,
진세의 옷 입은 나그네는 한 쌍이로다.
모르겠네. 백 년도 못 되는 인생,
몇 번이나 내 마음 편안함을 얻을까?

兩地山重複 迢迢貫碧江
花浮想樵徑 魚下問書窓
法服門無二 塵衣客一雙
不知百年內 幾得我心降

돌아갈 생각에 불끈하고 일어나,
텅 빈 마음으로 푸른 강을 건너도다.
굽이굽이 지나는 곳마다 묵었던 곳이요,
나무 나무마다 선창船窓에서 기억하네.

눈을 흘려 바라보니 청산이 둘이고,
물결 오르내리니 흰 달이 쌍이네.
시 짓는 벗들이 다 놓아두고 가니,
물고기와 새는 누굴 위해 오겠는가?

歸思浩然發　虛襟橫綠江
灣灣經宿處　樹樹識篷窓
眄睞靑山兩　低昻白月雙
詩朋摠捨去　魚鳥爲誰降

어옹漁翁이 굽이 바다에 돌아오니,
시상은 넘실넘실 강과 같구나.
기이한 귀신도 붓에서 도망치기 어렵고,
명산은 모두 창 속에 보인다네.
백쯤의 진리 깨달음[302]이 스스로가 부끄럽고,
나를 인정한 사람은 둘도 못 된다.
이별의 의미 아마 마음으로 깨달아,
얼굴의 열기운이 내려가지 아니하리.

漁翁灣海返　詩思浩如江
奇鬼難逃筆　名山盡在窓
自慙聞道百　見許少人雙

---

302 백쯤의 진리 깨달음 : 원문은 문도백(聞道百)으로, 견문이 넓지 않다는 의미이다. 《장자(莊子)》〈추수(秋水)〉에 나온다. 가을 물이 황하(黃河)로 몰려들어 황하가 잔뜩 벌창해지자, 황하의 신 하백(河伯)이 천하의 미관을 스스로 다 지녔다고 자부했다가, 이윽고 북해(北海) 가에 이르러 바라보고 북해의 신 약(若)을 향하여 "속담에 '백쯤의 진리를 깨달은 자가 천하에 자기만 한 자가 없다고 여긴다.'는 말이 있으니, 이게 바로 나를 두고 한 말이로소이다.[野語有之曰 聞道百 以爲莫己若者 我之謂也]" 라고 탄식했다고 한다.

分別神應會 鬚眉氣不降

소식은 남 통해 익숙히 들었다네,
집 가난하고 협곡 강 옆에 산다고.
섭섭한 말 뱃속에다 담아 두고,
농한기에 서재 창문 보수하네.
나그네는 술잔 기울이며 자주 생각하고,
봄밤의 등불[303] 두 귀밑머리 비추네.
이별 시에 정이 다시 지극해져,
굳세고 빼어나 내 마음속 자리잡네.

信息憑人慣　家貧寄峽江
緒言收腹笥　農隙理書窓
客酒傾心數　春燈照鬢雙
別詩情更到　遒絶使吾降

이별하는 마음과 떠나려는 뜻이,
봄날의 강처럼 넘실넘실 거린다네.
이웃 말소리는 등롱 걸은 시장처럼 시끄럽고,
수풀의 햇빛은 술집 창에 비친다네.
세상에서 어려운 건 무아無我가 그 하나,
재주가 어찌 그대와 같다하리.
닿는 곳마다 집소식에 근심하니,
잘 된 글귀로 마음 안정 취하네.

---

303 봄밤의 등불 : '춘등(春燈)'의 번역이다. 두보(杜甫)의 시구에 "바람이 이니 춘등이 어지럽고 강이 우니 밤비 드리웠다.[風起春燈亂 江鳴夜雨懸]" 가 나온다.

離心與去意 蕩漾似春江
隣語喧燈市 林暉返酒窓
世難無我一 才豈與君雙
觸境愁家遞 留將傑句降

며칠이나 그대와 마주할 수 있으랴,
돌아갈 배 동강東江에서 수리한다네.
잠깐 들러 번거롭게 소매를 잡았고,
시 읊으며 창 기대니 마음이 흡족하다.
나무 어둑할 무렵 꽃 모두 떨어졌는데,
바람 천천히 불어 제비 나직이 짝지어 나네.
오랫동안 마음이 안정됨을 느꼈지만,
시마詩魔[304]는 쉽사리 항복하질 않는구나.

對君能幾日 歸檥理東江
暫過煩摻袖 微吟愜倚窓
樹昏花去盡 風緩鷰低雙
久覺心機定 詩魔未遽降

---

304 시마詩魔 : 시(詩)를 짓고자 하는 생각을 일으키는 일종(一種)의 마력(魔力)을 말한다.

347 영창 影窓[305]

추운 집에서 손 불어도 얼어 감각 없는데,
밀랍 창 통해 햇빛 받으니 군불과 맞먹네.
야윈 얼굴에 오래 쬐니 술 취한 듯 어지럽고,
병든 눈 자주 부끄러워 잠깐씩 찡그리네.
염파簾波[306] 출렁이자 바람은 절로 소리 내고,
국화 그림자 옮겨 그리니 달은 둥근 바퀴 같네.
뉘 집인지 만자卍字 창에 아지랑이 푸른데,
해 뜨는 동남쪽엔 진씨秦氏의 조아루照我樓[307]라.

呵手寒齋凍不仁　蠟窓迎旭當燒薪
癯顔久炙渾成醉　病眼頻羞卻暫嚬
漾動簾波風自響　移描菊影月方輪
誰家卍字烟絲碧　日出東南照我秦

348 망건 網巾

그물인데 고기 안 잡고 짰는데 매미 허물 아니고,

305　影窓 : 쌍창 안에 다는 두 짝의 미닫이창이다. 채광창 역할을 하기 때문에 최대한 많은 빛이 투과되도록 앞면은 문양의 살을 그대로 노출시키고 뒷면에만 얇은 창호지로 도배한다.('전통창호로 보는 조선의 궁궐', 문화재청 홈페이지 → 대학생기자단).
306　염파簾波 : 드리워진 발에 어른거리는 그림자가 마치 물결이 이는 것과 같음을 형용한 말이다.
307　진씨秦氏의 조아루照我樓 : 진(秦)씨가 소유했던 누각의 이름이다. "해가 동남쪽에서 뜨면, 우리 진씨네 누각이 번쩍이네.[日出東南隅, 照我秦氏樓]."라는 구절이 있다.

둥근 갓끈 서로 이으니 도끼 자루 구멍 같네.
머리털 묶은 것이 조야朝野 구분 없다 말 말아라,
금관자와 옥관자[308] 붙이고 관복을 입으리라.

網不求魚織不蛋　圈纓相續似柯䂎
莫言鬠結無朝野　金玉從看服以庸

349-352 박릉양(종선) 신구봉(옹)과 함께 읊다
與朴菱洋(宗善)申九峰(瀚)共賦

문장하는 선비들이 먼 고을로 낙향했으니,
뗏목 타고 일찍이 소동양小東洋[309]에 갔었지.
만년에 살 곳으로 초삽苕霅[310]을 찾았고,
밝은 시대 부른 노래 복상濮桑[311]을 씻었다네.
매화 앞에 술 익으니 흰 달이 술 잠기고,
버드나무 아래 도랑 틔워 아침 햇빛 기다린다.

---

308 금관자와 옥관자 : 원문은 금옥(金玉)으로, 금관자(金貫子)는 조선시대 망건의 당줄에 꿰는 금으로 만든 작은 고리, 정이품 및 종이품의 벼슬아치가 달았다.
309 소동양小東洋: 일본을 가리킨다. 《오주연문장전산고(五洲衍文長箋散稿)》〈천지편(天地篇)〉에 "그러나 남북으로부터 종으로 네 개의 경계가 있으니, 대동양과 소동양과 대서양과 소서양이다. 살펴보건대 일본은 소동양의 경계로 아시아 동쪽의 끝이다.[然自南北縱有四界限, 曰大東洋, 曰小東洋, 曰大西洋, 曰小西洋. 按日本, 乃小東洋之界, 而亞細亞之東極也.]"라고 하였다.
310 초삽苕霅 : 초삽은 중국 절강성(浙江省) 호주시(湖州市) 경내에 있는 초수(苕水)와 삽수(霅水)로, 당(唐) 나라 때 장지화(張志和)가 은거한 곳이다. 안진경(顔眞卿)이 호주자사(湖州刺史)가 되었을 때 장지화가 타고 다니는 배가 낡은 것을 보고 새것으로 바꿔주겠다고 하자, 사양하며 말하기를 "나는 이 배를 물 위에 뜬 집으로 삼아 초수와 삽수 사이를 오가며 지내기를 바랄 뿐입니다."라고 하였다 한다.
311 복상濮桑 : 상복(桑濮)과 같다. 상간(桑間)과 복상(濮上)을 뜻하는 말로 모두 음탕한 음악이다.

오장육부 다스림 보아 연단술煉丹術[312] 능함 분명 아니,
눈앞 지나간 모든 도서 잊지를 아니하네.

文藻衣冠落遠鄕　乘槎曾出小東洋
晩年家宅尋苔雪　昭代謳歌洗濮桑
釅酒梅前沈素月　疏渠柳下候靑陽
懸知內視成丹術　過眼圖書摠不忘

명승지 독차지 해 별천지를 만들었으니,
구봉산 가을 달빛 아래에 배 띄우네.
물을 베는 은둔의 말 손초孫楚가 생각나고,[313]
밥 싸 들고 가 벗 위하는 자상子桑[314]이 적구나.
취한 뒤 큰소리로 노래하며 젊은 시절 슬퍼하고,
거울 속의 흰 머리털 노년을 실감하네.
삼뢰三籟[315]를 설명하면 도리어 일 많으니,
남곽선생[316]을 아예 잊은 건 아닐세.

占斷名區作醉鄕　九峰秋月泛洋洋

312　연단술煉丹術 : 연단술은 연금술을 가리키는 말로, 예전 중국에서 도사가 진사로 황금이나 약을 만들었다는 기술을 이른다.
313　물을 …… 생각나고 : 註 163) 참조
314　밥 …… 자상子桑 : 《장자(莊子)》〈대종사(大宗師)〉에, 자여(子輿)와 자상이 친구로 지냈는데, 장맛비가 열흘이나 계속되자, 자상의 처지를 생각하여 자여가 "밥을 싸 들고 먹여 주러 찾아갔다.[裹飯而往食之]"고 하였다.
315　삼뢰三籟 : 인뢰(人籟)·지뢰(地籟)·천뢰(天籟)를 가리킨다. 《장자(莊子)》〈제물론(齊物論)〉에 나온다.
316　남곽선생: 남곽은 도성의 남쪽을 말한다. 《장자》에 남곽자기(南郭子綦)라는 인물이 나오고 《한비자》에 남곽처사(南郭處士)라는 인물이 나온다. 여기서는 도성의 남쪽에 살고 있던 손순효(孫舜孝, 1427~1497)를 가리킨다. 손순효의 자는 경보(敬甫), 호는 물재(勿齋)·칠휴거사(七休居士)이다.

枕流隱語懷孫楚　裹飯親朋少子桑
酒後高歌悲壯日　鏡中華髮感斜陽
指陳三籟還多事　南郭先生非果忘

여와씨女媧氏[317] 흙을 뭉쳐 먼 곳에 떨어뜨리니,
뱀 머리 모양의 산 큰 바다로 들어왔다.
뜻이 있어 오직 삼수초三秀草[318]를 좋아했고,
살 방도를 세워 백 그루의 뽕나무도 심지 못했구나.
소박한 마음 도원량陶元亮[319]을 본받으려 했고,
단약 비법 일찍이 위백양魏伯陽[320]을 배우고자 했네.
가는 제비 오는 기러기 모두 다 한스러우니,
친구 생각 흐르는 세월[321] 둘 다 잊기 어렵도다.

女媧團土落遐鄉　山似蛇頭入巨洋
有志獨憐三秀草　治生未種百株桑

317　여와씨女媧氏 : 여와는 중국 태고(太古) 시대의 여제(女帝) 이름인데 복희씨(伏羲氏)의 누이이다. 《태평어람(太平御覽)》〈인사부(人事部)〉에 "천지가 처음 개벽했을 때 사람이 없어서 여와가 황토를 이겨서 사람을 만들었는데, 황토로 사람을 만들던 중 힘이 미치지 못하자 새끼를 진흙 속에 넣어서 사람을 만들었는데, 부귀한 사람은 황토로 만든 사람이요, 빈천하고 못생긴 사람은 새끼로 만든 사람이다."라고 하였다.
318　삼수초三秀草 : 상서로운 풀로 불리는 영지초(靈芝草)의 별칭이다. 1년에 세 번 꽃이 핀다하여 붙여진 이름이다.
319　도원량陶元亮 : 원량은 진(晉) 나라 때의 은사인 도연명(陶淵明)의 자이다. 또 다른 이름은 잠(潛)인데 팽택현령(彭澤縣令)이 되었다가 석 달 만에 벼슬을 버리고 돌아오면서 〈귀거래사(歸去來辭)〉를 지었다.
320　위백양魏伯陽 : 한(漢) 나라 때 사람으로, 도술(道術)을 좋아하여 장생불사한다는 단약(丹藥)을 연구하였다. 제자 세 사람과 같이 산중에 들어가서 단약을 구워 만들어서 신선이 되었다 한다.
321　친구 생각 흐르는 세월 : 원문의 정운(停雲)과 서수(逝水)를 번역한 것이다. '정운(停雲)'이란 구름이 멈춘다는 뜻으로, 벗을 그리워하는 마음을 나타낸다. 진(晉) 나라 도연명(陶淵明)의 〈정운(停雲)〉이란 시의 자서(自序)에 "정운은 친우를 그리워하는 것이다."라고 하였다. '서수(逝水)'는 공자(孔子)의 말을 염두에 둔 표현으로《논어(論語)》〈자한(子罕)〉에, 공자가 시냇가에 있으면서 "가는 것이 이와 같구나. 밤이고 낮이고 멈추는 법이 없도다.[逝者如斯夫 不舍晝夜]"라고 탄식한 말이 보인다.

素心欲就陶元亮 丹訣曾參魏伯陽
鶩去鴻來俱可恨 停雲逝水兩難忘

무하유지향無何有之鄕[322] 있단 말 믿지 못해,
진창 술 취하면 아득한 세상 거느리려 하네.
이무二畝 밭 경작하니 차조를 거둘 만하고,
천 구역서 물 긷는데 뽕잎이 떨어지누나.
틀림없이 대완大阮[323]같이 취해야 함도 알고,
구양수처럼 조금 마셔도 곧 취함 크게 부끄럽네.[324]
외물이 와도 감히 마음과 눈에 두지 않으니,
선생께선 잘 잊는 병이 있다 잘못 말하시네.

未信無何別有鄕 酒情高欲御茫洋
耕田二畝堪收秫 汲井千區正落桑
定識須澆如大阮 多慙輒醉似歐陽
物來不敢嬰心目 錯道先生病善忘

---

322 무하유지향無何有之鄕 : 유무(有無)와 시비(是非) 등 모든 대립적 요소가 사라진 이상향(理想鄕) 혹은 선경(仙境)을 뜻하는 말로,《장자(莊子)》〈소요유(逍遙遊)〉에 보인다.
323 대완大阮 : 완적(阮籍)을 말한다. 그의 조카 완함(阮咸)을 소완(小阮)이라고 하였는데 두 사람 모두 위진(魏晉) 시대의 이른바 죽림칠현(竹林七賢)에 속한다.
324 구양수처럼 …… 부끄럽네 : 구양수의《취옹정기(醉翁亭記)》에 "조금만 마시면 곧 취한다.[飮少輒醉]"라고 했다.

353-363 공재에서 숙직하면서 여러 절구를 짓다
恭齋直中雜絕

물 불면 배는 뜨니[325] 다만 진리에 맡기고,
한평생 마음 자취는 동진同塵[326]에 있다네.
먹은 나이 거원蘧瑗[327] 같이 오십이 되었는데,
전에는 옳았으나 지금은 그른 내가 부끄럽다.

水到船浮只任眞 一生心跡在同塵
行年五十如蘧瑗 愧作今非昨是人

풍경은 그대로 고향과 같은데,
나그네 마음은 일 없어도 한가롭질 않네.
낮은 벼슬아치 마치 길들인 사슴과 같아,
소나무 그늘 시냇물 속 머물러 있구나.

物色依然似故山 客心無事亦非閒
也知薄宦如馴鹿 砦住松陰澗響間

햅쌀밥 소고기 국 수저에 넘치니,

---

325 물 불면 배는 뜨니 : '수도선부(水到船浮)'를 번역한 것으로, 치지(致知)의 공부가 쌓여서 모든 일이 인위적인 힘을 쓰지 않아도 절로 이치에 맞게 됨을 뜻한다.
326 동진同塵 : 화광동진(和光同塵), 곧 자신의 빛나는 재질을 안으로 추스려 밖에 드러내지 않고 세상과 더불어 조화롭게 살아가는 것을 말한다. 《노자(老子)》에, "빛을 늦추며 티끌과 동화한다.[和光同塵]"는 말이 있는데, 세상과 화합하여 다른 체하지 않음을 뜻한다.
327 거원蘧瑗 : 춘추(春秋) 시대 위(衛) 나라 대부(大夫)인 거백옥(蘧伯玉)을 말한다. 거원(蘧瑗)은 거백옥의 본명이다. 거백옥이 '나이 50세 때에 49년 동안의 잘못을 깨달았다.[年五十而知四十九年非]'는 고사에서, 50세를 지비(知非)라고도 한다.

오장신五臟神이 채소 밟았던 때 자주 고하네.[328]
산중에 있는 처자 공연히 생각하니,
홀로 배부름 어찌 함께 굶주림만 같으리.

粳飯牛羹暖溢匙　臟神頻告蹴蔬時
山中妻子空相憶　獨飽何曾似共飢

막 꿈에서 깨니 뺨에 베개 흔적이 있어,
창문 약간 열어 따스한 봄볕 쬐여 본다.
사방 산의 꽃과 나무 무수한 줄 알면서도,
도리어 뜰 앞에 한두 뿌리 심어보네.

睡頰初醒有枕痕　小開窓戶試春暄
四山花木知無限　還種堦前一兩根

담장 머리 버려진 밭 한 모서리 끝,
땅 기름져 오히려 좋은 채소 심을 만하네.
이 속에 대단한 전원의 멋 있으니,
관아 종에게 날마다 물주고 김매라 하누나.

廥角荒田一稜餘　土肥猶足種佳蔬
此間殺有鄕園趣　吩咐官僮日灌鋤

328　오장신五臟神이 …… 고하네 : 고기를 아주 가끔 먹었던 과거가 생각난다는 의미이다. 옛날 어떤 사람이 항상 채소만 먹다가 갑자기 한 번 양고기를 먹었더니, 그날 밤 꿈에 오장신이 나타나서 말하기를 "양이 채소밭을 밟아 망가뜨렸다.[羊踏破菜園]"고 했다는 고사가 있다.

가랑비 막 지나가 보리 빛 새로워지자,
남산에 콩 심었던 전년 봄이 생각나네.
도리어 백발 되고 초복初服[329]으로 갈아입으니,
대삿갓 오사모 두 물건이 사람을 비웃는도다.

小雨初過麥色新　南山種豆憶前春
還將白髮更初服　䈷笠烏紗兩笑人

나무꾼 집 생활이 참으로 가련하니,
한 짐의 누런 낙엽에 한 번 채찍질하네.
사람 만나면 방죽 서쪽 즐거움을 말하니,
종일 쩡쩡 도끼 소리 하늘 부끄럽지 않다.

樵屋生涯絕可憐　一擔黃葉一遭鞭
逢人爲說堤西樂　終日丁丁不愧天

바둑 벗과 헤어지고 하루가 일 년 같아,
편을 나눠 바둑 두며 홀로 잠을 없애누나.
모르겠네. 두 손이 무얼 미워하고 사랑하는지,
바둑 열 판 둬도 한 판 몫도 걸지 않네.

自別棋朋日似年　分奩下子獨消眠
不知雙手何憎愛　十局曾無一局帀

맑게 갠 날엔 때로 관과 도포를 벗어,

---

329 초복初服 : 벼슬하기 전에 입던 청결한 옷으로 재야 생활을 하는 것을 말한다.

이 잡으며 온몸을 마음껏 긁는구나.
만약에 매인 자가 이 한가함 없다면,
혜강嵇康이 산도山濤와 절교한 일 무엇이 괴이하랴.³³⁰

晴窓時復解冠袍 捫蝨通身盡意搔
若使拘人無此暇 嵇康何怪絶山濤

솔개 우는 소리는 비 오려 할 때가 높아,
뱅글뱅글 나는 뜻이 들판 구름처럼 더디네.
원추鵷雛와 썩은 쥐³³¹를 모두 잊어버리고,
반복해《시경》의〈한록旱麓〉³³²을 읊는도다.

鳶嘯聲高欲雨時 盤飛意與野雲遲
鵷雛腐鼠都忘了 深誦周人旱麓詩

숲속 비는 계속 내리고 해는 서산으로 지니,
오리 떼들 돌아 날아 회화나무 꼭대기에 앉았네.
홀연히 친구의 범영각帆影閣이 생각나서,
주렴 걷고 지는 노을과 나란히 본다.

---

330 혜강嵇康이 …… 괴이하랴 : 삼국(三國) 시대 위(魏) 나라의 산도(山濤)가 요직(要職)인 선조랑(選曹郎)에 자신의 후임으로 친구인 혜강을 추천하자, 혜강이 그에게 절교하는 편지를 보냈다는 고사가 있다.

331 원추鵷雛와 썩은 쥐 :《장자(莊子)》〈추수(秋水)〉에 보인다. 남반의 새 원추(鵷鶵)가 남해(南海)에서 북해(北海)로 날아갈 적에 오동나무가 아니면 쉬지 않고, 대나무 열매가 아니면 먹지 않는데, 이때 솔개는 썩은 쥐를 물고 있으면서 마침 그 위를 날아가는 원추를 보고는 제 썩은 쥐를 빼앗길까봐 꿱 하고 으르대었다는 고사가 있다.

332 《시경》의〈한록旱麓〉:《시경》〈한록〉에 "솔개 날아 하늘에 이르고 물고기 못 속에서 뛰논다.[鳶飛戾天 魚躍于淵]"라고 하였다.《중용장구(中庸章句)》에서 이를 인용하여 "위와 아래에 이치가 밝게 드러남을 말한 것이다."라고 하였다.

林霏合沓日沈西 郡鶩回飛檜頂栖
忽憶故人帆影閣 捲簾看與落霞齊

364-373 김산천[333]의 강동 임소로 보내다
寄金山泉江東任所

하나의 태잠苔岑[334]에 취미가 참다우니,
그대와 만나기 전 이미 마음으로 친해졌지.
연남燕南의 명사에게 일찍 물어봤는데,
산천山泉이 바로 친구라고 말했다네.

一種苔岑趣味眞 與君不見已心親
燕南名士曾相訊 爲說山泉是故人

세월은 빨리 흐르다 다시 유유하게,
헤어짐과 만남, 슬픔과 기쁨에 머리 다 새었네.
아직도 생각나 봄날의 낮 길었던 서원西園에,
살구꽃 눈처럼 휘날리고 술은 기름과 같았지.

流光忽忽復悠悠 離合悲歡白盡頭

---

333 김산천 : 김명희(金命喜, 1788~1857)로 자는 성원(性源), 산천(山泉)은 그의 호이다. 노경(魯敬)의 아들이며 추사(秋史) 김정희(金正喜)의 아우이다.
334 태잠苔岑 : 이태동잠(異苔同岑)의 준말, 소속 등이 다르더라도 생각이 같으면 우정을 나눌 수 있다는 뜻이다.

尙記西園春畫永 杏花如雪酒如油

한 번 미적거리다 다섯 해가 지났으니,
참으로 객지 만남 기이한 인연임 알았도다.
오늘 아침 또 서성西城의 버들 꺾으니,[335]
여전히 푸른 갈대에 흰 이슬 가득한 날일세.[336]

一度依違五度年 信知萍會是奇緣
今朝又折西城柳 依舊蒼葭白露天

공론의 호평과 사적인 은혜가 한 몸[337]에 있으니,
고가古家의 치법治法은 본래 양순良循[338]에게 있네.
서쪽 사람이 아직도 감당나무[339]를 사랑하니,
이 땅의 관매官梅[340]가 또 시월을 맞이했네.

公議私恩在一身 古家治法本良循
西人尙愛甘棠樹 此地官梅又小春

---

335 버들 꺾으니 : 이별한다는 의미이다. 중국 장안의 동쪽에 있던 다리 곧 '파수의 다리[灞橋]'는 송별할 때 버들가지를 꺾어 준 장소로 유명하다.
336 푸른 …… 날일세 : 사람을 그리워하는 경우 자주 쓰는 표현이다. 《시경(詩經)》〈진풍(秦風)·겸가(蒹葭)〉에 "긴 갈대 푸른데, 흰 이슬이 서리가 되었네. 저기 바로 저 사람이 물 저편에 있도다. 물길 거슬러 올라가나, 험한 길이 멀기도 하네. [蒹葭蒼蒼 白露爲霜 所謂伊人 在水一方 㴑洄從之 道阻且長]"에서 원용하였다.
337 한 몸 : 김산천(金山泉)을 말한다.
338 양순良循 : 나라를 위해 힘을 다하고 법을 지키는 관리를 말한다.
339 감당나무 : 주 문왕(周文王) 때 남국(南國)의 백성들이 소백(召伯)의 선정(善政)에 감사하는 뜻에서 그가 머물고 쉬었던 감당나무를 소중히 여겨서 "무성한 감당나무를 자르지도 말고 베지도 말라. 소백께서 그 그늘에 쉬셨던 곳이니라.[蔽芾甘棠 勿翦勿伐 召伯所茇]"라고 노래하였다고 한다.
340 관매官梅 : 관아의 매화를 뜻하는데 흔히 지방의 관아를 연상시킨다.

강촌의 가을바람 기러기 떼 보내는데,
소식 아스라하니 어느 때나 들어볼까?
그대는 지금 스스로 농어회[341]에 만족하는데,
나는 홀로 구름 낀 저문 날[342] 그리워하네.

江國秋風送鴈群 音書迢遞幾時聞
君今自足鱸魚鱠 我獨相思日暮雲

아름다운 시는 뜻 참되지 아니함이 없으니,
마음 의탁함 원래 담담한 가운데 가까워지네.
전번 말을 타고 서릉西陵을 가는 길에,
예에 따라 보통 사람 대하듯 안부 물었지.

未有佳詩意不眞 托心原自澹中親
向來鞍馬西陵路 隨例寒暄似衆人

허주虛舟[343] 같은 일신상의 계책은 본래 한가해,
꼭 누런 먼지가 흰 머리를 더럽히진 않네.
외기러기 우는데 돌아갈 생각 급하니,
양효兩驍의 가을 물이 기름보다 푸르도다.

---

341 농어회 : 진(晉) 나라 장한(張翰)과 관련된 고사이다. 장한이 제(齊) 나라 낙양(洛陽)에 들어가서 동조연(東曹掾) 벼슬을 하다가, 가을바람이 불어오자 고향인 오중(吳中)의 고채(菰菜)·순채(蓴菜)국과 농어회[鱸魚膾] 생각이 나서 곧장 사직하고 돌아간 고사가 있다.
342 구름 낀 저문 날 : 원문은 일모운(日暮雲)으로, 친구를 그리워함을 연상시키는 시어이다. 두보(杜甫)의 〈춘일억이백(春日憶李白)〉에 "위수 북쪽 봄날의 나무 한 그루, 장강 동쪽 해질녘 구름이로다.[渭北春天樹 江東日暮雲]"라고 했다 이에 유래해, '벗을 그리워하는 마음'을 운수(雲樹)라 쓴다.
343 허주虛舟 : 굳이 계교(計巧)를 부리며 어렵게 세상을 살아갈 것이 없이 그저 텅 빈 마음으로 외물(外物)을 대하며 무심하게 지내면 무난하리라는 뜻의 비유이다.

虛舟身計本悠悠　未必黃塵涴白頭
一雁聲中歸思急　兩驍秋水碧於油

동쪽 개울서 나무하고 풀 벤 지 꼭 오 년,
벼슬살이 하면서도 아직 나무하는 인연 있구나.
구름 낀 산 잠시 한가로이 왕래함을 허락해,
넉넉하게 사십일의 기한을 얻었도다.

東磵樵蘇恰五年　爲官猶有伐柴緣
雲山暫許閑來往　寬得期程四十天

어찌 관복 이 몸을 구속할 뿐이겠는가?
돌아와도 즐거울 게 없어 그럭저럭 있었지.
한평생 지고 이고 노래 속의 한이 있어,
매화가 떨어져도 봄소식이 막혀있네.

可但朝衣絆此身　歸無可樂久因循
百年負戴歌中恨　零落梅花隔一春

국화 필 때 쓸쓸히 벗들과 헤어지니,
이날 밤에 여구驪駒[344]는 차마 듣질 못하겠네.
생각건대 숲속 집에 돌아가 누운 날,
가을에 어른어른 정운停雲[345]이 있으리라.

344　여구驪駒 : 이별의 노래를 뜻한다. '여구(驪駒)'는 일시(逸詩)의 편명으로, 손이 떠나려고 할 때 부른 노래라고 한다.
345　정운停雲 : 구름이 멈춘다는 뜻으로 벗을 그리워하는 마음을 나타낸다. 진(晉) 나라 도연명(陶淵明)의 〈정운(停雲)〉이란 시의 자서(自序)에 "정운은 친우를 그리워하는 것이다."라고 하였다.

黃花時節悵離群　此夜驪駒不耐聞
想取林廬歸臥日　秋山靄靄有停雲

374-377 밤에 (화계 남천과) 함께 읊다
夜與(花溪南川)共賦

오늘 밤이 어찌 코 골며 잘 때인가?
내일 출발해 남쪽으로 또 북쪽으로 가누나.
시장 멀어 술 사올 수 없음이 한스럽고,
벼슬 한미해 후하게 대접할 수 있겠는가?
근심은 고향 생각하는 새색시와 같고,
허둥거림은 이익 좇는 상인과 같구나.
옛날의 풍정이 아니라고 말하지 말라,
오히려 시벽詩癖을 고치기는 어렵도다.

今宵豈是鼾眠時　明發南之又北之
市遠恨無春可買　官寒猶有黍能爲
愁如新嫁思歸女　狂似行商逐利兒
莫笑風情非舊日　尙於詩句癖難醫

비탈길이 점점 어두워졌는데,
그대 오는 길은 편안했는가?
돌아갈 골짝길은 대단히 멀고,
이미 겨울옷 입을 때는 지났지.

노년엔 벗과의 교류 드물고,
가난한 집은 혼사가 어렵지.
노쇠한 얼굴을 애석히 여겨,
떠날 적에 등불 앞에서 보네.

厓徑侵曛黑　君來步屨安
懸知歸峽遠　已過授衣寒
暮道朋交罕　貧家嫁娶難
衰顔相愛惜　臨別就燈看

불안한 마음 손님 대할 땐 조금씩 잊히고,
그대 지금 떠나려는데 비가 멈추라 한다.
술은 거드름 피우지 않으니 한가히 마셔라,
시로 명성 구하지 않건만 공연히 짓고 있네.
소옹邵雍이 비록 일 없이 늙었다고 칭했으나,
상장向長[346]에겐 오히려 혼인 안 한 자녀 있네.
벼슬 있을 적 매번 전원 즐거움 부러워했으니,
한 폭의 아미산 그림이 병 고칠 만하구나.

悶抱差寬對客時　君今欲去雨留之
酒非傲物須閒飮　詩不求名只謾爲
邵子縱稱無事老　向家猶有未婚兒

346　상장向長 : 후한(後漢) 때의 은사(隱士)로 자가 자평(子平)으로 흔히 상평(向平)이라 일컬어진다. 그는 젊어서부터 벼슬하지 않고 은거하면서 일찍이 말하기를 "자녀 혼인을 마치고 나면 집안일은 끊어 버리고 다시 상관하지 않겠다.[男女嫁娶旣畢 勅斷家事勿相關]"라고 하더니, 광무제(光武帝) 연간에 자녀 혼사를 마치고는 과연 친구들과 함께 오악(五嶽) 등의 명산을 두루 유람하고 끝내 신선이 되어 갔다고 한다.

官居每羨田居樂 一幅嵌嵋病可醫

큰 부자가 화계花溪에 집을 지어,
마음 편하면 어느 곳이나 편하구나.
돌밭이라 붉은 벼가 늦게 익고,
울타리에 벽화碧花[347]가 쓸쓸하다.
아이 공부 글씨가 더 숙련되니,
이웃에서 술 사기 어렵지 않네.
지팡이 짚고서도 기력이 좋으니,
숙직하는 곳에 자주 와 보누나.

長者花溪築 心安地自安
石田紅稻晩 籬落碧花寒
兒課書添熟 隣賖酒不難
杖藜筋力健 頻枉直廬看

378 써서 정언 한용간[348]에게 주다 書贈韓正言用幹

내외종의 후손 중 이백 년 동안에,
이전에 서로 안 이가 계방季方[349]이 먼저였지.

---

347 벽화碧花 : 꽃의 이름이다. 나팔꽃의 일종으로 가을에 핀다고 한다.
348 한용간 : 한용간(韓用幹, 1783~1829)은 화가로 본관은 청주(淸州), 자는 위경(衛卿), 호는 진재(眞齋) 또는 수목청화관(水木淸華觀)이다. 1828년 문과에 급제하여 정언(正言)을 지냈다. 자하(紫霞) 신위(申緯)와 교분이 두터웠고, 유작으로 〈계산만춘도(溪山滿春圖)〉가 있다.
349 계방季方 : 아우를 말한다. 동한(東漢) 진식(陳寔)의 아들 진기(陳紀)와 진심(陳諶)의 자(字)가 원방

얼굴은 익지 못했으나 마음은 항상 익숙했고,
만날 인연은 없었어도 서화書畫의 인연 있었네.
광문廣文의 삼절예三絶藝350를 깊이 사랑하고,
홀로 평자平子의 사수편四愁編351을 읊었도다.
재산루在山樓 아래를 지나가며,
기구耆舊들이 다 가버리니 이를 슬퍼하노라.

中表雲仍二百年 向來相識季方先
容顏未熟心常熟 會合無緣墨有緣
深愛廣文三絶藝 獨吟平子四愁編
在山樓下經過處 耆舊凋零一悵然

379-383 봄날 공재에서 숙직하며 김(상사上舍 응근)과 함께 당나라 율시 운을 뽑아 짓다
恭齋直中春日與金(上舍膺根)共拈唐人律韻

시 지을 때 법대로 안 해도 그르지 아니하니,
흥 나고 기운 오면 스스로 기미機微에 응해야지.
늙어가매 경치가 어찌 내 소유이런가?

(元方)과 계방(季方)이었다. 형을 원방(元方), 아우를 계방(季方)이라고 한다.
350 광문廣文의 삼절예三絶藝 : 당(唐)의 정건(鄭虔)은 시(詩)와 글씨와 그림을 다 잘했다. 정건이 일찍이 광문관(廣文館)의 박사(博士)가 되었기에 그를 일러 광문(廣文)이라고 하는데, 이는 당 명황(唐明皇)이 그의 재주를 사랑하여 일부러 광문관을 설치하고 그를 박사로 삼았던 데서 연유한다.
351 평자平子의 사수편四愁編 : 후한(後漢) 때의 문인(文人) 장형(張衡)이 지은 〈사수시(四愁詩)〉이다. 평자(平子)는 장형(張衡)의 자이다.

후배의 재주 그대 같은 이 드물구나.
겨우 가랑비 뿌려지니 꽃봉오리 늘어났고,
이미 새봄 볕에 나비 날개 쬐임 보았네.
산 기운 올해 유독 일찍이 따듯해져,
한가한 객 즐거이 감상하고 돌아간다.

爲詩非法亦非非　興到神來自應機
老去風光豈我有　後生才調似君稀
才經細雨添花蕾　已看新陽曬蝶衣
山氣今年偏早暖　好敎閑客賞春歸

작은 집이 산골 시내에 단단히 문 잠그고,
머리 들면 타원형의 동천洞天이 열려있네.
소나무 삼나무는 무성한데 사람은 항상 적고,
저자는 멀고 멀어 술이 오질 않는구나.
밥은 세 때에 두 가지 반찬밖에 없고,
고향 편지 한 장을 천 번이나 읽네.
하인은 남쪽 처마 아래서 졸다 일어나,
한가로이 청노새 풀어 이끼에 구르게 한다.

小館深扃碧磵隈　仰頭圓楕洞天開
松杉肅肅人常少　城市迢迢酒不來
齋飯三時無二味　鄕書一紙看千回
山僮睡起南榮下　閑放靑驢轉綠苔

책 빌렸다 돌려주니 술 단지 비어있어,

근심을 없애고자 하나 아무런 소용없네.
안개 낀 풀밭의 소 자취대로 맘껏 거닐고,
솔바람 새소리 속 은낭隱囊³⁵²에 기대노라.
다만 나이 들어 시 짓는 재주 줄어드니,
봄 되어 경치 전과 같음 분간치 못한다네.
옛일을 회상하고 고향 생각하는 두 심사心事,
이십사번풍二十四番風³⁵³ 불어오면 어찌하리오.

借書還了酒瓶空　欲破愁城未奏功
放杖烟草牛跡裏　隱囊松籟鳥聲中
只緣老去詩才減　不分春來物色同
懷古思鄕兩心事　奈過二十四番風

농가가 이미 장인성丈人星³⁵⁴을 관찰했는데,
금년에《색경穡經》³⁵⁵ 읽지 않음 부끄럽네.
창포의 잎 부질없이 다니는 길가에 보이고,
파랑새 소리는 도리어 숙직실서 들리누나.
난초 성질 끝내 쑥이 아닌 줄 아니,
어찌 버들꽃 날아가 부평초 된 것에 비할까.
십 년 뒤 그대 나를 찾아오길 기다리니,
흰 구름 깊은 곳에 산속 집 문 두드리리.

---

352 은낭隱囊 : 주머니 모양으로 된 몸을 기대는 도구를 말한다. 즉, 고침(靠枕)이라 할 수 있다.
353 이십사번풍二十四番風 : 이십사번화신풍(二十四番花信風)을 말한다. 바람이 꽃피는 시기에 맞추어 불어오는데, 한 달을 2기(氣) 6후(候)로 나누어, 소한(小寒) 때부터 곡우(穀雨)까지 4개월 동안에 8기 24후가 된다.
354 장인성丈人星 : 농장인성(農丈人星), 남두성(南斗星) 서남쪽에 있는 별로 추수(秋收)를 주관한다고 한다.
355 《색경穡經》: 조선시대 1676년에 박세당(朴世堂)이 농사에 관해 지은 책을 말한다.

農家已覘丈人星　慙愧今年廢穭經
菖葉謾從行路見　鳳聲還向直廬聽
亦知蘭性終非艾　豈比楊花去作萍
待到十年君訪我　白雲深處叩巖扃

이웃집 서로 만나 외로움을 위로하니,
하룻밤 세 번 봐도 되려 적다 여겨지네.
병에 꽂힌 꽃은 꼼꼼히 새해 역사 이어가고,
쪽지에 기록하며[356] 한가로이 옛 책을 펼쳐 본다.
항상 마음속 사람 보지 못해 한이었는데,
비로소 이름 있는 선비 알아 헛되지가 않네.
잠깐 이별에 천 리 같이 멀어진다 말 말아라.
가까운 봄철 강에 잉어가 있으니.[357]

隣舍相逢慰索居　一宵三訪尙嫌疎
甁花細續新年史　盦葉閑繙舊日書
常恨意中人未遇　始知名下士無虛
莫言小別如千里　咫尺春江有鯉魚

---

356 쪽지에 기록하며 : 원문 앙엽(盦葉)을 풀이한 것이다. 옛사람들은 농사를 짓다가 떠오르는 생각이 있으면 감나무 잎에다 적어 밭 가운데에 묻어 둔 항아리에 넣었다고 한다. 이를 본떠서, 독서하다가 깨달은 고금의 고거(考據)와 변증(辨證)에 관한 내용을 쪽지에 기록하여 모아 두는 것을 말한다. 청장관(靑莊館) 이덕무(李德懋)에게《앙엽기(盦葉記)》란 저술이 있고, 연암(燕巖) 박지원(朴趾源)의《열하일기(熱河日記)》에도 '앙엽기'란 편(篇)이 있다.
357 잉어가 있으니 : 서로 서신을 주고받을 수 있다는 의미이다.

384 배를 타고 가며 江行

물은 흘러왔으니 물은 응당 가는데,
사방 바라보니 다만 도는 물굽이만 있구나.
먼 배는 움직이지 않는 듯하지만,
돛대의 등 뒤에는 홀연 산이 옮겨가네.

水來水應去 四望只回灣
遠帆如不動 檣背忽移山

385-396 이입정을 애도하다 12수
哭李笠亭[358] 十二首

칼 세찬 물결에 떨어져[359] 옥 티끌에 버려지니,
예로부터 보배로운 물건 묻힘을 한스럽게 여겼네.
문장가나 부귀한 이는 언제나 있지만,
타고난 바탕 속되지 않은 사람 얻기 어렵지.

劒落驚波玉委塵 物華從古恨沈淪
文章富貴尋常有 難得天姿不俗人

---

358 《청량간관초고(靑琅玕館初稿)》의 〈곡이입정 12수(哭李笠亭 十二首)〉이 《우촌시고(雨村詩稿)》·《우촌유시(雨村遺詩)》·《삼가풍요(三家風謠)》에는 시제(詩題)가 〈만현대(挽玄對)〉로 되어 있는데 《우촌시고》와 《우촌유시》에는 12수가 《삼가풍요》에는 9수가 실려 있다.
359 칼 세찬 …… 떨어져 : 흔히 사람이 죽었음을 나타내는 표현이다.

좋은 말과 옷으로 호화롭던 젊은 시절,
조그만 정자 깊은 곳에서 낚싯줄을 손질했었지.
종정鍾鼎[360]의 집안 산림에서 함께할 만한 선비이니,[361]
그대 모습 일찍이 진晉나라 왕휘지王徽之[362]가 보였도다.

翩翩衣馬少年時 一笠亭深理釣絲
鍾鼎家中林澤士 似君曾見晉徽之

사람이 과거 보느라 잘못됨이 몇천 번인가?
고금 영웅들의 머리 모두 서리가 되었다.
현대玄對는 호산湖山에서 생각이 없으니,
과거가 어찌 그대를 바쁘게 할까?[363]

人科相累幾千場 今古英雄髮盡霜
玄對湖山無一慮 槐花安得使君忙

강마을 일을 적은 십 장章의 시,
곡조가 그대로 죽지사竹枝詞와 같았다.
지하에 가 만일 지북池北 노인[364] 만난다면,

---

360 종정鍾鼎 : 종을 울려 식구를 모아 정(鼎)에 담긴 음식을 먹는다는 뜻으로, 부귀영화를 누리는 것을 말한다.
361 함께할 …… 선비이니 : 태부를 지낸 진(晉) 나라의 사안(謝安)이 왕수령(王修齡)을 이렇게 칭찬했다.
362 왕휘지王徽之 : 대나무를 무척 좋아한 동진(東晉) 사람이다. 왕휘지가 텅 빈 집에 기거하면서 문득 대나무를 심으라고 하자, 그 이유를 물으니, 그가 대나무를 가리키면서 "나는 이 자가 없으면 하루도 살 수가 없다.[何可一日無此君邪]"고 말한 고사가 있다.
363 과거가 …… 할까 : 당(唐) 나라 때 과거에 실패한 응시생들이 6월 이후 계속 장안(長安)에 머물러 공부하면서 서로들 개인적으로 시험 문제를 출제하여 실력을 점검한 뒤 홰나무 꽃이 노랗게 될 즈음에 해당 관원에게 새로 지은 글을 작성하여 천거되기를 원했으므로 "홰나무 꽃이 노래지면 수험생들이 바빠진다.[槐花黃 擧子忙]"라는 말이 유행했던 데에서 유래한 것이다. 《南部新書 卷乙》
364 지북池北 노인 : 청(淸) 나라 시인 왕사정(王士禎, 1634~1711)으로서 자는 이상(貽上), 호는 완정

거듭 동국 음률 이해한 시 있다 감탄했으리.³⁶⁵

江鄕書事十章詞 音調依然似竹枝
地下若逢池北老 再歎東國解聲詩

무덤을 차마 대궐 멀리할 수 없으니,
오히려 조석으로 모시고 있을 때와 같구나.
'강월동천江月洞天'이라 돌에 글씨 새겼으니,
그대로 옮겨 묘비墓碑로 삼을 만하도다.

佳城不忍遠庭墀 猶似晨昏侍立時
江月洞天題石字 可堪仍作表阡碑

천 길 높이 날고 날아갈 곳 잃었는데,
옛 둥지 남겨놓음도 하나의 기특한 일.
아마도 단혈丹穴³⁶⁶에는 뭇새가 없을 것이니,
그대가 하늘 오르고 바다 나는 때 기다렸겠지.

千仞翶翔失所之 故巢留得一奇

(阮亭)·어양산인(漁洋山人), 시호 문간(文簡)이다. 저서로는 《거이록(居易錄)》,《지북우담(池北偶談)》,《어양시집(漁洋詩集)》 등이 있다.

365 거듭 …… 감탄했으리 : 어양(漁洋) 왕사정(王士禎)이 〈시를 평론한 절구[論詩絶句]〉에서, 청음(淸陰) 김상헌(金尙憲)의 시를 두고
"얕은 구름 끼고 가랑비 내리는 소고사,　　　　淡雲微雨小姑祠
국화는 빼어나고 난초는 쇠잔한 팔월이라네.　　菊秀蘭衰八月時
조선 사신의 위 시구를 아직도 기억하고 있거니와,　記得朝鮮使臣語
참으로 동쪽 나라 사람들 시가를 알고 있네.　　果然東國解聲詩"
라고 하였다.

366 단혈丹穴 : 전설 속의 산 이름으로, 이곳에 오색영롱한 봉황새가 산다고 한다.

只應丹穴無凡羽 待汝軒天翥海時

구월 구일 술잔 들고 생각에 잠겼으니,
맑은 가을날 아울러 옥계玉溪의 시 읽누나.
한 떨기 황국 보니 천 줄기 눈물 흘러내려,
화악華屋과 구산邱山[367] 생각이 또 이때 나네.

九日樽前有所思 淸秋並讀玉溪詩
一叢黃菊千行淚 華屋邱山又此時

범주范舟[368]와 고무皐廡의 일 탄식할 만하니,
내 평생 지붕 위 까마귀를 좋아했었지.[369]
특별히 이 거문고 산수곡山水曲[370]이 있어서지,
원래 다만 통가通家[371]가 되기 때문만은 아니라네.

范舟皐廡事堪嗟 好我平生屋上鴉
別是琴中有山水 由來非直爲通家

---

367 화악華屋과 구산邱山 : 흥망성쇠와 인생의 무상함을 뜻하는 말이다. 삼국(三國) 시대 위(魏) 나라 조식(曹植)의 〈공후인(箜篌引)〉에 "생전에 살던 화려한 저택, 죽어선 쓸쓸한 산언덕 무덤.[生在華屋處 零落歸山丘]"이라는 구절이 있다.
368 범주范舟 : 범려(范蠡)의 배라는 뜻으로, 춘추(春秋) 시대 월(越) 나라 대부 범려가 구천(勾踐)을 도와 오(吳) 나라를 멸망시키고 패자(覇者)가 되게 한 뒤에, 홀로 배를 타고 오호(五湖)로 나갔던 고사가 전한다.
369 지붕 …… 좋아했었지 : "사람을 사랑하는 자는 그 사랑이 지붕 까마귀에까지 미치고, 사람을 미워하는 자는 그 미움이 그 마을 모퉁이의 바람벽에까지 미친다.[愛人者 兼其屋上之烏 不愛人者 及其胥餘]"라고 한 말을 인용했다.
370 산수곡山水曲 : 유수곡(流水曲)・고산유수곡(高山流水曲)・아양곡(峨洋曲)이라고도 한다.
371 통가通家 : 선조(先祖) 때부터 서로 친하게 사귀어 오는 집을 말한다. 세교(世交)가 있는 집이다.

만년에 은둔하며 왕래할[372] 계획 이미 틀렸는데,
강물 소리 돛 그림자 아직도 꿈속에 남아있네.
광릉산廣陵散[373] 끝가락에 창자가 끊어질 만하니,
정월의 송별연과 이월의 편지 때문일세.

三徑殘年計已虛 江聲帆影夢猶餘
廣陵終曲腸堪斷 正月離筵二月書

글·술·거문고·바둑을 물리쳐 버렸고,
강산과 풍월만 보면 눈물이 흐른다.
전혀 즐거워할 만한 세상일이 없으니,
죽은 그대, 살아있는 나 거리가 얼마나 되려나?

文酒琴棋廢卻佗 江山風月淚邊過
都無可樂人間事 君死吾生去幾何

늘 셀 수 없이 말하고 웃었는데,
말없이 웃던 모습 가장 잊기 어렵네.
이제는 캄캄하여 한스럽기만 하니,
오히려 생전에 못 한 말 있어서지.

---

372 은둔하며 왕래할 : '삼경(三徑)'의 번역으로, 시골로 돌아가서 전원생활을 즐기는 것을 말한다. 한(漢)나라 장후(蔣詡)가 향리로 돌아가서 모든 교분을 끊은 채 정원에다 오솔길 세 개[三徑]를 만들어 놓은 뒤에 오직 양중(羊仲)·구중(求仲) 두 사람과 어울려 노닐었다는 고사가 있다.

373 광릉산廣陵散 : 거문고 가락 이름이다. 진(晉) 나라의 혜강(嵇康)이 화양정(華陽亭)에서 자면서 거문고를 퉁기다가 어느 객으로부터 전수받은 곡이 바로 광릉산인데, 뒤에 혜강이 종회(鍾會)의 참소로 인하여 사마소(司馬昭)에게 죽으면서 형장(刑場)에서 그 곡을 마지막으로 타면서, "광릉산 곡조가 이제는 세상에서 없어지겠구나.[廣陵散 於今絶矣]"라고 하였다.

言笑尋常不記番 不言相笑最難諼
如今昧昧中心恨 猶有生前未盡言

만 리 놀러 다니던 일 어제와 같으니,
구천에서 알고 지내는 이 어떤 사람인가?
후생에 만약 정해진 기약 있다면,
꿈에서라도 그대 한 번 증명해다오.

萬里聯遊似隔晨 九原相識更何人
佗生若有前期在 夢裏須君一證眞

397-404 금부를 중수한 뒤에 동료 이계재와 함께 지어 8수에 이르다
重修禁府後與李僚繼在共賦至八疊

오늘날 사람이 다시 옛 의금부를 보니,
도끼 가래로 일 이뤄 만부萬夫는 떠났도다.
팔면의 처마 창문 달 밝음이 더했고,
백 년 동안의 어두움 바람에 다 날려버렸네.
쳐다보니 저절로 공경심이 일어나니,
형옥刑獄을 끝내는 죄수 없어지길 기약하리.
유독 아낀 것은 못가 정자 가을비 온 뒤의,
여뀌 붉고 갈대 푸르른 강호의 풍경일세.

今人復見舊金吾 斤錘功成退萬夫
八面軒窓增月朗 百年陰翳盡風驅
觀瞻自起油然敬 刑獄終期必也無
絶愛池亭秋雨後 蓼紅蘆碧似江湖

온화하고 느긋한 마음으로 내가 날 사랑하니,
점점 늙고 게을러짐에 따라 공부가 익어가네.
산에 있고 들에 있으나 은거함은 똑같고,
말 부르고 소 부르든 한결같이 모는 대로 맡긴다네.
달 보느라 관모 기울어짐 알지 못하고,
꽃을 따며 속절없이 백의白衣[374] 없음 탄식하네.
시정詩情은 천고에 누구와 가까운가?
육방옹陸放翁[375]과 범석호范石湖[376]를 겸했도다.

和緩爲心吾愛吾 漸緣衰懶熟工夫
在山在野同歸隱 呼馬呼牛一任驅
見月不知烏帽仄 摘花空歎白衣無
詩情千古誰相近 陸放翁兼范石湖

구름 낀 산 나 버리지 않았음 확실히 알아,

---

374 백의白衣 : 술을 가지고 오는 사람을 가리키는 시어(詩語)이다. 도연명(陶淵明)이 중양절(重陽節)에 마실 술도 없이 국화꽃을 따다가 울타리 옆에 앉아 있는데, 멀리 흰옷 입은 사람 하나가 오는 것이 보이더니, 그가 바로 강주자사(江州刺史) 왕굉(王宏)이 보내는 술을 가지고 온 사람이었다는 고사에서 인용한 것이다.
375 육방옹陸放翁 : 육유(陸游, 1125~1210)로 남송(南宋) 때의 문인이다. 자는 무관(務觀), 호는 방옹(放翁)이다.
376 범석호范石湖 : 범성대(范成大, 1126~1193)로 남송(南宋) 때의 시인이다. 자는 치능(致能), 호는 석호거사(石湖居士)이다.

비록 벼슬하고 있으나 또한 숨은 사람이구나.
도포 더럽힐 일 많아 빨래 쉬기 어렵고,
약한 당나귀 수행하니 빨리 모는 것이 두렵네.
눈앞의 성패가 모두 다 허망한 것이고,
가슴 속 순탄과 험준은 본래 없던 것이지.
성스러운 세상에서 어떤 물건을 구하리?
하지장賀知章[377]처럼 멋대로니 물러남이 합당하네.

定識雲山不捨吾 一官雖在亦潛夫
氀袍多事難休澣 蹇衛隨行怕疾驅
眼底成虧都是幻 胸中夷險本來無
欲從聖世求何物 狂似知章合賜湖

일만 가호 다듬이소리 날 수심에 잠기게 해.
집 떠난 지 삼 년 마치 전쟁터의 군졸 같네.
미관말직 고생 심해 낚싯대 걸린 고기 같고,
세상일은 달리는 천리마보다 급하다네.
병든 국화 떨기 비를 머금어 무겁고,
높이 나는 기러기 떼 구름 속 들어가 없어지네.
남쪽 고을 낚시 친구를 부질없이 기다리니,
한 조각 작은 배가 호수에 가득하리.

萬戶砧聲愁殺吾 別家三載似征夫
微官困甚竿魚上 世事忙於隙驥驅

---

377 하지장賀知章 : 원문은 지장(知章)이다. 지장은 이태백(李太白)을 만나 적선(謫仙)이라고 일컬은 것으로 유명한 하지장을 말한다.

病菊叢叢含雨重 高鴻陣陣入雲無
南鄕釣侶空相待 一片瓜皮滿地湖

옛사람 나 속이지 않았다 말하기 어려우니,
부부(賦)를 잘 짓는다고 대부가 되었으랴?
저잣거리서 술 외상해 빚이 쌓여있고,
시 찾느라 종은 천천히 나귀 모는데 이골 났네.
노년에 자신을 아껴 공명심이 줄었고,
말세의 습속에 협기 없음 항상 탄식한다.
벗들이 지금 별처럼 다 흩어져 버렸으니,
누굴 위해 매화 피는 시절 서호에 갈 것이냐?[378]

古人難道不欺吾 能賦何曾作大夫
貰酒街坊容積負 覓詩驢僕慣徐驅
頹齡自惜名心減 衰俗常嗟俠氣無
社友如今星散盡 爲誰梅信到西湖

관복 걸친 내 모습 아주 우스워,
지금의 집안 형편 아직도 농부 같네.
주방 일은 아내 맡아 새벽에 밥을 짓고,
들에서 아이는 종일토록 소 몰았네.
천 리 지역 굶주린 백성 구제할 수 있겠는가?
흉년 걱정에 한 항아리 양식도 없다 알려온다.

---

378 누굴 …… 갈 것이냐 : 매화를 심고 학을 기르며 서호(西湖)의 고산(孤山)에서 은거하였던 북송(北宋)의 시인 서호처사(西湖處士) 임포(林逋)를 염두에 둔 표현이다.

주머니 속 일찍이 도주陶朱 계책³⁷⁹ 있었으면,
어찌 공 이룬 뒤야 오호五湖에 배 띄우리오.

身上簪袍絶笑吾 卽今家計尙田夫
廚烟妻任淸晨爨 野牧兒應盡日驅
飢色可能千里救 荒憂又報一甁無
囊中早有陶朱策 何待功成泛五湖

그대 보니 나보다 세 살이 젊은데,
흰 얼굴 붉은 입술 아름다운 장부로다.
묘하게 깨달은 강산³⁸⁰은 거문고에 있고,
풍우 놀라게 한 높은 재주 붓끝에서 나왔지.³⁸¹
돈 귀신만 세상 가득해 우정은 박해졌고,
궁한 귀신 나 따르니 상쾌한 일 없도다.
남은 생애 은거할 계책 이뤄지겠는가?
단양丹陽이 동쪽으로 의림호義林湖와 접했구나.³⁸²

見君三歲少於吾 白晳朱唇美丈夫
妙悟江山琴裏在 高才風雨筆端驅
錢神滿世交情薄 窮鬼隨人快事無

---

379 도주陶朱 계책 : 치부를 할 계책을 말한다. 도주는 범려(范蠡)를 지칭한다. 범려는 월왕(越王) 구천(句踐)을 섬겨서 오(吳) 나라를 쳐서 멸망시키고 나서는 월(越) 나라를 떠나 오호(五湖)에 배를 띄우고 돌아다니다가 제(齊) 나라에 들어가서 치이자피(鴟夷子皮)로 성명을 바꾸고 재산을 수천만 금이나 모았다 한다.
380 강산 : 거문고 곡조의 뜻으로 백아(伯牙)의 산수곡(山水曲)을 염두에 둔 표현이다.
381 풍우 …… 나왔지 : 두보(杜甫)의 〈기이백(寄李白)〉이란 시에서 이백(李白)의 뛰어난 시재(詩才)를 찬탄하여 "붓이 떨어지면 풍우가 놀라고, 시가 이루어지면 귀신이 울었지.[落筆驚風雨 詩成泣鬼神]"라고 하였다.
382 단양丹陽이 …… 접했구나 : 단양에 은거할 생각을 가지고 있음을 알 수 있다.

就否殘年栖隱計　丹山東接義林湖

숙직실 외로이 앉았으니 모두가 나 같으나,
어찌 나그네 수심 늙은이 같은 이 있으랴?
반 세 동안 시광詩狂은 참으로 잠꼬대요,
노년 자취 육신 부림은 다만 주림 몰려서지.
서리 스민 이중벽에 벌레 어찌 그리 우는가?
달빛 가득 빈 뜰에 새도 또한 없도다.
현재 처지가 즐겁지 않음을 아노니,
이 가을 넋과 꿈은 기러기 곁 호수에 있네.

直廬塊坐摠如吾　豈有羈愁似老夫
半世詩狂眞夢囈　暮途形役只飢驅
霜侵複壁蟲何急　月滿虛庭鳥亦無
要識所居非所樂　一秋魂夢雁邊湖

405 이군목에게 주다 贈李君牧

그대 만나기 전 이미 그대 집안 공경했는데,
이어진 멋진 말[383] 이제 다시 입 안에서 주웠네.
재차 서릉西陵 모심은 참으로 꿈 밖의 일이고,
남쪽 고을 맡아 하늘가로 다시 가네.

---

383 이어진 멋진 말 : '담설(談屑)'의 번역이다. 담설은 아름다운 말이 계속되는 것을 이른다. 아름다운 말이 마치 톱질을 할 때 톱밥이 끊임없이 이어지는 것과 같음을 말한다.

동년同年[384]이요 하물며 마음속 생각도 같은데,
작별 아쉬워 어찌 흰 머리가 애석하지 않으랴?
비바람에 술 깨고 사람은 멀리 간 뒤,
빽빽한 소나무 숲속 해는 기우누나.

未逢君已敬君家 談屑今還拾齒牙
再直西陵眞夢外 一麾南郡更天涯
同年況復同心事 惜別那禁惜鬢華
風雨酒醒人遠後 萬松如織日將斜

406 불구정 2 不垢亭 2

사람이 연꽃과 어울려 아름다우니,
참으로 때 묻지 않은 정자 되었네.
구름은 모래와 이어져 함께 희고,
강은 들과 접하여 함께 푸르다.
술은 속세의 생각 없앨 만하고,
시는 영묘한 성정을 길러준다.
나그네 근심 스스로 풀 수 있어,
단지 이를 위해 거닐며 노네.

人與荷花好 眞成不垢亭

---

384 동년同年 : 같은 때에 과거에 급제한 것을 말한다.

雲連沙共白 江接野俱青
酒可消塵慮 詩能養性靈
客愁頗自遣 只爲此居停

407 단곡이 시 읊는 곳 鍛谷吟詩處

한겨울에 삼일 동안 비가 오더니,
남은 따뜻함으로 하늘이 맑아졌다.
술 밖에는 근심 깨뜨리기 어렵고,
매화 옆에선 시구도 고와지려 하네.
들판 다리에는 연기가 덮여있고,
성곽 나무에는 달빛이 널리 깔려있네.
다만 그대가 떠나기 재촉할까 두려워,
내가 어찌 술에 취해 잠들리오.[385]

大冬三日雨 餘煖到晴天
酒外愁難破 梅邊句欲鮮
野橋烟冪歷 城樹月連延
只恐君催去 何曾我醉眠

---

385 내가 …… 잠들리오 : 이백(李白)의 〈산중대작(山中對酌)〉의 "내가 취하여 잠이 오니 그대는 돌아가, 내일 아침 술 생각나면 거문고 안고 오게나.[我醉欲眠君且去 明朝有意抱琴來]"를 염두에 두었으되 시상을 뒤집어 표현하였다.

408 부임지 영천으로 떠나는 이군목을 전송하다
送李君牧之任榮川

영천 원님 참으로 그대의 영광이니,
주금晝錦[386]으로 남쪽 가니 어른들이 맞이하네.
고향 땅에서 마을 풍속 살피고서,
선영 아래 마을에 백성 실정 확인하리.
수레 앞 비는 내려 곡식 싹은 푸르고,
일산 아래 훈풍에 보리 물결 환하리.
영남 사람 오면 모름지기 소식 물어보니,
틀림없이 풍기 예천 다스린 명성 듣게 되리라.

榮川眞是爲君榮 晝錦南還父老迎
桑梓鄕中諳里俗 松楸村裏識民情
輿前細雨秧針綠 傘脚暄風麥浪明
嶺表人來須問信 定聞豊醴舊治聲

---

[386] 주금晝錦 : 낮에 비단옷을 입는다는 뜻으로, 출세하여 고향에 돌아가는 것을 말한다. 금의환향(錦衣還鄕)과 같은 말이다.

409-411 채일사³⁸⁷가 보내준 절구 3수에 삼가 화답하다 奉酬蔡逸史見寄三截句

높은 음조 아양곡峨洋曲³⁸⁸을 누굴 향해 연주하나?
예부터 한 명의 종자기 얻기 어려웠도다.
바다와 산 아득하여 삼천 리나 먼데,
홀로 고란孤鸞과 별학別鶴³⁸⁹의 슬픔 있네.

高調峩洋奏向誰 古來難得一鐘期
海山漠漠三千里 獨有孤鸞別鶴悲

돌처럼 굳은 정신적 교유 운치 더욱 기이해,
천운茜雲³⁹⁰의 시 한 수가 하늘가에 떨어졌네.
계림의 옛일은 참으로 황당하고 고루한데,
장사꾼이 황금으로 백거이 시 사는구나.³⁹¹

石訂神交韻更奇 茜雲一朵落天涯
鷄林古事眞荒陋 賈客黃金買白詩

---

387 채일사 : 註 55) 참조.
388 아양곡峨洋曲 : 산수곡(山水曲) · 유수곡(流水曲) · 고산유수곡(高山流水曲)이라고도 한다.
389 고란孤鸞과 별학別鶴 : 배우자를 잃었음을 의미한다. 옛 금곡(琴曲)인 별학조(別鶴操)와 고란조(孤鸞操)를 말한 것으로, 원래 부부의 이별을 비유한다. 도잠(陶潛)의 시에, "동방에 한 선비가 있으니, 입은 옷은 항상 남루하거니와 …… 내가 일부러 온 뜻을 알고, 거문고 가져다 날 위해 타는데, 윗줄에선 별학조를 튕겨내더니, 아랫줄에선 고란조를 연주하누나.[東方有一士 被服常不完 …… 知我故來意 取琴爲我彈 上絃驚別鶴 下絃操孤鸞]"라고 하였다.
390 천운茜雲 : 채일사의 호(號)이다.
391 계림의 …… 사는구나 : 박현규의 논문을 〈백거이(白居易) 계림죽시(鷄林鬻詩)와 신라(新羅) 관련 자료 재검증〉《인문학논총(人文學論叢)》제16집, 순천향대학교 인문학연구소, 2005) 참조하였다.

깊은 밤 두 곳의 영혼이 사라지니,
이 세상서 서로 그리는 맘 달랠 길 없네.
비록 생각하지만 어떻게 꿈꿀 수 있나?
머리칼 목소리 모두 알 수가 없구나.

兩處魂消深夜時 此生無計慰相思
縱然有想何由夢 髭髮聲音摠不知

412-416 중서 오사권에게 보내다 寄吳中書思權

봄 가고 봄 오는 하늘 끝에서,
옛적에 금대金臺³⁹²의 버드나무 휘어잡았지.³⁹³
회동관會同館³⁹⁴ 밖 중화국中和局에서,
석양에 말고삐 매던 때를 아직도 생각하네.

春去春來天一涯 金臺楊柳舊攀枝
會同館外中和局 尙憶斜陽繫馬時

하늘과 바다 짙푸르고 기러기는 슬피운데,
십 년 동안 소식 한 번 물어보지 못했네.
옛날 시를 써준 부채 아직도 있으니,

---

392 금대金臺 : 북경(北京) 조양문(朝陽門) 밖에 있는데, 그곳의 석조(夕照)는 일품으로 꼽힌다.
393 버드나무 휘어잡았지 : 서로 헤어졌다는 뜻이다.
394 회동관會同館 : 중국(中國) 원(元)·명(明)·청(淸) 나라 때 외국 사신의 접대, 접견의 일 따위를 맡아보던 관청을 말한다.

손을 씻고 때로 상자 열고 보네.

天海靑蒼雁響酸　十年辜負問平安
舊題詩扇今猶在　盥手時開篋笥看

매사에 참여한 사람 지금 절반도 안 남아,
떨어져 살던 사람들 다 없어져 홀로 시 읊네.
당년에 동시선東詩選을 출간하자 의논했는데,
뜻대로 되지 않아 다만 은정만 느낀다네.

梅社人今弱半存　索居消盡獨吟魂
當年議刻東詩選　事與心違只感恩

지리한 외지 벼슬살이에 흰 머리가 났는데,
가련하다. 그대는 나보다 삼 년이나 위이지.
근래에 천운茜雲의 소식을 들었는가?
어느 때 부석鳧舃[395]이 다시 조회할 것인가?

旅宦支離雪印顚　憐君較我老三年
近得茜雲消息未　幾時鳧舃更朝天

눈물 많이 흘려 눈이 더 침침해졌는데,

---

395 부석鳧舃 : 지방 관원의 행차를 말한다. 후한(後漢)의 왕교(王喬)가 지방관으로 있으면서 매월 초하루 보름이면 반드시 조정에 와 조회를 하고 갔는데 뒤따라 온 거기(車騎)도 없었다. 그를 이상히 여긴 황제는 태사(太史)에게 밀령을 내려 자세히 지켜보게 하였던 바, 그가 올 때쯤 해서 두 마리의 오리가 동남방에서 날아오고 있을 뿐이었다. 그리하여 그 오리가 가까이 오기를 기다려 그물을 던져 잡았더니 그물 속에는 오직 신발 한 짝이 있었다 한다.

술은 근심 못 없애고 소갈증만 생겼구나.
해낭奚囊[396] 향해 좋은 시구 묻지 말라.
근래는 강엄江淹처럼[397] 재주가 없어졌네.

眼因多淚翳花添　酒不消愁病渴兼
莫向奚囊問佳句　邇來才盡似江淹

417-418 유가사瑜伽寺의 반송 瑜伽盤松

솔 한 그루 구름 낀 산에 예로부터 누워 있어,
조용한 새들이 고승과 왕래했었지.
굽은 줄기는 대들보 기둥으로 쓰이질 못하나,
천 칸 집 덮으려는 첫 마음을 버리지 않네.

一松從古臥雲山　幽鳥高僧自往還
屈幹未成樑棟用　初心不負庇千間

관부官府에서 봄 다 가도록 산 보지 못해,
잠시 소나무 아래 지나며 돌아가지 않으려네.
아전들은 지나치게 거리낌 없음 괴이타 말라,
이것도 원래부터 공무의 하나라네.

---

396 해낭奚囊 : 시초(詩草)를 넣는 주머니를 말한다. 당(唐) 나라 시인 이하(李賀)가 명승지를 돌아다니며 지은 시를 해노(奚奴 : 종)가 가지고 다니던 주머니에 넣었던 고사가 전해 온다.
397 강엄江淹처럼 : 남조 양(南朝梁)의 문장가 강엄이 만년에 꿈속에서 곽박(郭璞)을 만나 오색필(五色筆)을 돌려준 뒤로 갑자기 문재(文才)가 감퇴되었다는 고사가 있다.

官府經春不見山 暫過松下欲無還
吏人莫怪疏狂甚 公事元來在此間

419 이공제[398] 李公堤

이공제李公堤 가의 버드나무가,
짙푸르게 멀리 아스라이 보인다.
터놓은 물 두둑의 벼로 흐르고,
언덕의 꽃 은은한 향기 날리네.
천천히 걸으니 바람이 시원하게 불고,
오래 앉아 있으니 해가 기운다네.
홀연히 고향 생각이 일어나는데,
밭 갈고 고기 잡는 두어 집이 보이누나.

李公堤上柳 濃綠望中賖
洩水通畦稻 幽香近崖花
緩行風送善 久坐日垂斜
忽起鄉園想 耕漁有數家

---

398 이공제 : 경북(慶北) 김천시(金泉市) 지례면(知禮面)에 있는 제방으로 추측된다. 감천제방으로 불리는 이 제방은 수해로 인해 고통 받는 현민들을 위해 이채(李采, 1745~1820) 현감이 재임 기간 중 총력을 다해 쌓은 둑으로 현민들은 그 고마움을 잊지 않기 위해 이공제(李公堤)라 불렀다고 한다.

420 의산에 있는 여러 집안 사람에게 써서 주다
題贈宜山諸族人

부절 차고 어사화 꽂은 부자父子의 몸은,[399]
의산 선산 떠올리면 선조 생각에 서글픕니다.
이번 길에 감히 영예로움 자랑 못했으니,
해마다 성묘하는 분들에게 부끄럽습니다.

佩竹簪花父子身　宜山松檟愴千春
此行未敢誇榮耀　終愧年年上墓人

421 장흥의 선비 양규영가에 '희구[400]당'이 있는데 이미 부모님이 돌아가신 뒤에도 희구당의 편액을 고치지 않았으니, 기뻐함을 다시 할 수 없고 두려움을 면할 수 없음을 깊이 알았기 때문이다. 이것으로 스스로 슬퍼하고 이어 이것으로 자손을 경계한다고 한다. 시를 지어 화답을 구하기로 차운하다
長興梁士人鎣永家 有喜懼堂 旣孤露而不改其扁 深知夫喜之不可復而懼之不可免也 以是自悼 因以是戒子孫云 有詩求和次其韻

---

399 부절 차고 …… 몸은 : 아버지와 자신이 모두 벼슬하고 있다는 의미이다. '패죽(佩竹)'의 '죽(竹)'은 '죽사부(竹使符)'를 줄인 것으로, 지방관으로 나가는 사람이 차는 부절(符節)이다.
400 희구 : '연로(年老)한 부모를 모시는 사람은 한편으로는 기쁘고[喜], 한편으로는 두렵다[懼].'는 공자의 말씀에서 나온 말인데, 부모가 이미 장수하신 것은 기쁘지만 앞으로 사실 날이 많지 않음을 두려워한다는 뜻이다.

양홍梁鴻[401]의 집 노래자老萊子[402]의 뜰에,
희구의 편액은 사십 년이 되었네.
좋은 이름 고치지 않고 훈계를 드리워,
길이 사모하는 마음으로 자기 집안에 걸었네.
장가張家의 구대는 응당 한 집에서 살았고,[403]
진씨陳氏의 자손들 하늘의 별 모인 듯했지.[404]
바라노니 여기서 동고동락할 뿐 아니라,
이 집 사는 사람은 이 마음도 잘 알아야 하리.

梁鴻宅裏老萊庭　喜懼扁題四十齡
不改嘉名垂訓戒　永將餘慕寄門屛
張家九世應同室　陳氏諸郞定聚星
頌在歌斯哭斯外　此堂居者此心明

---

401 양홍梁鴻 : 후한(後漢) 때의 인물이다. 양홍이 품팔이를 하며 어렵게 살았지만 집에 돌아오면 아내가 공경하여 바로 쳐다보지 못한 채 밥상을 들어 눈썹과 가지런히 했다고 한다. 흔히 거안제미(擧案齊眉 : 밥상을 들어 눈썹과 가지런히 함)라 하여, 부부끼리 서로 공경하는 것을 비유한다.

402 노래자老萊子 : 춘추(春秋) 시대 초(楚) 나라의 인물이다. 노래자가 효성으로 어버이를 섬겨 70세의 나이에도 항상 색동옷을 입고 어린아이의 놀이를 하여 부모를 기쁘게 하였다고 한다.

403 장가張家 …… 살았고 : 당(唐) 나라 수장(壽張) 사람 장공예(張公藝)는 9대가 한집에서 살았는데, 고종(高宗)이 그 집에 찾아가 한집에서 화목하게 살 수 있는 비결을 물으니, 인(忍) 자 1백 자를 써서 올렸다 한다.

404 진씨陳氏의 …… 듯했지 : 진식(陳寔)이 두 아들인 원방(元方), 계방(季方)과 손자 장문(長文)을 데리고 순숙(荀淑)의 집에 가자 하늘에 덕성(德星)이 모이는 상서(祥瑞)가 나타났는데, 태사(太史)가 이것을 보고 "하늘에 덕성(德星)이 모였으니 500리 안에 현인(賢人)들이 회합했을 것입니다."라고 보고하였다 한다. '취성(聚星)'은 흔히 덕망과 재주를 갖춘 선비들의 회합을 뜻한다.

422 곽씨의 정려각에서 편액의 시에 차운하다
郭氏旌閭閣次板上韻

산 기운과 강의 신령함이 아울러 합쳐진 곳,
기이한 꽃과 귀한 나무들은 외롭지가 않네.
동방의 예와 악을 갖춘 삼천 리 이 땅에,
현풍 곽씨 마을 어귀에 열두 정려가 섰구나.
한평생 거듭 새로워지는 정려각의 모습 보고,
구대 사는 중에 오히려 옛 당 이름 지킨다네.
오늘까지 고향 이산尼山 자락서,
농가의 밤 글 읽는 소리 그 누가 들어줄까?

岳氣川靈合處幷 異花嘉木不孤生
靑邱禮樂三千里 玄郭門閭十二旌
百歲重瞻新閣貌 九居猶護舊堂名
至今桑梓尼山側 誰聽田家夜讀聲

423 병을 앓으며 病中

가슴속에 화기 올라 정신이 없어,
베갯머리 괴로운 꿈은 구름처럼 어지럽다.
사흘 밤 누워있으며 무슨 일을 하느냐?
스스로 야윈 뺨 때려 모기 한 마리 잡는구나.

蒸火心肝腦不分 枕頭煩夢亂如雲
三宵臥裏何功業 自搏癢顴破一蚊

424-426 유가사의 반송 瑜伽寺盤松

돌에서 쉬니 이끼가 자리에 스며들고,
시내를 따라가니 물이 안장에 튀는구나.
조용한 산속의 절에 이르고 보니,
시골 사람의 한가로움 누리게 된다네.
아름다운 풍경 속에서 시를 짓는데,
술은 풀 나무 사이에서 향기롭구나.
노승을 참으로 부러워할 만하니,
소나무에 걸린 달의 청한淸寒 차지하네.

憩石苔侵席 沿溪水濺鞍
到來山寺靜 邀得野人閑
墨氣烟霞裏 醪香草樹間
老僧眞可羨 松月管淸寒

절을 찾아갈 겨를 없어,
소나무 앞에서 문득 안장을 푸네.
구불구불 서린 공을 헤아릴 수 없으니,
아득하고 오래되어 뜻 항상 여유롭구나.
갖가지 기이한 물건 뿌리 밑에 감춰졌고,

오랜 세월 잎에 담겨 있구나.
서리 온 뒤에도 색 변치 않고,
더운 날씨에도 찬 기운 만든다네.

未暇尋僧院 松前便解鞍
屈盤功莫測 蒼遠意常閑
百怪藏根底 千秋在葉間
不移霜後色 能作暑天寒

고인이 숨어 살던 곳은,
멀리서 바라보니 고개가 안장 같네.
의자를 이후에도 내려놓을 때 있고,[405]
뜰은 한나절도 한가하지 않다네.
한 번 유람하니 구속을 벗어난 듯,
술 취하고 깨는 사이에 서로 웃는다.
소나무는 노인과 함께 늙어가며,
혹한에도 마음 변치 않길 약속하네.

古人棲隱処 遙望嶺如鞍
榻有佗時下 庭無半日閑
一遊拘束外 相笑醉醒間
松與翁蒼老 心期證歲寒

---

405 의자를 …… 있고 : 의자를 내려놓는다는 말은, 어진 선비를 대하듯 깍듯이 예우한다는 뜻이다. 후한(後漢)의 진번(陳蕃)이 다른 손님은 일절 접대하지 않았는데, 서치(徐穉)만 오면 특별히 의자 하나를 내려놓고 환담을 하다가 그가 가면 다시 올려놓았다는 현탑(懸榻)의 고사가 있다.

427 안찰사 이재彝齋와 함께 동화사에 놀러가다
遊桐華寺同彝齋按使

오랫동안 산을 생각했기에,
산에 들어가니 마치 옛적 놀던 곳 같네.
갠 하늘에 숲은 푸른빛이 짙고,
봄 낮에 물소리는 부드럽다.
절을 물어보려 가마를 멈추고,
비석을 보려고 두건 뒤로 젖힌다.
쓸쓸히 안찰사를 수행한 뒤,
이별의 마당에 다시 풍류 넘치네.

山在想中久 入山如舊遊
霽天林色艶 春晝水聲柔
問寺轎停脚 看碑幘岸頭
悵隨裵帶後 臨別更風流

428 우연히 측간 옆의 국화를 읊다 偶咏厠邊菊

도잠은 누런 국화의 벗인데,[406]
속세에 잘못 떨어져 삼십 년을 지냈다네.
다만 그윽한 향기를 따라가,

---

406 도잠은 …… 벗인데 : 도연명(陶淵明)의 〈음주(飮酒)〉시에 "동쪽 울 아래에서 국화꽃을 따다가, 유연히 남산을 바라보노라.[採菊東籬下 悠然見南山]"라는 구절이 나온다.

어떤 자리든 뒷간이든 깨끗이 잇노라.

陶潛自是黃花友 誤落塵中三十霜
但使幽香隨処在 何茵何涵淡然忘

429 가지에 걸려있는 마른 말고삐 稿索懸枝

마른 고삐 가지 걸려 한 발 쯤 되는데,
오랫동안 비바람 겪어 색이 재와 같다네.
스스로 쇠하고 썩어 힘없음을 아노니,
인간 세상에 여섯 말 몰기 싫어 하네.

稿索懸枝一摩才 久經風雨色如灰
自知衰朽無筋力 厭向人間御六駷

430-449 병을 앓으며 일을 적다 20수
病中書事 二十首

뿌연 안개 막 걷히자 잠자리는 마르고,
하늘빛 조각조각 석양으로 돌아오네.
탁 트인 작은 창 깊고 깊숙한 곳에서,
시내 남쪽 푸르른 산 누워서 보는구나.

嵐霧初收枕簟乾 天光片片夕陽還
呀然小戶深深處 臥看溪南淺碧山

발 걷으니 지지배배 새끼 제비 찾아오고,
노란 오이 파란 콩 온갖 꽃이 피었구나.
뜰 구석 사람 왕래 가장 드문 곳에,
비 온 뒤 검푸른 이끼가 자랐도다.

簾捲聲聲乳鷰來 瓜黃荳碧雜花開
庭隅最少人行処 雨過青紺一色苔

더운 기운이 연기 같은 한낮에,
시원한 바람 때로 녹음 옆을 지나간다.
고요함 속에 소리 없음 크게 느끼니,
새로 갠 뒤 한두 매미 소리 듣기 좋구나.

暑氣如烟日午天 涼飅時過綠陰邊
靜中太覺無聲響 喜聽新晴一兩蟬

그물 얽는 어부는 바늘 멈추지 않고,
지루하게 나의 병든 마음을 근심케 한다.
오늘 아침 빈 뜰에 햇빛이 내리쬐니,
흡사 시내 앞 백홀이 심히 꺾인 듯하네.[407]

---

[407] 백홀이 …… 듯하네 : 백홀(百笏)은 수(隋) 나라 고조(高祖) 때 이목(李穆)이 태사(太師)가 되자 집안의 자손들을 모두 의동(儀同)을 삼아 한집안에 상홀(象笏)을 가진 자가 1백여 명이었다고 한다. 의동은 의동삼사(儀同三司)라고도 하며, 실제로는 삼공이 아니면서 의장(儀章)을 삼공과 같이 하는 산관(散官)을 가리킨다.

結網漁人不住針 支離愁我病中心
今朝展曬虛庭日 恰折前溪百笏深

어지러운 산속에 트인 들은 머나먼데,
넓은 들판 맑은 시내가 아스라이 보이누나.
저녁 되자 풀 위에 한 줄기 연기 덮였고,
한수漢水의 삼포가 방하교放霞橋에 접했네.

亂山中闢野超超 平楚晴川極目遙
向夕草頭烟一抹 漢三浦接放霞橋

예사로 고기 잊고 몇 개월이나 지냈나,
병 앓고 나서 위 편치 않음 느낀다네.
사냥꾼 몇 사람이 아침에 찾아와,
띠로 싼 사슴 다리를 주고 가는구나.

忘肉尋常月幾迴 病餘差覺胃難開
獵夫數輩朝相過 送餉茅苞鹿脚來

사립문 열지 않으니 대추꽃이 만발한데,
고요 익혀 고요 즐기는 마음 이뤄졌네.
홀로 앉아 바둑 두니 유독 운치 있어,
작은 바둑판 줄 있으니 철사금鐵絲琴이네.

柴門不啓棗花深 習靜因成樂靜心
獨坐下棊獨有韻 小枰中絚鐵絲琴

유월의 동산에는 온갖 초목 자랐는데,
바라보니 가운데 모두 푸름뿐이네.
유난히 귀엽구나! 영당맥鈴鐺麥[408]이,
한가한 구름 독차지해 석양이 누렇구나.

六月山園百卉長 望中都大綠靑蒼
偏憐一種鈴鐺麥 占斷閑雲作晩黃

꿈속에 정신은 땀에 젖은 몸이었으니,
어찌 다시 이 세상 사람 될 줄 생각했으랴!
시험 삼아 뜰 거닐며 작은 지팡이 의지해,
한 시간 귀신처럼 거닐고 버섯처럼 서 있었네.

夢中神識汗中身 那意還爲此界人
試步庭除扶小杖 鬼行菌立半時辰

손님이 현풍玄風의 옛 태수 집 찾아와,
나의 때 묻은 옷 헝클어진 머리를 보네.
문득 따로 벼슬 준비하는 줄 의심하며,
웃으며 "공 이제 밖으로 나가려는가?"라 묻네.

客訪玄風舊守家 看吾衣垢髮鬖沙
卻疑別有朝官樣 笑問公今出外麽

새우젓 파는 아이 큰 소리 치고 있어,

---

408 영당맥鈴鐺麥 : 귀리[耳牟]를 말한다.

뜰 서쪽 대추나무 울타리로 불렀네.
옛날 살던 강가 사정 한 번 물어보며,
짐짓 더디게 십 전 어치를 사누나.

一聲叫過賣鰕兒　招到庭西棗下籬
憑問舊居江上事　十錢交易故遲遲

평상 위 먼지 낀 책 시험 삼아 펴보니,
심신이 끊길 듯 이어질 듯 어지럽기 실 같네.
다만 전부터 좋아해서 던져 버리기 난감해,
오히려 주렴 사이 앉아 책 한 권 손에 드네.

牀上塵編試卷舒　心神斷續亂絲如
只緣宿好難抛卻　猶坐簾間手一書

권하는 죽과 미음에 이불 속 괴로웠는데,
요즘엔 밥과 국을 조금이나 먹는구나.
딸아이가 옆방에서 기뻐하며 축하하길,
"아침 한 술 저녁 또 한 술 드셨네." 한다.

苦厭衾中勸粥糜　日來稍進飯羹爲
女兒隔壁相歡慶　朝一匙添暮一匙

온갖 생각 털처럼 일어나 편치 못하니,
너무나 또렷한 정신 또렷한 게 아닐세.
옆 사람들 밤 깊어 모두 코 심히 고는데,

홀로 붉은 등 마주하니 살별 같도다.

百念如毛寐不寧　太惺惺是未惺惺
傍人夜久皆牢鼾　獨對紅燈似孛星

흙벽에서 냄새나니 빗소리가 싫은데,
삼십일 동안 갠 날 열흘 보기 어렵네.
저녁 구름 희미한 달 삼키고 뱉으니,
또 남쪽 시냇물 소리 창 들어와 운다.

土壁生香厭雨聲　三旬難得一旬晴
夕雲呑吐朧朧月　又聽南溪入戶鳴

머리 맞댄 병아리가 낟알 쪼을 때,
대략 털빛으로 암수 구별할 수 있네.
까닭 없이 놀라 울고 이유 없이 싸우다가,
홀연히 다시 줄지어 가지에 앉기도 하네.

聚首雛鷄啄粒時　略將毛色辨雄雌
無端驚叫無端鬪　忽復成行坐樹枝

차 끓이려 불 부는데 나무가 젖으니,
어안魚眼 솔 소리[409]의 징조가 없구나.

409　어안魚眼 솔 소리 : 어안이란 물이 한창 끓을 때, 마치 고기의 눈알만큼 크게 일어나는 기포를 말한다. 소식(蘇軾)의 〈시원전다(試院煎茶)〉 시에 "게의 눈을 이미 지나서 고기 눈이 나오니, 설설 소리가 솔바람 소리와 흡사하구나.[蟹眼已過魚眼生 颼颼欲作松風鳴]"라고 하였다.

앓고 일어나 숲속 집에서 긴 날 보내니,
스스로 황토 뭉쳐 화로를 만드누나.

烹茶吹火濕薪廚　魚眼松聲候也無
病起林齋消永日　自團黃土作風爐

둥근 부채 남쪽서 와 북방에 두루 퍼지니,
매년 가볍고 정교하게 새로 단장하네.
산가에서 시험 삼아 호리병 모양 만드니,
모습은 거칠고 뼈대 힘은 강하도다.

圓扇南來遍北方　每年輕巧出新妝
山家試造葫蘆樣　顔色觕頑骨力强

수없는 거미줄과 땅벌 있는 집,
집 비록 낮고 작아 무릎이나 용납했네.
차일로 동쪽 처마 햇빛 가리기 위해,
동산의 다섯 그루 소나무를 베었다네.

無數蛛絲與土蜂　屋雖低小膝能容
凉棚補障東簷日　斫取園中五鬣松

일 많은 농가가 가장 불쌍하니,
긴긴 날 잘 처리해도 일은 끝이 없네.
한 노복 흡사 늙고 병든 나와 같으니,
낮에는 무밭 갈고 저녁에는 삼을 삶네.

最憐多事是田家 長日差排未有涯
一僕恰如吾老病 晝耕蘿葍夕窯麻

450 소상팔경 시 한 수를 차운하다 次瀟湘八景一首

한 일자 모양의 가을 강과 하늘에,
지는 노을 외로운 오리는 함께 있구나.
배의 돛대는 초승달을 배워서,
길이 서풍에 반원 모습 되어 간다.

一字秋江一字天 落霞孤鶩共無邊
帆身也學初弦月 長送西風半腹圓

451-455 메밀 蕎麥

산 자갈과 냇가 모래밭 가리지 않고,
빽빽이 씨 뿌리면 붉은 줄기에 흰 꽃 피네.
익지 않아도 이미 맛 좋음을 아노니,
가을 향기 흩어져 양봉가로 들어간다.

不分山确與溪沙 槪種紅莖放白花
未熟已知風味好 秋香散入養蜂家

황혼 문득 달빛 모래톱 덮었는지 의심하고,
아침에는 도리어 눈꽃 피었는지 겁내네.
네 흰 머리가 검어짐이 부러워,
혹 선가仙家에서 씨 전해진 게 아닌가?

黃昏卻訝月籠沙 朝日還驚雪作花
羨爾白頭能化黑 得非傳種自仙家

세 모서리 잔 낟알 부수면 모래 같고,
흰 가루 체질하면 눈꽃이 흩어지네.
뭉치어 만두 빚고 뽑아 떡도 만드니,
한겨울 맛난 음식이 산골집에 있구나.

三稜細粒碎如沙 白麪篩來撒雪花
團作饅頭引作餠 歲寒滋味在山家

본디 모래 같은 귀리밥 싫어해,
종자 바꿔 가을밭에 심어 흰 꽃을 보네.
다만 늦작물은 일찍 익을 뿐만 아니라,
부드럽고 매끈하여 입맛 돋워준다.

生憎雀麥飯如沙 易種秋田見素花
不但晚耕能早熟 兼將柔滑養脾家

좋은 토질 모래 섞인 흙을 골라야 하고,
푹푹 찔 땐 해에 꽃이 탈까봐 늘 염려하네.

밭 사이의 고락쯤은 아예 모두 상관 없이
하락河洛의 황금 쟁반 부귀가에 오르느나.

奕艮須揀土兼沙　蒸爛常憂日烘花
田間苦樂都無管　河洛金盤富貴家

456 가을날에 금리와 함께 짓다 秋日與錦里共賦

쇠락하자 다시 웅비한 기운도 없고,
천 리 강산 나들이 떠남 드물구나.
난초 향기 아직 배어있는 서책 있으나,
국화 향기 술 생각 먼저 이끌고 돌아갔네.[410]
오만한 관리 세상 경영했다는 말 듣지 못해,
홀로 문 닫은 왕손王孫 괴이하다 여기지 마소.
자녀 혼인 후엔 병 앓을까 걱정하니,
어느 해 오악으로 유람 떠날 것인가?

衰頹無復氣雄飛　千里湖山命駕稀
蘭臭尙留書卷在　菊香先引酒情歸
未聞傲吏能經世　莫怪王孫獨掩扉
婚嫁餘緣憂疾病　何年五岳振吾衣

---

410 국화 향기 …… 돌아갔네 : 국화가 다 시들고 나니 술 먹을 생각도 없다는 뜻이다.

457 국화를 대하고 운자를 부르다 對菊呼韻

가을빛 해마다 같은데,
가을 회포 날마다 많네.
소산조小山操[411]에 우물쭈물했고,
무성가武城歌[412]의 기대 저버렸다.
치아와 머리털은 공연히 아쉽고,
안개 서리 덮인 가을은 또 지나가네.
병 앓고서 오히려 술을 끊었는데,
국화주를 대했으니 어찌하리오.

秋色年年似　秋懷日日多
依違小山操　孤負武城歌
齒髮空相惜　烟霜看又過
病餘猶止酒　當柰菊花何

458 육방옹 시의 운에 맞추어 짓다 拈陸律韻

전년에 저에게 주신 패옥을,

---

411 소산조小山操:《초사(楚辭)》회남소산(淮南小山)의 〈초은사(招隱士)〉에 "그윽한 산속에 떨기로 무성한 계수나무[桂樹叢生兮山之幽]"라는 구절과 "계수나무 가지 부여안고 애오라지 머무노라.[攀援桂枝兮聊淹留]"라는 구절이 나온다. 소산조(小山操)에 우물쭈물했다는 말은 과감히 은거하지 못했다는 뜻이다.

412 무성가武城歌: 무성(武城)의 읍재(邑宰)가 된 자유(子游)가 고을을 잘 다스리자 고을 사람들이 모두 현악(弦樂)에 맞추어 노래를 불렀다. 공자가 무성에 가서 그 노래를 듣고 웃으며 "닭을 잡는 데에 어찌 소 잡는 칼을 쓰느냐.[割鷄焉用牛刀]"라고 하였다.

보관한 상자 속에서 찾았다네.
어찌 구름 낀 산 막혔기 때문이리오.
혼인으로 인해 친밀해진 게 아니지.
국화 술 함께 즐거이 마시니,
흰 머리털 쓸쓸함 금하기 어렵도다.
마음 있지만 말 않고 조용히 있으니,
아양곡이 꼭 소리로 드러나지 않지.

昔年璜佩贈　留向篋中尋
豈以雲山隔　非因嫁娶深
菊觴懽共進　霜髮悵難禁
心在言俱寂　峨洋不在音

459-461 가을밤에 운자를 뽑아 박금리·이함호와 함께 짓다
秋夜拈韻同朴錦里李菡湖賦

다시 초계草溪로 시 모임 찾아가니,
귀밑머리 똑같이 희어짐에 서로 놀라네.
출세했어도 높은 선비 뜻 없어서가 아니요,
가솔을 이끌었어도 끝내 타향 시름 있어라.
그대 생각하면 환하니 구름 속 달과 같고,
나처럼 한가한 사람 오직 바다 위 갈매기 신세.
뜰의 국화 누굴 위해 다시 비 맞고 있나?

지금의 시격 위응물韋應物[413]에게 부끄럽네.

重尋吟社草溪頭 鬖髮相驚一例秋
出世非無高士志 挈家終有異鄕愁
思君皎若雲間月 似我閒維海上鷗
階菊爲誰還冒雨 卽今詩格愧蘇州

이슬 젖은 잎 빛나고 달은 봉우리에 걸렸는데,
빈 누각서 멀리 울리는 종소리 듣고 앉아 있네.
쇠한 얼굴 가을 포구서 백발은 삼천 길이나 되고,
외로운 꿈 구름 산이 만 리까지 막고 있네.
돌아갈 계획 밭매던 기冀땅의 각결郤缺[414]에게 부끄럽고,
처음 마음은 나무 아래 모용茅容[415]에게 배우네.
참된 벗은 예로부터 만나기가 어려워,
게으름 깨뜨리고자 급히 취해 미칠 듯 읊네.

露葉晶晶月挂峰 虛樓依遠坐疎鍾
衰顔秋浦三千丈 孤夢雲山一萬里
歸計田間慚冀缺 初心樹下學茅容
朋知從古稀相見 驟醉狂吟爲破慵

---

413 위응물韋應物 : 당(唐) 나라의 시인으로 위응물(737~791)은 소주자사(蘇州刺史)를 지냈다. 세상에서 도연명(陶淵明)에 비겨 도위(陶韋)라고 일컬었으며, 또 왕유(王維)·맹호연(孟浩然)·유종원(柳宗元)에 배합하여 왕맹위유(王孟韋柳)라고도 불렀다.
414 각결郤缺 : 춘추(春秋) 시대 진 문공(晉文公) 때 기읍(冀邑)에 살았던 각결(郤缺)을 말한다. 처음 기읍에서 농사를 짓고 살면서 부부간에 서로 공경하기를 서로 손님을 대하듯이 했는데, 대부 구계(臼季)의 천거를 받아 문공에게 쓰여서 하군대부(下軍大夫)가 되었다.
415 모용茅容 : 동한(東漢)의 사람이다. 나이 40세가 되도록 글을 읽지 못하고 밭을 갈았는데, 곽태(郭泰)가 그의 사람됨을 알고 학문을 권하여 마침내 덕(德)을 이루었다.

이끼 낀 돌 주름은 옛 전서篆書와 같은데,
한 구역의 푸르름에 산거 생활 생각난다.
올 적에 남녘에서 기러기 소식 있더니만,
어젯밤 서풍 불자 또 편지가 이르렀네.
병든 몸 일으켜 시 찾으니 마음이 담담하고,
술 취해 붓 잡으니 글자가 엉성해지네.
참된 멋은 맘에 있지 사물에 있지 않나니,
구마裘馬이든[416] 밭갈이든 상관이 없도다.

苔石皴如古篆書 一區蒼翠憶山居
來時南陸初鴻雁 昨夜西風又鯉魚
病起覓詩情淡淡 酒酣拈筆字疎疎
眞趣在心非在物 不關裘馬與耕鋤

462-463 두보시의 운자를 뽑아 짓다 拈杜律韻

저녁 하늘 길게 부쳐 마음 띠어 슬픈데,
하물며 홀로 노닐며 온갖 생각할 때이랴.
뜻대로 하는 삶이 원래 군자 다음은 되고,
높은 곳 오르길 그저 대부와 기약하네.
국화 향기 비에 젖어 꽃은 힘겹게 지탱하고,
파초의 뜻 서리 맞아 잎 더디 피는구나.

---

[416] 구마裘馬이든 : 구마는 《논어(論語)》에 나오는 말로 가벼운 옷을 입고 살진 말을 타는[輕裘肥馬] 사람이란 뜻을 지녔다. 생활이 호화스럽고 부유한 자를 말한다.

늙어가며 고달피 시 읊음이 되려 부담되나,
백낙천[417]·육방옹 두 사람 시 모방해서 짓도다.

夕天長帶佛心悲　况值孤遊百念時
肆志元爲君子次　登高聊與大夫期
菊香浥雨垂花重　蕉意經霜展葉遲
老去苦吟還是累　依摸白陸兩家詩

옹의 나이 사직할 때 가까웠음 탄식 말라.
아름답고 재주 있는 두 자제 반갑게 맞이하네.
함께 서필鼠筆로 구양순·저수량[418] 글씨 쓰고,
촛불 아래 웅환熊丸[419] 먹고 《좌전》과 한유를 읽네.
시간 흘러 숙련되면 응당 모범 되리니,
바로 지금 형제 중 누가 낫다하기 어렵지.
학시루學詩樓에서 새로운 시 많이 지으니,
쇠하고 게으른 나 흥취 줄지 않누나.

莫歎翁年近挂冠　二郞佳妙嘉相看
聯床鼠筆臨歐褚　對燭熊丸讀左韓
佗日老成應有典　卽今兄弟已難爲
學詩樓上多新語　能使衰慵興不闌

417　백낙천 : 백거이(白居易, 772~846)를 말한다. 자는 낙천(樂天), 호는 취음선생(醉吟先生)·향산거사(香山居士) 등으로 불렸다.
418　구양순·저수량 : 당(唐) 나라의 서예가로서 우세남(虞世南, 558~638)과 구양순(歐陽詢, 557~641) 그리고 저수량(褚遂良, 596~658)을 초당(初唐) 3대가라 한다.
419　웅환熊丸 : 곰 쓸개로 만든 환약을 말한다. 이 환약은 졸음을 쫓고 정신을 맑게 한다고 한다.

464-465 이날 밤 운자를 불러 또 오언시를 짓다 2수
卽夜呼韻又賦五字 二首

새 날아가는 저 밖 가을 산 아득한데,
외로운 심사를 어찌 말할 수 있으랴.
비록 가시덤불 같은 벼슬길 달린다 하나,
누가 무릉도원을 그리워하지 아니할까?
사람은 전년의 머리털이 희어졌고,
시에는 옛날의 넋이 돌아왔다.
흥이 일면 밤에도 가고픈 곳 가나니,
섬계剡溪의 마을[420]이 그립고 그립도다.

鳥外秋山杳　悵然那可論
縱令馳棘路　誰不愛桃源
人改他年鬒　詩還舊日魂
興來能夜往　長羨剡中村

늙어감에 시명詩名 무거워짐 겁을 내니,
오강吳江에 옛 단풍이 떨어지네.[421]
응당 시와 도가 거리 멀지 않고,
어찌 반드시 사람을 곤궁하게 하리오?
시냇가의 나무에 서리 살짝 내렸고,

420　섬계剡溪의 마을 : 註 204) 참조
421　오강吳江에 옛 단풍이 떨어지네 : '나를 찾아올까 걱정이다', '헛되이 난 명성이다'로 볼 수 있을 듯하다. 당(唐) 나라의 최신명(崔信明)은 자신의 시에 대한 자부심이 높았다. 그가 지은 시 가운데 "단풍잎 지니 오강이 차갑구나[楓落吳江冷]"라는 구절이 있었다. 양주녹사참군(楊州錄事參軍) 정세익(鄭世翼)이 최신명에게 시를 보여 달라고 하자 앞의 시를 보여주자 정세익은 "본 것이 들은 것에 미치지 못하는구나.[所見不逮所聞]"라고 말하고는 그 작품들을 강물에 던져버렸다는 고사가 있다.

성 안 다듬이질 소리 밤에도 울린다네.
물가 마을엔 기장과 벼가 익었으니,
돌아갈 꿈에 남쪽 기러기 따라가네.

老怊詩名重　吳江舊落楓
未應違道遠　那必使人窮
澗樹含霜薄　城砧入夜同
水村粱稻熟　歸夢趁南鴻

466 춘원에 동랑이 들르다 春園冬郎相過

(缺)
나그네가 무릉도원 속 집에 이르렀네.
남곽南郭의 바람소리 하늘 땅 구별 없고,[422]
동랑冬郞 시는 고금의 차이가 없다.
참으로 오늘 밤에 여운黎雲의 꿈 이루고,
우선 내일 아침 곡우차를 뜯어야지.
산 위 달도 내 맘 몰라주지 않으리니,
나 이제 잠들지 못하나 굽히지 않으리라.

422　남곽南郭 …… 없고 : 《장자(莊子)》에 나오는 남곽자기(南郭子綦)가 안성자유(顔成子游)에게 한 말 중에 인뢰(人籟)·지뢰(地籟)·천뢰(天籟)라는 용어가 보인다. 인뢰는 사람이 울리는 소리로 악기의 소리, 지뢰는 대지가 일으키는 소리로 바람 소리, 천뢰는 인뢰와 지뢰의 근본이 되는 대자연의 소리를 뜻한다.

（缺）　　霞　客到淵明記裏家
南郭籟無天地別　冬郞詩不古今差
眞成此夜黎雲夢　且采明朝穀雨茶
山月也非情外物　我方無寐未應斜

467 박금리와 함께 승지 임문경을 방문했는데 정언 박광오도 모였다(어양의 운을 뽑아 짓다)
同朴錦里訪任文卿承旨朴正言光五亦會(拈漁洋韻)

나 노쇠하니 끝내 〈대아〉를 누가 말할까?[423]

봄철 되니 객지 고생 곱절이나 쓰라리네.

백발 이미 되니 이 세상 미련 버렸는데,

푸른 도포엔 지난해 먼지가 붙어 있네.

바다에서 자라 낚는 사람[424] 찾으니,

상수 남쪽 국화 먹는 사람[425] 비로소 돌아왔다.

하물며 허유許由[426] 대하며 물가에서 늙어가니,

423　나 노쇠하니 …… 말할까? : 〈대아(大雅)〉와 같이 아름답고 순정한 시문을 짓던 이광정이 세상을 떠난 것을 아쉬워하는 마음을 표현한 것이다. 이백(李白)의 〈고풍(古風)〉에 "〈대아〉가 지어지지 않은 지 오래인데, 나도 노쇠하니 끝내 누가 〈대아〉를 말할까.[大雅久不作 吾衰竟誰陳]"라는 구절이 나온다.

424　바다에서 …… 사람 : 이백(李白) 같은 사람을 말한다. 이백이 일찍이 한 재상(宰相)을 알현하면서 해상조오객(海上釣鼇客, 바다에서 자라 낚는 나그네)이라 스스로를 칭하며, '무지개를 낚싯줄로 삼고, 밝은 달을 낚시로 삼겠으며.[以虹霓爲絲 明月爲鉤]', '천하에 의기 없는 장부를 미끼로 삼겠다.[以天下無義氣丈夫爲餌]'라고 했다고 한다.

425　국화 …… 사람 : 굴원(屈原)처럼 귀양 갔던 사람을 말한다. 굴원이 지은 〈이소경(離騷經)〉에 "아침엔 목란에 떨어진 이슬을 마시고, 저녁엔 떨어진 가을 국화를 먹는다.[朝飮木蘭之墜露兮 夕餐秋菊之落英]"라 하였다.

426　허유許由 : 중국 상고(上古) 시대의 고사(高士)로서 요(堯)가 천하를 허유(許由)에게 양보하려 하자 거절하고 기산(箕山)에 숨었으며 또 그를 불러 구주(九州)의 장(長)으로 삼으려 하자 영수(潁水) 물

한 표주박 물 권하고 한 번 새로이 읊는구나.

吾衰大雅竟誰陳 客味逢春倍覺辛
白髮已抛當世事 靑袍猶帶去年塵
欲尋海上釣鰲子 初返湘南餐菊人
況對許由川畔老 一瓢相勸一吟新

468 계묘년 가을에 강화도 남장대[427]에서 판액의 운에 맞추어 짓다
癸卯秋沁島南將臺次板上韻

홀로 산성 올라 물가의 성 내려다보니,
감회는 속절없이 저녁 구름 빗겨있네.
해마다 북으로 예물 보내 강토엔 아무 일 없고,
밤마다 남쪽 봉화는 바다 평안함 알려오네.
들판의 집 연기는 남은 눈빛 머금고,
항구의 돛 바람은 먼 조수 소리 보내온다.
아마도 충렬사 앞에 있는 귀신은,
지금 사람 전란 없음 부러워하지 않으리.

獨上山城瞰水城 感懷空與暮雲橫

가에 가서 귀를 씻었다 한다.
427 남장대 : 강화부(江華府) 치소(治所) 남쪽에 있었던 곳을 말한다. 해상 경비의 임무를 맡았던 진무영(鎭撫營)의 군사들이 강화 지역 전체를 전망하던 곳이었다.

年年北幣疆無事 夜夜南烽海報平
野屋煙含殘雪色 港帆風送遠潮聲
只應忠烈祠前鬼 不羨今人不見兵

469 조지원[428]이 밤에 찾아오다 趙芝園夜至

〈자지가紫芝歌〉 불렀던 상령商嶺[429]의 구비요,
《태현경太玄經》[430]을 저술한 양웅의 정자.
위병衛兵 한 명 골목길에서 흐느끼고,
외로운 지팡이 마당에서 나간다.
다시 눈 속 핀 매화 흥취 맛보고,
거듭 가을철의 청신함을 잇누나.
방 고요해 산은 푸른 기운 이끌고,
부엌이 차니 시장 비린내가 멀어졌다.
비결을 좁은 견식으로 묻고서,
시는 맘껏 웃기 위해 듣는다네.
만년 계획은 지남석과 철처럼 통하고,
앞서 노닒은 부평초를 생각하네.
머리털 더 희어질 수 없음 탄식하고,

---

428 조지원 : 조수삼(趙秀三, 1762~1849)을 말한다. 조선 후기의 여항시인(閭巷詩人)으로 본관은 한양(漢陽). 초명은 경유(景濰). 자는 지원(芝園)·자익(子翼), 호는 추재(秋齋)·경원(經畹)이다.
429 〈자지가紫芝歌〉 불렀던 상령商嶺 : 은사(隱士)가 숨어있던 상령을 말한다. 상령은 상산사호(商山四皓)가 은거했던 상산(商山)의 별칭이다. 〈자지가(紫芝歌)〉는 그들이 지초를 캐며 불렀다는 노래로, 흔히 은자(隱者)의 노래를 뜻한다.
430 《태현경太玄經》: 후한(後漢)의 양웅(揚雄)의 저술이다. 모두 10권으로 《주역(周易)》을 본떴다.

누구를 청안青眼으로 대할 것인가?[431]
타향살이하니 오래 지체하기 어렵고,
산에 사니 어둡고 아득함이 한스럽네.
세속 밖 물건에 마음 두고 있는데,
남극의 별에는 빛 드리워져 있구나.
선학仙鶴은 어떤 사람의 모습인가?
부구浮邱[432]가 홀로 방법이 있도다.

紫芝商嶺曲 玄艸子雲亭
一衛嘶門巷 孤筇出戶庭
復乘梅雪興 重續菊秋醒
室靜延山翠 厨寒遠市腥
訣從觀井問 詩爲解頤聽
晚計通磁鐵 前遊感梗萍
髮嗟無可白 眼欲向誰靑
旅食難淹滯 岩栖恨杳冥
放心塵外物 垂曜極南星
仙鶴何人相 浮邱獨有經

---

[431] 누구를 청안靑眼으로 대할 것인가 : 청안(靑眼)은 반가워하는 눈빛을 말한다. 진(晉) 나라 죽림칠현(竹林七賢)의 한 사람인 완적(阮籍)은 예교에 얽매인 속된 선비가 찾아오면 흰 눈[白眼]을 뜨고, 맑은 고사(高士)가 찾아오면 청안을 뜨고 대했다고 한다.

[432] 부구浮邱 : 신선의 이름을 말한다. 《문선(文選)》〈유선시(遊仙詩)〉에 "왼쪽으로는 부구의 소매를 당기고, 오른쪽으로는 홍애의 어깨를 친다.[左挹浮邱袖 右拍洪厓肩]"라고 했다.

470-479 삿갓[433] 笠

대립에 치포관[대치臺緇][434]이 옛 제도에 맞는데,
우리 풍속 볕이 나도 삿갓 쓴다네.
전모剪髦[435]하면 의식이 갖춰지고,
관을 써야 예절이 합당해진다.
일산 같은 모양 둥근 하늘 본떴고,
가뜬함은 증립烝粒[436]처럼 칭송받네.
비 맞아 늘어짐을 경계해야 하고,
오얏나무 아래서 고쳐 쓰지 않는다네.

臺緇合古制 東俗暘亦笠
剪髦儀長成 加冠禮和龕
如盖象乾圓 伊糾頌烝粒
戒在雨中墊 嫌遠李下拾

붉게 꾸미면 품계가 삼품 오른 것,
누런 것은 나이가 스물 못 되어서지.
만들 땐 아교풀로 단단히 붙여야 하고,
보관할 땐 티끌과 그을음 조심해야지.
솜씨는 섬사람이 시작했지만,

---

433 삿갓 : 시의 원제목이 '삿갓[笠]'으로 되어 있으나 시의 내용은 범위가 넓어 '갓[冠]'을 서술하기도 했다.
434 대립에 치포관[대치臺緇] : 《시경》〈소아(小雅)·도인사(都人士)〉에 "저 도읍 양반은 대립에 치포관(緇布冠) 쓰셨었고.[彼都人士 臺笠緇撮]"라는 구절이 나온다.
435 전모剪髦 : 다팔머리를 깎는 것을 말한다. 옛날에 자식을 낳아 3개월이 되면 머리를 깎아 타(鬐)를 만들어 장식을 삼았다. 이후 부모가 돌아가서 빈소(殯所)를 차린 뒤에는 모(髦)를 떼어 냈다.
436 증립烝粒 : 곡식으로 뭇 백성을 기르다. 《시경(詩經)》〈주송(周頌)·사문(思文)〉에는 "곡식으로 우리 뭇 백성을 기르시니 너의 극(極)이 아님이 없다.[立我蒸民 莫非爾極]"라고 하였다.

상인은 먼 시골까지 와 파네.
약간 꾸밈 있어야 구별되나,
대체로 같아 등급이 없다네.

朱篩品登三　黃織年未卅
製要膠糊堅　藏畏塵煤澁
工機島人叔　商販遐陬及
稍別有文章　大同無等級

곡할 때는 벗어야 공경스럽고,
높은 분 맞이할 땐 급히 써야지.
무리의 게으름을 매질하듯이,
뭇 안일함 삿갓으로 다 돌아가네.
모첨帽簷 넓어 화로 모임 서로 부딪히고,
베가 성겨 담배 연기 빠져 나가지.
잔치에서 빌린다면 가난이 가련하고,
싸우다 찢어지면 절대 안 되지.

臨哀免猶敬　迎尊整須急
群怠若加策　衆逸咸歸笠
簷闊偪爐會　布疎通烟吸
宴借貧可憐　鬨裂頑宜戢

완전히 벗으면 잎 놀이가 벌어지고,
반쯤 벗으면 시상이 떠오른다네.
높이 쳐 들으면 의기가 당당하고,

구부려 낮추면 겸손한 듯하네.
무늬를 넣으면 물결이 잔잔히 일고,
산처럼 우뚝 솟은 상투 감추네.
바깥 둘레는 테두리가 고르고,
속 둥글어 규모圭瑁를 모아놓은 듯.

渾脫葉戱陳　半崖詩思入
攙高乃軒昂　僂卑似謙把
纈文波漪漪　隱髻山岌岌
外匡璧肉勻　中圓圭瑁輯

자른 대는 만 조각으로 실처럼 가늘고,
옻칠은 천 그루 나무즙을 다 쓰네.
가볍고 섬세하니 머리 편해 즐겁고,
새로이 윤기 나니 기름 닦은 것 같네.
하늘 이고 있으면 모양이 다 볼록하고,
땅에 있으면 그림자가 열십자가 된다.
헤지면 또 다시 고쳐 쓸 수 있고,
살짝 부딪쳐도 수리할 수 있다네.

篠析萬竿縷　漆罄千林汁
輕纖喜首便　新潤疑指濕
頂天樣皆凸　在地影成十
旣弊又改爲　微觸可因葺

꺾어 떨궈 호협함을 뽐내어 보나,[437]
묶었을 땐 병들었나 걱정스럽네.
교묘하려면 들춰 부지런히 닦아야 하고,
소홀히 취급받아 얽매여 있음 싫어하네.
이마를 조아리면 절하기에 방해되고,
손을 들면 높이 읍할 적에 걸리누나.
이마에 장식하면 푸른 깃이 빛나고,
턱에 두르면 구슬빛이 곱구나.

折落矜豪俠　閣束愁病蟄
巧妙勤揚刷　簡懶厭羈縶
稽顙妨下拜　攀手礙高揖
裝顚翠羽燦　繞頷珠光熠

바람에 날라가면 고개에 오를까 두렵고,
진흙 튀면 습한 곳 갈까 근심하네.
다리 길면 개미가 따라가는 듯하고,
시장 멀면 까마귀 떼로 서 있는 것 같다.
주정하면 어깨에 매여 있기도 하고,
짐을 지면 혹 상자에 닿기도 한다네.
　　　　(缺)
수레에서 내릴 때는 벗을 반가워하지.

437　꺾어 떨궈 …… 뽐내어 보나 : 서로 싸움이 붙었을 때 상대방 갓의 양테를 꺾어 떨어뜨려 기세가 등등해졌다는 말이다.

風飜怕登嶺　泥拍憂行隰
橋長蟷緣行　市遠雅簇立
䭀有擔于肩　負或懸於篋
　　（缺）　　下車歡友執

옷 꾸밈새는 고금이 다르고,
때의 운수는 열리고 닫힐 때가 있네.
어찌 기약할 수 있으리오. 오랑캐의 세상에서,
홀로 남관南冠[438] 쓰고 울지 않을 수 있으리.
겉은 모전이나 속은 비단으로,
군관軍官은 단단히 묶어 쓰네.
대나무 그대로 옻칠도 않고,
일꾼들 시골 마을 달려가누나.

服色異古今　時運有開闔
那期左袵世　獨免南冠泣
表氊而裏錦　軍校嚴束襲
徒竹而不髹　傭雇走鄕邑

해 가리니 얼굴은 전부 희고,
더위 나니 줄은 항상 젖어 있네.
쌍으로 된 갓끈은 벌에게 있어야 하고,[439]
외뿔인 해태[440]는 어찌 떠받지 않는가?

---

438 남관南冠 : 남관은 초(楚) 나라의 관(冠)으로 '포로' 또는 '수인(囚人)'을 말한다.
439 쌍으로 …… 하고 : 《예기(禮記)》 《단궁(檀弓)》에 "갓을 쓰고 있는 벌에게는 갓끈이 없고 갓끈이 필요 없는 매미에게 갓끈이 있다.[范則冠而蟬有緌]"라고 했다.
440 해태 : 시비와 선악을 판단하여 안다고 하는 상상의 동물을 말한다.

능욕하며 선비의 고지식함 비웃고,
속양粟陽[441]은 집이 넉넉함을 아네.
벗들이 서로를 불러주니,
문필을 노력하여 이루누나.

障日顔俱晳 經暑繫常浥
雙綾范仍兼 獨角豸何戩
凌辱哂儒酸 粟陽知家給
朋知見招呼 翰墨成績習

처음엔 한맹韓孟[442] 연구聯句 본떴고,
다시 피육皮陸[443]의 글을 배웠다네.
운韻은 이전의 제비 뽑음 따라 썼고,
전고典故를 인용할 땐 거듭 이음 꺼렸었지.
다리가 게을러 높이뛰기를 겁냈고,
줄 짧아 깊은 곳서 물 긷지 못해 부끄러워했네.
장차 푸른 대나무를 다듬어,
어부들과 창강滄江에서 모이리라.

始擬韓孟聯 復追皮陸什
用韻依舊鬮 使事忌重緝
脚倦怯高驤 綆短慚深汲

---

441 속양粟陽 : 의미가 불분명하다.
442 한맹韓孟 : 당(唐) 나라 때의 한유(韓愈)와 맹교(孟郊)의 병칭이다. 두 사람의 시풍(詩風)이 서로 비슷하였으므로 이렇게 칭했다.
443 피육皮陸 : 당(唐) 나라의 문인 피일휴(皮日休)와 육귀몽(陸龜蒙)을 병칭하는 말이다.

行將理靑篛 漁伴滄江集

480-481 추군이 근무하는 관아에서
　　　　 정황파[444]를 만나다 秋君廨舍逢鄭黃坡

서대書帶 두른 오늘날 정현鄭玄[445]이,
일찍이 명산 살던 상자평尙子平[446]과 같네.
석가·노자·손무·오기[447]의 행적은 다 옛적 일,
거문고 바둑 즐기고 산수 구경하며 여생 보내네.
먹고 사는 일 다시 마음에 두지 않고,
닭과 개도 강론하는 소리 들을 줄 안다.
나만 홀로 어찌 더러운 곳에 있는가?
벼슬 버리고 돌아갈 꿈 분명하지 못해서지.

卽今書帶鄭康成　曾是名山尙子平
佛老孫吳皆往事　琴碁泉石是餘生
米塩不復關心界　鷄犬皆能聽講聲

444　정황파 : 황파(黃坡)는 정환표(鄭煥杓, 1784~?)의 호로, 본관은 영일(迎日)이다. 1848년 진사시에 합격했고 이만용(李晩用)과 절친했었다.
445　서대書帶 …… 정현鄭玄이 : 서대(書帶)는 책을 묶는 띠이다. 한(漢) 나라 때 저명한 학자인 정현(鄭玄)은 자가 강성(康成)인데 그가 불기산(不其山)에서 학생을 가르칠 때 그 산 아래 염교[薤]를 닮은 풀이 자라서 잎의 길이가 1척(尺)이 넘고 특이하게 질겼다. 그래서 그 지방 사람들이 강성서대(康成書帶)라 불렀다.
446　상자평尙子平 : 상장(向長)을 말한다. 후한(後漢) 때의 은사(隱士)로 자가 자평(子平)으로 흔히 상평(向平)이라 불렸다.
447　손무 · 오기 : 춘추(春秋) 시대 제(齊) 나라 손무(孫武)와 위(衛) 나라 오기(吳起)를 말한다. 그들은 춘추시대 대표적인 병법가(兵法家)이다.

吾獨胡爲在泥滓 官緣歸夢未分明

옛 친구 만남에 날씨 개려들지 않는데,
갑진생인 우리 우열 그 누가 분변하리오.
서쪽에서 노닌 자취는 연시燕市⁴⁴⁸와 같고,
남국에서 지은 시는 초성楚聲⁴⁴⁹이 있도다.
명승지서 어찌 한가한 자가 주인일까?
타향에서 함께 밭 갈 계획 없네.
어찌 차마 내일 동명로東明路서,
고개 위 비껴가는 구름 볼 수 있으랴.

舊友相逢不肯晴 雌雄誰辨甲辰生
西遊往跡觀燕市 南國新詩有楚聲
勝地詎能閒者主 異鄕無計耦而耕
那堪來日東明路 惟見歸雲嶺上橫

482 달성의 객사에서 써서 사군使君⁴⁵⁰ 분서汾西에게 주다 達成客舍書贈汾西使君

빈 창자에 술 들어가면 너그러울 수 있고,

---

448 연시燕市 : 전국(戰國) 시대 연(燕) 나라의 수도로, 연경(燕京)을 가리킨다. 《사기(史記)》〈자객열전(刺客列傳)〉에, 진시황(秦始皇)을 죽이러 가는 형가(荊軻)가 친구 고점리(高漸離)와 연시에서 매일 술을 마셨다는 기록이 있다.
449 초성楚聲 : 굴원(屈原)과 송옥(宋玉)의 시에 엿보이는 애상조(哀傷調)의 노래를 말한다.
450 사군使君 : 임금의 명령을 받들고 나라 밖으로나 지방에 온 사신의 경칭(敬稱)이다.

쇠한 사람 친구 만나면 또 즐거움 다하지.
한마디 말 참 폐부에서 나옴 이미 알겠고,
첫 자리에 억지로 의관 갖추고 싶지 않네.
일찍 하현河縣에 꽃향기 가득함을 들었고,
풍성豊城의 칼 차가운 기운에 홀로 웃네.[451]
하늘이 우리에게 건강함을 주셔서,
귀밑머리 오히려 전 봤을 적과 같구나.

枯腸受酒也能寬　衰貌逢人且盡歡
片語已知眞肺腑　初筵不欲强衣冠
早聞河縣花香滿　自笑豊城釰氣寒
天向吾曹應與健　鬢毛猶似舊時看

483 황생을 축하하여 쓰다 賀題黃生

시냇물 감돌고 나무는 빽빽한데 사립문은 닫혔고,
수염과 머리털의 물결에는 오기가 있도다.
장침대금長枕大衾[452] 있는 삼무三畝의 좁은 집,
한평생 고향에서 주경야독 했었다네.
풍성에는 대부분 구름 닿는 칼 기운 있고,

---

451 풍성豊城의 칼 …… 웃네 : 풍성(豊城) 땅에 묻힌 용천(龍泉)과 태아(太阿)의 두 보검이 밤마다 두우(斗牛) 사이에 자기(紫氣)를 발산하였다는 전설이 있다.
452 장침대금長枕大衾 : 긴 베개와 큰 이불을 뜻한다. 친구 간에는 같이 누워 자기가 편하므로, 장침대금의 교(交)는 교분이 두터운 것을 비유한다.

하삭河朔에선 더위 피해 술통 거듭 열었지.⁴⁵³
한 곡조 취한 노래 속 산골의 해는 기니,
요堯를 잊음 곧 요 은혜 보답하는 것이지.

溪回樹密掩荊門 鬢髮滄浪傲氣存
長枕大衾三晦宅 朝耕夜讀百年村
豊城例有干雲釖 河朔重開避暑樽
一曲酣歌山日永 忘堯自是答堯恩

484 평재가 보냄이 있어 萍齋有贈

귀밑머리 이미 센 훌륭한 선비 새로 알아,
빗속에 관청에서 술잔 조금 기울이네.
그대 모임 벗들 모두 애민 행적⁴⁵⁴ 부럽고,
나의 몸 고생 스스로 초래한 것 우습구나.
고개 넘으니 처음으로 도움 말소리 듣고,
높이 오르니 대부의 시를 지을 만하네.
우명牛鳴⁴⁵⁵의 개울 길을 문득 내왕하여,
흥을 타서 찾으리니 기일을 묻지 말라.

---

453 하삭河朔에선 …… 열었지 : 후한(後漢) 말에 유송(劉松)이 원소(袁紹)의 자제와 하삭(河朔)에서 삼복(三伏) 무렵에 술자리를 벌이고 밤낮으로 정신없이 마셔댄 고사가 있다.
454 애민 행적 : 원문은 유애(遺愛)이다. 지방에 어진 수령(守令)이 선정(善政)을 하면 그가 간 뒤에도 남은 사랑[遺愛]이 있는 일이다.
455 우명牛鳴 : 큰 소 한 마리의 울음이 미치는 거리로 일우후지(一牛喉地) 또는 일우명지(一牛鳴地)라 하며, 대략 5리 쯤의 거리를 뜻한다.

名士新知鬢已絲 雨中官閣細傾巵
羨君結社皆遺愛 笑我勞形是自貽
過嶺初聞京國語 登高可作大夫詩
牛鳴澗道便來往 乘興相尋莫問期

485 최생에게 주다 與崔生

눈보라 속에서 만나니 가는 세월 느껴지고,
창가 햇빛 겨우 들자 해는 곧 저물어 가네.
병중에 기쁜 일은 오직 서치徐稚의 걸상[456]이요.
술 취한 뒤 습가習家[457]를 잊기가 어렵도다.
정원 감잎에 틀림없이 다시 써났을 것이요,
관청 매화는 오히려 피리 속 꽃 피었다네.
뜨내기 인생 이별 나눈 곳의 항상 객 같으니,
형편이 바쁘고 바쁘니 갈 길이 멀구나.

風雪相逢感歲華 窓暉纔出旋將斜
病中可喜惟徐榻 酒後難忘是習家
園柿定無書外葉 官梅猶有笛邊花
浮生別處常如客 光景怱怱道路賖

---

456 서치徐稚의 걸상 : 서치는 동한(東漢)의 은자(隱者)이다. 당시의 남창태수(南昌太守) 진번(陳蕃)이 특별히 걸상 하나를 걸어 두었다가 서치가 오면 이것을 내려놓아 앉게 함으로써 우대하였다고 한다.
457 습가習家 : 습가지(習家池)를 말한다. 진(晉) 나라 산간(山簡)이 양양(襄陽)에 있을 때, 그 지방의 호족(豪族)인 습씨(習氏)네 집 연못[習家池]를 자주 찾아가 술을 마시곤 번번이 만취해서 부축받고 돌아왔다 한다.

486 회갑일의 회포 弧辰述懷

늙은이 오히려 국화 머리에 가득 꽂으니,
분명코 꽃 중에서 나 자신도 일류라네.
훌륭한 선비 몇 명이 때로 나를 찾아와,
어지러운 깊은 산속에 오래 머물러 있도다.
석양의 나그네 구름과 함께 골짝으로 돌아가니,
맑은 밤에 누각 비춘 달빛 그 누가 사랑하랴?
매번 올라 굽어보면 철 바뀜이 놀라우니,
뽕나무 활[458]이 돌아온 또 다시 가을일세.

老翁猶挿菊盈頭 的是花中我一流
佳士數人時過枉 亂山深處久淹留
夕陽客與雲歸洞 淸夜誰憐月在樓
每度登臨驚節物 桑弧年返又三秋

487-488 황나와에게 주다 酬黃蘿窩

위교韋橋의 화수회에 옛적 모두 왔었으니,
골목 다시 지나 마음 한 번 창연하리.
반가운 눈으로 비록 앞서 온 객 맞으나,

---

458 뽕나무 활 : 원문은 상호(桑弧)로 남자로 태어났다는 뜻이다. 옛날에 사내아이가 태어나면 뽕나무로 활을 만들고 봉초(蓬草)로 화살을 만들어 천지 사방에 대고 쏘면서, 큰 뜻을 품고 웅비(雄飛)하라고 기원했던 데에서 나온 말이다.

백발로 이생의 인연 이어가기 어렵도다.
그대 떠나가도 《잠부론潛夫論》[459]에 부끄럽지 않은데,
나는 늙었어도 오히려 부질없는 흥취[460] 읊조리네.
문서 속에 머리 파묻히는 삶 견디기 어려워,
접리接䍦[461] 쓰고 때로 습지習池[462] 가에 쓰러지누나.

韋橋花樹舊聯翩 門巷重過一愴然
靑眼縱迎前度客 白頭難續此生緣
君去不愧潛夫論 吾老猶吟謾興篇
叵耐簿書塵沒頂 接䍦時倒習池邊

구름과 진흙의 처지[463] 외로운 기러기 날아가니,
동쪽으로 운산 바라보니 매양 마음 암담하네.
먼 길에 치서甀書[464]는 오랜 소원 어겼고,
만년의 도몽刀夢[465]은 기이한 인연 빌렸지.
동구 이름 기뻐할 만하고 시는 겨룰 이 없고,
정자 이름 전해질 만하니 기문도 있어야지.

---

459 《잠부론潛夫論》: 후한(後漢) 왕부(王符)가 지은 책 이름이다. 난세(亂世)를 만나 세속과 영합하지 않고 절개를 지키고 살면서 당시 정치와 사회에 대한 분개한 심정을 담았다.
460 부질없는 흥취: 원문의 만흥謾興를 풀이한 것이다. 두보(杜甫)의 〈강상치수여해세요단술(江上値水如海勢聊短述)〉 시에, '늘그막의 시편은 다 부질없는 흥취일 뿐이니, 봄이 오매 꽃과 새들은 깊이 시름하지 말거라.[老去詩篇渾謾興 春來花鳥莫深愁]'라 하였다.
461 접리接䍦 : 두건(頭巾)인 백모(白帽)의 이름이다.
462 습지習池 : 습가지(習家池)의 준말로, 진(晉) 나라 산간(山簡)이 양양(襄陽)에 있을 적에 항상 그곳에 찾아가 만취(滿醉)했던 고사에서 유래하여, 흥겨운 주연(酒宴)을 비유할 때의 표현으로 쓰게 되었다.
463 구름과 …… 처지 : 원문은 운니(雲泥)이다. '한 사람은 하늘 위의 구름에 올라타고, 한 사람은 땅 위의 진흙탕을 밟고 다닌다.[乘雲行泥]'라는 뜻으로, 이제는 두 사람의 지위가 예전과 현격히 차이가 난다는 말이다.
464 치서甀書 : 치는 술 단지를 이르는 말로, 치서는 고어(古語)에 "책을 빌릴 때도 술 한 단지요, 책을 돌려줄 때도 술 한 단지다."라고 한 데서 온 말이다.
465 도몽刀夢 : 삼도몽(三刀夢)을 말한다. 삼도몽은 지방 관원이 승진하는 것을 말한다.

부끄럽다! 담대멸명澹臺滅明[466]이 때로 찾아주는데,
현가絃歌 소리가 무성武城가에[467] 적막할 뿐이라.

雲泥孤雁去翩翩　東望雲山海黯然
遠道甀書違宿願　暮年刀夢借奇緣
洞名可喜詩無敵　亭號堪傳記一篇
慙愧澹臺時見訪　絃歌寂寞武城邊

489 화답하여 침천정을 쓰다 和題枕泉亭

사람 소리는 자연과 같지 않음 깨달아,
산 아래 집 두고 홀로 샘물 베고 누웠지.
귀 씻으니 참으로 손초孫楚 말대로 되었고,[468]
괴로운 마음에 거듭 주자의 시 잇고 있다네.[469]

466　담대멸명澹臺滅明 : 춘추(春秋) 시대 노(魯) 나라 사람으로 자는 자우(子羽)이다. 자유(子游)가 무성 재(武城宰)가 되었는데, 공자(孔子)가 "네가 어떤 인재를 얻었느냐?"하고 물었다. 그러자 자유가 "담 대멸명이라는 사람이 있어 다닐 때는 지름길로 다니지 않고, 공사(公事)가 아니면 제 집에 오는 일이 없습니다."라고 하였다.

467　현가絃歌 소리가 무성武城가에 : 《논어(論語)》〈양화(陽貨)〉편에 따르면 현가는 금슬(琴瑟)을 연주 하며 노래하는 것으로, 역시 예악으로 교화함을 뜻한다. 공자의 제자 자유(子游)가 무성(武城)이란 고을의 읍재(邑宰)로 있으면서 현가로 백성을 교화하는 수단으로 삼았다고 한다.

468　귀 씻으니 …… 되었고 : 여기서는 손초(孫楚)는 진(晉) 나라 손초를 가리킨다. 그가 장차 숨어 살려 고 하면서, "돌을 베개 삼고 흐르는 물에 양치질하련다.[枕石漱流]"라고 말해야 할 것을 "물을 베고 돌로 양치질하련다.[枕流漱石]"라고 잘못 말했는데, 왕제(王濟)가 그 말을 듣고서 잘못을 지적하자 손초가 "물을 베는 것은 '속진에 찌든 귀를 씻어 내기 위함이요[洗其耳]', 돌로 양치질하는 것은 '연화 (煙火)에 물든 치아의 때를 갈아서 없애려 함이다.[礪其齒]'"라고 대답했던 고사가 전한다.

469　괴로운 …… 있다네 : 《주자대전(朱子大全)》권6 〈서각(西閣)〉이란 시에, "이 구름 낀 창을 빌어 자 노니, 고요한 밤 마음 홀로 괴로워라. 어찌하면 베개 아래 시냇물을 얻어, 인간 세상에 뿌릴 비를 만 들꼬.[借此雲窓臥 靜夜心獨苦 安得枕下泉 去作人間雨]"라 하여 가뭄을 근심하는 뜻을 담고 있다.

이미 암봉岩鳳 좇아 예천醴泉을 나눠 마시니,
응당 옛 못을 떠났던 물고기를 비웃으리.
자주 꿈속에서 졸졸 흐르는 물 따라 즐거우니,
어찌 반드시 매미 울기 기다려 그대 생각하리.

了知人籟不如天　置屋山根獨枕泉
洗耳眞成孫楚語　苦心重續考亭篇
已從岩鳳分甘醴　應笑池魚別古淵
水樂琮琤頻入夢　懷君何必待淸蟬

490 목화 草綿

흙 살지고 부드러워 성글게 심어야지,
두 차례나 피는 꽃은 서로 같질 않도다.
결국엔 상마桑麻처럼 직물로 돌아가고,
두루 흰 솜 거둬 물레로 들어가네.
가을철엔 모습 변해 푸르던 게 희게 되고,
원래 꽉 차 있던 게 빈 것처럼 돼 버린다.
선농先農[470] 문씨文氏 은혜 보답할 제사 생각해,
남쪽에 사당 짓자 글이 오고 가누나.

470　선농先農 : 중국의 전설에 나오는 삼황제(三皇帝)의 하나 중 하나로 사람들에게 농사짓는 법을 가르쳤다. 또한 육십사괘(六十四卦)로 점을 보는 방법을 만들고, 오현금(五絃琴)을 만드는 등 농업·의약·음악·점술·경제의 시조로 알려져 있다.

土宜肥軟種宜疎　兩度開花相不如
竟與桑麻歸織紝　遍收霜雲入篝車
秋容已化蒼爲白　天性能成實若虛
文氏先農思報賽　南州祠院往來書

491 산인이 찾아오다 山人見過

쓸쓸한 서쪽 암자 한 풍경 소리에,
꿈은 아직도 물소리 가운데 있도다.
내 몸은 법계 참여해 오랫동안 진리 찾아,
시는 선종 아울러 깨달음이 통했다네.
자리 빌린 인연은 밝은 달 아래 깊고,
병 옮기니 조각구름 동쪽으로 길 나있네.
고을 관사도 스님 머물러 대화할 만한데,
새 이끼 쪼는 뜰은 하루 종일 비었구나.

怊悵西庵一磬風　夢魂猶在水聲中
身於法界參尋久　詩與禪宗悟解通
借榻緣深明月下　移甁路出片雲東
郡齋亦足留僧話　鳥喙庭苔盡日空

492 침천정에서 자며 주인과 함께 읊다
宿枕泉亭主人同賦

구름 창 빌려 자니 참으로 신선 신분이라,
밤 깊으니 도리어 샘물 점점 가까운 듯하네.
절절하게 귀뚜라미 매미는 각자 소리 내고,
차가워도 초목은 모두 운치 머금었네.
그대 응당 시냇가 즐거움 길이 잊지 못할텐데,
나도 이미 나루터 아니 물어볼 필요 없네.
남곽자기南郭子綦는 무슨 말을 들었는가?[471]
옛적 숨은 자가 지금 숨은 자와 같은걸세.

雲窓借宿眞仙分　夜久還疑泉漸近
切切蛩蟬各抱音　冷冷草樹皆含韻
君應在澗永無諼　我已知津不須問
南郭子綦何所聞　昔之隱似今之隱

493 남쪽 시내에서 물고기를 관찰하다 南溪觀魚

유교柳橋 가의 어부를 한가로이 부르고,

---

471 남곽자기南郭子綦는 …… 들었는가? : 《장자(莊子)》〈제물론(齊物論)〉에 따르면 남곽자기가 궤안에 기댄 채 앉아 하늘을 우러러 한숨을 내쉬며 멍하게[嗒然] 있는데, 제자 안성자유(顏成子游)가 그 앞에 시립(侍立)해 있다가 "그렇게 몸을 고목처럼 만들고 마음을 식은 재처럼 만들 수 있습니까?"라고 하고 물었다. 이에 남곽자기가 "지금 나는 나를 잃었는데, 너는 알겠는가?"라고 하였다. 이는 물아(物我)를 모두 잊은 무심(無心)의 상태를 뜻한다.

성 남쪽 칠리천七里川을 시험 삼아 걸어 본다.
어찌 다만 가을 만나 회 칠 생각[472]만 하랴?
스스로 와 살림하며 고기 삶기 배운다네.
솔바람 소리 시내 기운은 삼복더위 물리치고,
들밥 내는 관청 주방에 점심 짓는 연기나네.
아이는 갈매기와 한 자리를 나눠 앉아,
화당花塘에서 낚시 파한 지 또 삼 년일세.

閒招漁子柳橋邊 試步城南七里川
可但逢秋思斫膾 自來爲政學烹鮮
松聲澗氣排庚暑 野饁官廚共午烟
僮與沙鷗分一席 花塘釣罷又三年

494 허곡하와 함께 밤에 이야기하다 同許穀下夜話

묘교卯橋의 풍월 한가한 정 있은지 오랜지라,
삼십 년 동안 고개 밖으로 돌아다녔네.
대나무는 새 가지 자랐는데 옛 빛과 같고,
오동나무는 한 잎 지니 또 가을 소리로다.
당시 사귄 사람 모두 늙은이 되어가니,
오늘날의 문인들은 후배가 두렵다네.
술 석 되만 있으면 인간사는 만족하니,

---

472 가을 …… 생각 : 진(晉) 나라 장한(張翰)과 관련된 고사를 염두에 둔 표현이다. 장한이 제(齊) 나라 낙양(洛陽)에 들어가서 동조연(東曹掾) 벼슬을 하다가, 가을바람이 불어오자 고향인 오중(吳中)의 고채(菰菜)·순채(蓴菜)국과 농어회[鱸魚膾] 생각이 나서 곧장 사직하고 돌아갔다 한다.

그럭저럭 영광과 오욕 놀랄 것도 없도다.

卯橋風月久閒情 三十年來嶺外行
竹長新枝猶古色 梧飛一葉又秋聲
當時交結多蒼老 今日詞章畏後生
有酒三升人事足 悠悠寵辱不須驚

495 이군 연죽에게 주다 贈李君然竹

늙든 건장하든 봄추위 같음 분명 아나,
아직도 시흥은 사라지지 않는구나.
우연히 도성에 들어가 승려들과 어울렸고,
처음 해객海客 만나 신선 사는 산 묻도다.
다른 해에 지초 세 번 꽃피는데[473] 뜻 두었고,
예로부터 물 한 굽이 흐르는 곳서 사람 그리네.
허연 머리 푸른 적삼[474] 참으로 희롱일 뿐,
이 마음에 길이 고개 구름 따라 돌아온다.

明知老健似春寒 尙有詩情不肯闌
偶入城塵携法侶 初逢海客問仙山

---

473 지초 …… 꽃피는데 : 혜강(嵇康)의 시에 "빛나는 영지는 일년에 꽃이 세 번이나 피는데, 나는 유독 어찌하여 뜻만 있고 그것을 이루지 못하는고.[煌煌靈芝 一年三秀 予獨何爲 有志不就]"라 하였다.

474 푸른 적삼 : 푸른 적삼[靑衫]은 품계가 낮은 관원의 복장을 가리킨다. 보통 실의에 빠진 하급 관리의 심정을 비유할 때 많이 쓰는데, 당나라 백거이(白居易)의 고사에서 연유한 것이다. 백거이가 강주(江州)의 사마(司馬)로 좌천되었을 때 지은 〈비파인(琵琶引)〉에 "좌석에서 제일 많이 운 사람이 누구인고, 강주 사마 푸른 적삼 눈물 젖어 축축하네.[座中泣下誰最多 江州司馬靑衫濕]"라는 구절이 나온다.

他年有志芝三秀 從古懷人水一灣
白首靑衫眞戲耳 此心長逐嶺雲還

496 취하여 백동주인에게 주다 醉贈白洞主人

옷 입고 세수하고 가마꾼을 재촉하니,
늙은이 이웃 가는데도 먼 길 같구나.
객지 삶에 좋은 계절 지나감을 또 보고,
시 빚은 지난해의 외로움으로 또 갚누나.
산중 사립 해 따듯해 뜰 송아지 잠이 들고,
성곽 나무 연기 잠겨 저자 까마귀 흩어지네.
그대 부르고 나 화답하니 참으로 흥에 겨워,
애써 시 읊느라 수염 배배 꼴[475] 필요 없네.

披衣進盥促輿夫 老作隣行似遠途
旅食又看佳節過 詩逋且贖去年孤
山扉日暖眠場犢 城樹煙沈散市烏
君唱我酬眞謾興 不須辛苦撚吟鬚

---

475 시 읊느라 수염 배배 꼴 : 소식(蘇軾)의 시에 "등은 푸르고 불은 식고 잠은 오지 않아, 한밤 수염 배배 꼬며 희설 시를 읊노라.[燈靑火冷不成眠 一夜撚鬚吟喜雪]"라는 표현이 보인다.

497-498 제봉이 최죽전에게 보낸 시의 운에 화답하다 和霽峰寄崔竹顚韻

잠자기도 어렵고 잠 깬 뒤도 잠오니,
늙은이 정신 참선하는 승려와 같구나.
흔들리는 촛불심은 명심明心이 살아있고,
거센 바람 이중벽을 뚫고서 들어오네.
오랜 이별 뒤 매화는 누굴 좇아 모임하랴,
늦게 사귄 소나무는 나와 함께 세월 잊네.
고승이 명산 향해 갔단 소리 들었으니,
이는 이 늙은이 다하지 않은 인연일세.

睡亦難成覺亦眠　老人神識似枯禪
搖搖燭穗明心活　剪剪風頭複壁穿
久別梅從誰結社　晚交松與我忘年
高僧聞向名山去　此是斯翁未了緣

두 번째 其二

헝클어진 쇠한 백발 이것이 흘러간 세월,
등잔 앞의 모자 그림자 삐뚤이 부끄럽네.
제방 버들 세 개 길에 멋대로 열리었고,
고개 매화 길 위에서 다섯 번 꽃을 보네.
흐르는 세월 준마 같으니 어떻게 잡으리?
떠도는 나그네 승려 같아 이르는 곳 집이라네.
한밤에도 잠 못 들고 임금님을 그리워해,

구중궁궐 촛불은 아침까지 환하겠지.

髾鬐衰髮是年華　憖愧燈前帽影斜
堤柳謾開三個徑　嶺梅行看五番花
流光似驥何有罥　遊客如僧着處家
午夜無眠懷北極　九街樺燭趨朝鴉

499-500 황노인의 장수를 비는 운에 따라
黃老人壽韻

미관말직 빈한한 선비 서로 친함 당연하니,
한 소나무 그늘 아래 두 노인이 만났구나.
눈길은 새해에 두나 도리어 옛 느낌이요,
마음은 오히려 백발인데 다시 청춘되네.
해묵은 병증은 지난 섣달 물리쳤고,
장수 축원 술을 초열흘까지 마셨네.
아들은 가업 잇고 손자도 품에 안으니,
분수 맞게 한가로이 수양하는 그대 부럽네.

冷官寒士合相親　一樹松陰兩老人
眼着新年還舊感　心猶白髮更靑春
沈疴遣却歸前臘　壽酒醺仍到上旬
子有克家孫在抱　羨君隨分養閒身

두 번째 其二

말없이 나란히 잠깐만 앉아서,
깊이 생각하니 옛 수염과 눈썹 떠오르네.
비록 윤기 있는 그때의 버들은 아니나,
오히려 빛나는 해 저물 때의 영지로다.
벼슬한 자취는 물 위에 뜬 부평초 같고,
신령한 마음 자석 쇠 당기듯 서로 이끄네.
다스림은 세금 징수 이외가 중요한 법,
지금 이 말을 아는 자는 누구인가?

並坐無言一晷時 深思認得舊鬚眉
縱非濯濯當年柳 猶是煌煌歲暮芝
宦跡略同萍汎水 靈心相引鐵迎磁
爲治定在徵科外 此語如今會者誰

501-506 촉감燭龕의 위로 둥근 구멍이 뚫려 있어 환한 빛이 위로 향했으니, 위를 쳐다보면 마치 하늘에 달이 있는 것 같았다

燭龕上鑿圓孔 光明上射 仰屋而看 如天有月[476]

---

476 총 6수 중 《삼가풍요(三家風謠)》에는 첫 번째(작품번호 501)만, 《우촌시고(雨村詩稿)》와 《우촌유시(雨村遺詩)》에는 첫 번째~세 번째(작품번호 501~503), 국립중앙도서관본(國立中央圖書館本) 《청랑간관초고(靑琅玕館初稿)》에는 네 번째~여섯 번째 시가 실려 있다.

사람과 거리가 한 자쯤 종이가 하늘에 벌어진 듯,
오래도록 시선詩仙이 달빛 아래 누움을 허락하네.
그믐이든 초하루든 궂든 맑든 모두 다 상관없이,
일생 동안 둥그런 달이 붙어 있구나.

去人盈尺紙張天 長許詩仙臥月邊
晦朔陰晴都不管 一生黏得一輪圓

밝은 빛 땅에 있고 그림자는 하늘로 가,
얼음 같은 둥근 달 한쪽 가에 붙어 있네.
만약에 일만 시내 위에 있게 한다면,
응당 몇 개의 원圓 나눠 만들었겠지.

光明在地影歸天 留印氷輪着一邊
若使萬川還在上 也應分作幾輪圓

괴이하네. 별 잠기고 달이 진 하늘에,
하나의 밝은 달 어느 가에서 오는가?
술잔 잡고 한 번 물어볼 필요 없으니,
응당 혼돈 구멍 뚫릴 때도 둥글었으리.

多怪星沈月落天 一規明月自何邊
把酒不須勞一問 應從混竅鑿時圓

비 오는 집에 맑게 갠 달 감춰졌으니,
지화志和의 등촉燈燭이 내 옆에 있도다.

오강吳剛의 옥도끼⁴⁷⁷로 무엇을 만드는가?
촉감燭龕 장인 둥근 구멍 만든 솜씨 못 미치리.

雨屋中藏霽月天　志和燈燭屬吾邊
吳剛玉斧何成就　不及龕工一鑿圓

사람 솜씨 자연에 못 미친다는 말 믿지 못해,
저 달이 오래도록 내 술동이 비춘다네.
해가 가면 달이 오면 그만이지,
어찌 애써 이지러지고 차려 하는가?

未信人工不及天　敎他長照我樽邊
日往則來斯可矣　何須辛苦作虧圓

추운 밤에 멍청한 파리⁴⁷⁸ 하늘 오르고자 해,
공연스레 들보 옆에 깃들어 사는구나.
별안간에 맑은 달빛 몸속으로 들어가니,
아마 은섬銀蟾 옥토玉兔 둥근 빛 배우려는 듯.

寒夜癡蠅欲上天　等閒棲息屋樑邊
瞥然身入淸光裏　也學銀蟾玉兔圓

---

477 오강吳剛의 옥도끼 : 오강이라는 사람이 벌을 받아 달 속의 계수나무를 옥도끼로 계속 찍게 되었다는 "오생옥부(吳生玉斧)"의 전설이 전해온다.
478 멍청한 파리 : 원문은 치승(痴蠅)으로, 벽에 얼어붙어 꼼짝 않는 겨울의 파리를 말한다. 참고로 한유(韓愈)의 시에 "멍청하긴 흡사 추위 만난 파리꼴[癡如遇寒蠅]"이라는 표현이 있다.

507 머리를 빗다 梳頭

누웠을 적 냇물서 함께 목욕함 늘 가련했는데,
앞뒤 번갈아 머리 빗는 그대가 부럽도다.
아로새긴 나환螺鬟과 검은 옻칠한 상자에,
귀밑머리 흩어져 버린 노인은 부끄럽구나.

臥時常憐浴同川　羨爾梳頭迭後先
篆刻螺鬟髹漆匣　老夫憨愧鬢毛宣

508 거미줄 蛛網

하늘 같은 백 겹의 실 짜서 얻었으니,
괴이하네. 바로 타고난 듯 묘한 솜씨는.
온 나라 고기 잡는 이로움[479] 제공했으니,
복희씨가 널 스승 아니라 말하기 어려우리.[480]

織得如空百匝絲　怪他機巧是良知
開成萬國佃魚利　難道羲皇不汝師

479　고기 잡는 이로움 : 거미줄을 본떠 그물을 만들었음을 말한다.
480　복희씨가 …… 어려우리 : 거미줄을 보고 복희씨가 《주역(周易)》〈팔괘(八卦)〉를 만들었음을 말한다.

509 교방의 마룻대에 쓰다 題敎坊上樑

현가絃歌 소리 적막하여 무성이 부끄러운데,[481]
교방敎坊 처음 공관으로 완성되어 기쁘도다.
뉘 알리오. 대들보 속 시 넣어둔 손님이,
한 수에 비석 던진 마음이[482] 있음을.

寂寞絃歌愧武城　敎坊猶喜廨初成
誰知樑上藏詩客　也有沈碑漢水情

510-511 봉선화 鳳仙花

동쪽 울 떠난 꽃은 순수하게 노랗더니,
주인은 바야흐로 희황羲皇[483]을 꿈꾸려 하네.
섬돌 앞의 작은 여종 어여쁨을 자랑하나,
요염한 붉음 때문에 공연히 애가 끊어지누나.

離得東籬正色黃　主人方欲夢羲皇
堦前小婢呈嬌艶　不爲妖紅枉斷腸

---

481 현가絃歌 소리 …… 부끄러운데 : 자유(子游)가 무성(武城)의 읍재(邑宰)가 되어 백성들에게 예악(禮樂)을 가르쳤으므로, 곳곳마다 현가의 소리를 들을 수 있었다고 한다.
482 비석 던진 마음이 : 진(晉) 나라 두예(杜預)가 명예를 좋아하여 비석 두 개에 자기의 공적을 새겨서 하나는 만산(萬山) 아래에 있는 연못 속에 던지고 하나는 현산(峴山) 위에 세운 다음 "차후에 이 연못이 다시 능곡(陵谷)이 되지 않을지 어찌 알겠는가?"라 했다.
483 희황羲皇 : 복희씨의 또 다른 이름이다. 여기서는 복희씨가 살았던 상고 시대를 말한다.

두 번째 其二

푸른 잎 붉은 꽃은 옅은 황색 띠었으니,
낯빛으로 봄 신에게 아첨하질 않구나.
금동이에 손가락을 물들이는 뉘 집 여인인가?
청산에 붉은 꽃비 내리면 객 창자 녹네.

綠葉丹葩帶淺黃　不將顔色媚東皇
金盆染指誰家女　紅雨靑山惱客腸

512-513 떠나는 이척에게 주다 贈別李戚

약관에 봄철 예성藥城[484]에서 시 모임 했는데,
지금 살아있는 자는 단지 둘 뿐이라네.
말 타고 우산 멘 이[485] 모두 떠돌이 신세,
흰머리로 새로 난 버들 꺾음 걱정스럽네.

弱年吟社藥城春　存者如今只兩人
乘馬擔簦俱是客　白頭愁折柳條新

객 보내고 산 오니 내 한이 그지없고,

---

484 예성藥城 : 충청북도 충주(忠州)의 옛말이다.
485 말 타고 우산 멘 이 : 신분의 차이를 나타낸 듯하다. 월(越) 나라 민요에, "그대는 수레 타고 내가 삿갓 썼거든, 다른 날 서로 만나 수레에서 내려 읍하게나. 그대가 우산 메고 내가 말을 탔거든, 다른 날 서로 만나 그대 위해 말에서 내리리다.[君乘車我戴笠 他日相逢下車揖 君擔簦我跨馬 他日相逢爲君下]"라고 하였다.

옛날에 시 읊던 곳 옥선정玉仙亭이라네.
술자리와 바둑판은 아마 나 기억할 테니,
지나간 일 다가올 기약 둘 다 아득하도다.

送客還山感恨長 玉仙亭上舊詩場
丹爐石局應知我 往事來期兩杳茫

514 소무계의 경석⁴⁸⁶ 小戊溪上磬石

작은 시내 물 불고 빠진 흔적 있으니,
푸른 돌이 그 굽이에서 나왔구나.
나무꾼 목동이 우연히 와 두드리니,
쟁그랑 울리는 가운데 우레가 있네.
드러나고 감춰짐이 심히 다름 없으니,
한 해 내내 쑥대 속에 파묻혀 있다네.
어떻게 순임금 조정에 바쳐서,
한 번 두드려 봉황 오게[487] 할거나.

小溪落漲痕 蒼石出其隈
樵牧偶來敲 鏗然中有雷
顯晦無甚殊 終歲沒蒿萊

---

486 경석 : 옥돌이라 하는 짙은 검은색을 띤 안산암(安山巖)을 가리킨다. 정으로 치면 맑은 소리가 난다. 아악기(雅樂器)인 편경(編磬)과 특경(特磬)을 만드는 재료가 되는 돌이다.
487 봉황 오게 : 순(舜) 임금이 소소(簫韶)의 음악을 만들어 천지와 종묘에 아뢰니, 봉황새가 와서 춤을 추었다고 한다.

何曾獻虞廷 一擊鳳凰來

515 세 사군과 함께 도담에서 배를 타고 놀다
同三使君舟遊島潭

구름 비친 물은 세 섬을 둘렀고,
훌륭한 누대는 전망이 좋도다.
비 개인 산봉우리 짙어 뚝뚝 떨어질 듯,
봄 물결은 반드르르 꽃이 피어나네.
고깃배는 통소 소리 이끌고 돌아와,
마을은 언덕 형세 의지해 비켜있네.
다시 와 보니 세상 형편 달라졌으니,
자진子眞[488]의 집이 쓸쓸하구나.

雲水環三島　名樓展望賒
霽峰濃欲滴　春浪膩生花
舟引簫聲轉　村依岸勢斜
再來人事異　惆悵子眞家

---

488 자진子眞 : 서한(西漢) 말엽의 고사(高士) 정박(鄭樸)의 자(字)이다. 정자진(鄭子眞)이 지조를 굽히지 않고 곡구(谷口)란 곳에서 농사를 지으며 살았는데 그 이름이 경사(京師)를 진동하였다 한다.

516-518 희방산의 승려에게 주다 贈喜方山僧

일천 자의 폭포수 예전부터 이름났는데,
하물며 관루에서 바라보는 심정이랴?
대사 만남 마치 먼 여산廬山 대하는 듯하니,
스님의 옷 차갑게 폭포 소리 머금었네.

飛流千尺舊聞名　況是官樓入望情
逢師如對廬山遠　雲衲冷然帶瀑聲

관아官衙를 찾아옴 내 사양치 아니하나,
내 시명詩名이 산사山寺에 도달함 부끄럽네.
동풍 향해 버들개지 찾지를 마시오,
진흙 붙어 다시는 옛날같이 못 드날리네.

不辭飛錫訪公堂　憨愧詩名到上方
莫向東風尋柳絮　黏泥非復舊時狂

말 들으니 사찰도 나날로 황폐해져 가,
산 정상에 띳집 지어 독경하는 방 차렸다고.
오늘 사람들 바위 사이 범에 미치지 못하니,
그 누가 도량 넓히는데 천금을 내놓겠소.

見說伽藍日就荒　茅屋絶頂寄經房
今人不及巖間虎　誰擲千金拓道場

519-527 장난으로 지어 운선에게 주다 戱贈雲仙[489]

비 개고 구름 걷혀 간장이 끊어질 듯,
(나의 호는 우촌이고 여인의 이름은 운선이니 구름 운자 비 우자가 우연이 아니다)
떨어진 꽃 여전히 미친 바람을 원망하네.
(여인이 전에 노래를 불렀다. "매화가 미친바람에 떨어져, 날아왔다가 또 날아가도다. 높은 가지에 오르지 못하고, 거미줄에 걸려 있도다." 내가 이 노래를 듣고 가엽게 여겨 약간의 인연이 있게 되었다.)
재가 된 마음은 아직 얽힌 뜻이 있으니,
소매에다 새 봄의 만수향萬壽香[490]을 주었다네.
(여인이 정초에 만수향 몇 가지를 소매에 담아 와 나를 향해 손수 태워 결국 재가 되었는데 그 재가 오히려 이어져 끊어지지 않았다.)

雨散雲收暗斷腸
(余号雨村 姬名雲仙 字不偶然)
落花依舊恨風狂
(姬嘗唱歌云 梅花落狂風 飛來又飛往 不得上高枝 胃在蜘蛛網 余聞而憐之 薄有一段緣)
灰心尚有纏綿意 袖獻新春萬壽香
(姬把元初 袖萬壽香數枝 向余手爇 到底成灰 灰猶纏綿不絶)

잠깐 만났다 헤어져 한恨만 공연히 많은데,
웃고 성내지도 않으며 은근 마음 전하네.

---

489 《우촌시고(雨村詩稿)》·《우촌유시(雨村遺詩)》·《삼가풍요(三家風謠)》에 〈희증운선(戱贈雲仙)〉으로 8수 곧 작품 번호 518-525가 실려 있고, 국립중앙도서관본(國立中央圖書館本)《청량간관초고(靑琅玕館初稿)》에는 작품번호 525("叮叮~延津")를 포함한 전체가 〈무제팔영(無題八詠)〉이란 시제(詩題)로 실려 있다.

490 만수향萬壽香 : 부처님 앞에서 태우는 향을 말한다.

풍류 완전히 다 사라짐이 아니란 걸,
일흔인 나 서른 살인 그대 어이할거나?
(일흔인 노인이 서른 살 된 여인을 얻자 소동파가 시로 조롱하여 "여인은 이립(而立),
노인은 희년(稀年)"이라 하였으니 여인은 서른 살이고 노인은 일흔 살임을 말한 것이
다. 나는 올해 예순 세 살이고 여인은 올해 스물 네 살이니 곧 같은 경우이다.)

片時離合恨空多　非笑非嗔脉脉波
不是風流蕭索盡　者稀而立奈伊何
(有七十翁　取得姬年三十者　東坡有詩嘲云　娘今而立歲　翁是者稀年　蓋云
三十而立　七十者稀也　余今六十三　姬今二十四　卽其類也)

스스로 정의 인연 끊어 절로 바보 되니,
헛되이 발자국 소리 누각 지나는지 의심하네.
근래에 봄밤 짧은 줄 깨닫지 못하고,
애타게 창 쳐다보며 새벽까지 기다리네.
(창의 격자를 '영성안欞星眼'이라 한다)

自斷情緣自作痴　虛疑屧響過樓時
邇來未覺春宵短　耿耿欞星待曙遲
(窓欞謂之欞星眼)

스물여덟 번 치는 경고更鼓[491] 소리 근심스레 듣는데,
염파簾波[492]는 움직임 없고 별과 은하수만 흐르네.
갑자기 만났다 헤어졌기로 참으로 예언했으니,

491　경고更鼓 : 초경(初更)·이경·삼경·사경·오경으로 나눈 밤의 시간을 알리기 위하여 치던 북을 말한다.
492　염파簾波 : 드리워진 발에 어른거리는 그림자가 마치 물결이 이는 것과 같음을 형용한 말이다.

당시에 가르쳐 준 한 곡조가 후회되네.
(한양에 다음과 같은 노래가 있었다고 한다. "우레처럼 명성을 듣고, 번개처럼 마중하여 접대하고, 비처럼 왔다 가고, 구름처럼 흩어진다. 가슴속에는 바람처럼 몇 마디 긴 탄식, 안개처럼 응결되어 흩어지지 않는 것 있네." 내가 이 노래를 여인에게 가르쳐 입으로 전해 외우게 했는데 지금 과연 이 노래와 같이 되었다.)

悄聽更鼓廿八摑 簾波不動轉星河
雷逢電別眞成讖 悔敎當時一曲歌
(都下有歌云 雷也似聲名 電也似逢迎雨也似去來 雲也似分飛 胸中有風也似幾聲長歎 霧也似凝結不散 余以此曲 敎姬傳誦 今果如此歌)

매인 곳 없는 외로운 구름처럼 혼자 오고 가며,
(여인은 호남 사람으로 어머니를 따라 이리저리 떠돌아다녀서 평생을 더럽혀졌다고 한다.)
예쁜 얼굴 웃고 우는 사이 다 시들었네.
좋은 꽃을 담장 가장 향해 잘못 심어,
길가는 이 누구나 잡을 수 있게 했네.

無蔕孤雲自往還
(姬以湖南女 隨母流落 點汚平生云爾)
紅顔凋盡笑啼間
名花誤向墻頭種 抛與行人手手攀

진흙이 구슬 더럽혀도 스스로 알지 못하고,
대수롭지 않게 손님 대하며 돈 세더라.
(여인은 어머니와 가게를 마련하여 술을 팔았다.)

응당 난초 자질 끝내 쑥 되지 않으리니,

(난蘭·혜蕙·소蕭·애艾는 〈이소경〉에 나와 있다.)

향기로운 뿌리 잘 보호해 일찍이 옮길지어다.

泥涴明珠不自知 尋常對客數錢時
(姬與母賣杏賣酒)
未應蘭質終爲艾
(蘭蕙蕭艾語見離騷) 須護芳根及早移

물 따라 흘러가는 복사꽃 참 가볍고,
봄볕은 쉽사리 녹음 짙게 우거졌네.
훗날 평생의 일 크게 깨달을지니,
가장 박정한 사람이 가장 정 있다네.

(옛적에 "문 앞이 쓸쓸하여 말 타고 찾아오는 이 드물다."[493]라는 구절을 듣고 크게 깨달아 도의 경지에 들어간 사람이 있었다.)

逐水桃花太劇輕 春光容易綠陰成
它年大悟平生事 最薄情人最有情
(古有聞門前冷落鞍馬稀之句 大悟入道者)

일평생 쓸쓸한 자가 바로 맑게 미친 사람,

(한동량의 《향렴집香奩集》에 있는 구절을 썼다.)

수염과 머리털 공연히 거울 속 서리 더해졌네.
우습도다, 향산 노거사 같은 나의 모습이여,

---

493 문 앞이 …… 드물다 : '심양강두(潯陽江頭)'로 시작되는 백거이(白居易)의 〈비파행(琵琶行)〉에서 "문 앞이 쓸쓸하여 말 타고 찾아오는 이 드무니, 늙어서는 시집가서 상인의 부인이 되었다오.[門前冷落鞍馬稀 老大嫁作商人婦]"라고 했다.

유지柳枝[494]를 놓아 주면서도 잊지 못했던.

(백거이가 만년에 도를 닦을 적에 가기家妓인 유지를 내보내 놓고도 〈불능망정不能忘情〉[495]이라는 시를 지었다.)

一生怊悵是淸狂
(用韓冬郞香奩集中句字)
髭髮空添鏡裡霜
自笑香山老居士 柳枝能放未能忘
(香山晩年修道放柳枝 作不能忘情吟)

단단히 부탁하고 거듭해서 당부하니,
좋은 새 옷 입고 좋은 이에게 돌아오라.
풍성의 뇌태수雷太守 만나지 못한다면,
그 누가 쌍검을 연진에서 만나게 하리.[496]

叮叮囑囑復申申 新好衣裳回好人
不遇豊城雷太守 誰敎雙劍會延津

---

494 유지柳枝 : 백거이가 데리고 다니던 기생이다.
495 〈불능망정不能忘情〉: 백거이의 〈불능망정음(不能忘情吟)〉 시에 "낙마를 팔고 양류지를 놓아주매, 검은 눈 가리고 울며 말고삐를 멈추누나. 말은 말을 하지 못하기에, 길게 울며 문득 뒤돌아보고, 양류지는 재배하고 꿇어앉아 하직을 고하네.[鬻駱馬兮放楊柳枝 掩翠黛兮頓金羈 馬不能言兮長鳴而却顧 楊柳枝再拜長跪而致辭]"라고 하였다.
496 풍성의 …… 하리 : 《진서(晉書)》 권36 〈장화열전(張華列傳)〉에 나오는 고사이다. 장화가 풍성(豊城)에 검의 기운이 있는 것을 바라보고 뇌환(雷煥)을 풍성 영(豊城令)으로 삼아 쌍검을 얻었다. 뇌환은 하나는 자신이 차고 하나는 장화에게 주었다. 장화와 뇌환이 죽은 뒤 뇌환의 아들이 검을 가지고 연평진(延平津)을 지날 때 검이 허리춤에서 튀어나와 물로 들어가 두 마리 용으로 변하더니 사라졌다 한다.

528-529 권계구[497]와 옛날 이야기를 하다
與權季構話舊

추억하니 예전 양자진楊子津서 배 타고 헤어질 적에,
(이 해 봄에 나는 급제하지 못했고, 계구는 합격하였는데 함께 양의 용문에서 놀았다.)
강의 꽃 버들개지 옷과 두건 가득했었지.
오늘날 단양의 골짜기서 소매 잡으니,
가을잎 가을 샘물 말의 몸에 흩뿌리네.

憶昨分舟楊子津
(是年春 余屈南宮 季構中選 共遊楊之龍門)
江花江絮滿衣巾
如今把袖丹陽峽 秋葉秋泉濺馬身

마음 맞는 이와 쉬이 이별할까 늘 두렵고,
눈앞 스친 모습 참이 아님 항상 탄식했었지.
소나무 아래 한가히 앉으니 그림 될 만해,
훗날 생각하면 뜻이 더욱 새로워지리.

長恐會心人易別 常嗟過眼境非眞
松間宴坐堪圖畵 它日相思意更新

---

497 권계구 : 계구(季構)는 권대긍(權大肯, 1790~?)의 자(字)이다.

530 병을 앓으며 病中

어지러운 산속에 들판 열리니 까마득한데,
평평한 들과 맑은 강물 한껏 멀리 보이네.
저녁 무렵 풀잎 끝에 연기 한 줄기 퍼지고,
한강의 삼포가 방하교放霞橋에 접해있도다.

亂山中闢野迢迢 平楚晴川極目遙
向夕草頭烟一抹 漢三浦接放霞橋

531-532 이한림을 보내다 送李翰林

버들개지 날리는 타향에서 또 봄 만나,
꽃 핀 고개서 그대 보냄 심히 안타깝네.
그대에게 묻노니 삼계三溪의 물에서,
당년에 발 씻던 사람 기억하고 있는가?

柳絮他鄉又一春 嶺花愁絶送行塵
憑君借問三溪水 記否當年濯足人

만 냥짜리 풍주豊酒[498] 마셔도 취하지 않고,
단양에 이르러서 또 말이 멈추었네.

---

498 풍주豊酒 : 신풍주(新豊酒)를 말한다. 신풍은 고을 이름이고, 신풍주는 신풍에서 생산되는 아주 맛 좋은 술의 이름이다.

생각건대 그대는 만발한 꽃 봄비 속에,
노 젓는 소리 속에 귀담龜潭으로 내려가리.

十千豊酒不成酬　行到丹山且駐驂
想識濃花春雨裏　一聲秉櫓下龜潭

533-534 강가의 누대에서 읊다 江樓吟

가을 산 깨끗하고 석양은 붉은데,
버들가지 늘어진 연못에 바람 부네.
푸른 들이 강을 삼켜 온통 구분 안 되니,
배 한 척 때로 푸른 풀 속으로 지나가네.

秋山明淨夕暉紅　斜柳陂塘陣陣風
野勢呑江渾不辨　一帆時過綠蕪中

일자 모양 가을 강 일자 모양 하늘에,
지는 노을 외로운 오리는 모두 가없네.
배 돛은 초승달의 모습을 닮아서,
멀리서 불어오는 서풍에 반원 되었네.

一字秋江一字天　落霞孤鶩共無邊
帆身也學初弦月　長送西風半腹圓

535-537 해주의 기생 도홍에게 주다 贈海妓桃紅

요해瑤海[499]의 봄 어젯밤 비 흔적 머금었고,
느긋한 청조靑鳥[500]는 황혼에 조는구나.
동방의 신선을 알아주는 사람 없어,
공연히 가지 끝 향해 괴로운 넋 나가네.

瑤海春含宿雨痕　等閑靑鳥睡黃昏
東方仙客無人識　空向枝頭惱斷魂

화려한 누각 동쪽에서 똑똑 물시계 소리,
어젯밤 갈바람에 어젯밤 별 보았지.
양주사涼州詞[501] 한 곡조 나지막이 부르니,
흡사 손님 잡아 술 마시게 하는 듯하네.

畫樓東畔漏丁丁　昨夜西風昨夜星
低唱涼州詞一曲　恰如留客飮旗亭

거울 속 얼굴 대부분 상하고 주름졌는데,
억지로 유지하려면 다만 나만 괴롭도다.
어찌 굳이 깊고 얕은 한恨과 비교하리?

499　요해瑤海 : 요지(瑤池)를 말한다. 요지는 전설 속에 나오는 못으로, 서왕모(西王母)가 사는 곤륜산(崑崙山) 속에 있다고 한다.
500　청조靑鳥 : 선녀(仙女) 서왕모(西王母)의 사자(使者)라고 하는 청색의 신조(神鳥)를 말한다.
501　양주사涼州詞 : 왕한(王翰) 〈양주사〉에 이르기를, "아름다운 포도주에 야광주 술잔으로, 비파를 마시려고 말 위에서 재촉하네. 모래밭에 취해 누웠다 그대여 웃지 말게. 예부터 전쟁터에서 살아 돌아가기 몇이런가."라고 하였다.

연못에서 눈물 흘리는 연꽃을 보겠노라.

二分皺損鏡中容　强欲溫存只惱儂
何必較量深淺恨　池邊滴淚看芙蓉

538-539 호정 상인이 강산康山의 초가를 들르다
昊淨上人過康山草廬

조용히 살자니 게으름이 생겨나,
열흘에 한 번도 의관 차리지 못하네.
잠에서 깨어나 발 올리고 아무 일 없이,
연꽃 바람 속에서 돌아갈 스님 모신다네.

幽居能與懶相仍　十日衣冠一不能
睡起鉤簾無個事　藕花風裏侍歸僧

야윈 몸에 육수의六銖衣[502] 입은 분이,
멀리 산촌 찾아 대사립 문 두드렸네.
호계삼소虎溪三笑[503]의 뜻을 알았으니,

502　육수의六銖衣 : 불교의 도리천(忉利天)에서 입는다는 매우 가벼운 옷으로, 보통 선인(仙人)의 옷을 가리킨다. 줄여서 수의(銖衣)라고도 한다.
503　호계삼소虎溪三笑 : 중국 진(晉) 나라 고승 혜원(慧遠)이 여산(廬山)에 있을 때에 찾아온 도연명(陶淵明)과 육수정(陸修靜) 두 사람을 배웅하면서 이야기에 열중하여 보통 때는 피해 다니던 호계(虎溪)를 지난 것을 알고 세 사람이 크게 웃었다는 고사가 있다.

본래 맞는 것도 또한 그른 것도 없지.

一雙癯骨六銖衣 遠過山村款竹扉
領取虎溪三笑意 本來無是亦無非

540-547 조령팔영 鳥嶺八詠

동성에서의 봄 감상 東城賞春

비단 같이 뻗은 성은 푸른 시내 동쪽에,
제 일문은 일자 모양 성 가운데에 있도다.
붉고 푸른 빛 산 가득 봄날 햇빛 고우니,
성문 열어 봄바람을 가두기를 허락 안 하네.

城撗如練碧溪東 第一門當一字中
紅綠滿山遲日麗 開關不許鎖春風

남루의 달구경 南樓玩月

달빛 산빛 한 누대에서 함께 하니,
사람 소리 말 자취는 이때에 쉬었구나.
뉘 알리오. 적막하게 숲속에 사는 이 사람도,

밤마다 놀았던 원규元規[504]와 같은 줄을.

月色山光共一樓 人聲馬跡此時休
誰知寂寞林居者 能作元規夜夜遊

성동의 폭포 聖洞瀑布

부질없는 시비는 전혀 알지 못하고,
귀 신경 오직 폭포 소리에 쏠려 있네.
오늘 밤 소호韶濩[505] 없다고 말 말아라,
물 풍악인 양 졸졸 소리 내니 옛적과 같도다.

閑是閑非了不知 耳神唯與瀑聲期
莫言今夜無韶濩 水樂淙淙似昔時

주흘산[506]의 단풍 主屹丹楓

봉학峯壑이 온통 붉고 한 점 푸르름 드문데,
먼 숲의 밝은 해는 사람 옷을 비추네.
다만 임금 그린 나무는 단심丹心이 있어,
찬 바람을 견디면서 날아가려 하지 않네.

峯壑通紅一碧稀 遠林烘日照人衣

---

504 원규元規 : 진(晉) 유량(庾亮)의 자(字)이다. 유량(庾亮)이 달밤 남루(南樓)에 올라 속관(屬官)들에게, "이 늙은이도 여기서 흥이 전혀 얕지 않네.[老夫於此 興復不淺]"라 하였다고 한다.
505 소호韶濩 : 소(韶)는 순(舜) 임금의 음악이고, 호(濩)는 탕(湯) 임금의 음악을 말한다.
506 주흘산 : 경북 문경시 문경읍 북쪽에 위치한 산을 말한다.

只緣戀樹丹心在　耐過霜風不肯飛

용추의 가랑비 龍湫細雨

용 떠나도 아직 숨은 용 있나 의심돼,
바윗가에 궂은 비는 사철 내내 짙구나.
못 백 길이나 깊어도 얕을까 걱정하며,
항상 구름과 비 뿌려 몇 겹으로 보호하네.

龍去猶疑有蟄龍　石邊陰雨四時濃
湫深百丈猶嫌淺　長遣雲霏護幾重

응암에 머문 구름 鷹巖宿雲

돌 기운에 비가 주룩주룩 구름은 안 걷혀,
바위 모습 마을 풍경 멀어 분간하기 어렵구나.
사는 사람 혹시 회남왕淮南王[507]이 아닌가?
닭소리 개소리가 하늘 밖에서 들려온다.[508]

石氣淋淋不放雲　岩容村色逈難分
居人莫是淮南子　鷄犬聲聲空外聞

507　회남왕淮南王 : 중국 전한(前漢)의 학자인 유안(劉安)을 말한다. 한나라 고조의 손자로, 회남왕에 봉하여졌으며, 많은 문사(文士)를 식객으로 맞아 《회남자(淮南子)》를 편찬하였다.
508　닭소리 …… 들려온다 : 한(漢) 나라 회남왕(淮南王) 유안(劉安)이 신선술을 터득하여 온 가족을 이끌고 승천할 적에, 그 집의 닭과 개도 그릇에 남아 있던 단약(丹藥)을 핥아 먹고 하늘에 올라가서 '개는 천상에서 짖고 닭은 구름 속에서 울었다.[犬吠于天上 鷄鳴于雲中]'라는 이야기가 전해 온다.

은선의 한낮 종소리 隱仙午鍾

시내 건넌 바람 한낮 종소리 끌고 오는데,
다만 고승만 푸른 봉우리에 머물고 있네.
한낮에 사람들의 소란함 깨우치기 위해,
일부러 맑은 소리 구름 낀 솔에서 내보낸 듯.

度溪風引午時鍾　只有高僧住碧峰
似警日中人騷擾　故敎淸響出雲松

공정의 저녁노을 空靜夕照

햇빛이 뉘엿뉘엿 갠 하늘에 쪼이니,
순식간 일천 봉우리 붉고 푸름 섞이네.
기이하고 빼어난 산 모습을 알고자 해,
일만 주름 한 번 주름짐만 같지 못하네.

霜暉冉冉下晴空　頃刻千峯紫翠通
欲識山姿奇絶處　萬皺曾不一皺同

548-562 산에 살며 15수 山居雜絶 十五首

생계 유지할 방책도 없음 괴로워,
공연히 세상 구제할 마음 품고 있네.
말한다 해도 남들 아마 믿지 않으리,

휘파람 길게 불며 또 길게 시 읊노라.

苦少資身策 空懷濟世心
有言應不信 長嘯亦長吟

한낮 거리에 닭 우는 소리 늘어지고,
양지 언덕 순한 성품 송아지가 있네.
전혀 이익 좇아 다투려는[509] 뜻 없으니,
나 또한 복희·황제[510] 시대 꿈꾸네.

午街鷄聲慢 陽坡犢性良
了無奔競意 吾亦夢羲皇

외로운 소나무 아래 뒷짐 지고서,
산 따라 느긋한 마음으로 거니누나.
벗 구하는 자 만나지도 못하고,
쩡쩡 울리는 도끼 소리 슬프도다.[511]

負手孤松下 緣山漫意行
不逢求友者 怊悵斧丁丁

바구니 손에 든 몇몇 아녀자들은,

---

509 이익 좇아 다투려는 : 원문은 분경(奔競)이다. 분경은 이익을 추구하여 권세 있는 사람을 경쟁적으로 쫓아다닌다는 뜻으로, 엽관(獵官) 운동을 하는 것을 의미한다.
510 복희·황제 : 중국 태고 시대의 임금인 복희씨(伏羲氏)와 황제(皇帝)를 가리킨다. 이때는 천하가 지극히 태평하였다고 한다.
511 쩡쩡 …… 슬프도다 : 《시경(詩經)》〈소아(小雅)·벌목(伐木)〉의 "쩡쩡 나무를 찍거늘, 새가 앵앵 울도다. …… 저 새를 보니, 새도 벗을 부르는데, 더구나 우리 사람들이 벗을 찾지 않을건가.[伐木丁丁 鳥鳴嚶嚶 …… 相彼鳥矣 猶求友聲 矧伊人矣 不求友生]"를 원용한 표현이다.

푸른 냉이밭에 거닐다 앉았다 하네.
세상의 슬픔과 기쁨 전혀 상관없고,
노래 부르는 소리 그치지 않네.

提籃數兒女 行坐薺田靑
哀樂都無管 謳吟自不停

낮은 긴 데 마을 집은 조용하고,
베 짜는 소리 벌레 울음과 같네.
한 번 아내가 늙고 병든 이후로,
언제나 이 소리가 부럽도다.

晝長村舍靜 機杼似蟲鳴
一自妻衰病 尋常羨此聲

모든 일에서 간편함만 좇으니,
아이들 글공부도 엄하지 않구나.
내게 매어 항상 옆에 있기에,
바른 교훈 장난스런 말 함께 하네.

百事從便簡 兒書課不嚴
羈縻常在側 端訓戱言兼

나이 들쭉날쭉한 세 딸 있으니,
그중 하나 시집간 지 일 년 넘었네.
자매간에 서로 생각하는 편지가,

더욱 부모로 하여금 아련하게 하네.

参差有三女 其一嫁經年
姉妹相思札 增令父母憐

《문심조룡文心雕龍》[512]의 주를 보충하고,
잠미蠶尾의 시[513]를 이어 편집하네.
빈번히 뽑아보고 또 자주 정돈하니,
먼 곳 사람 준 것이라 깊이 아껴서지.

補註雕龍纂 續編蠶尾詩
頻抽又頻整 深愛遠人貽

책이 마침내 무슨 도움이 될까?
농사일 스스로 도모하지 못하네.
박학하고 우아하지 못함 부끄러워도,
나와 함께하는 사내종이 있도다.

書卷終何益 畊犁不自謀
厚慙非博雅 相守有蒼頭

중국에 말 타고 갔던 객이요,
단양에서 약을 캐는 사람일세.
손무·오기와 부처·노자를,

---

512 《문심조룡文心雕龍》: 중국 6조시대(六朝時代) 유협(劉勰)이 지은 문학평론서를 말한다.
513 잠미蠶尾의 시 : 청(淸) 나라 왕사정(王士禎)이 지은 《잠미집(蠶尾集)》의 시를 말한다.

지금 둘 다 잊은 몸이 되었네.

燕塞鳴鞭客　丹山採藥人
孫吳与佛老　今作兩忘身

소나무 잘라서 울타리 만들었는데,
해 지나니 다만 마른 가지 되었네.
담쟁이 끌어다 부지런히 때우니,
범이 와서 엿볼까 막는 것이네.

斫松扞作籬　經歲只枯枝
牽蘿勤補綴　防有虎來窺

못가의 정자 안 나간 지 오래인데,
따뜻함 타고 한 번 기대어 본다.
물이 흐려 고기는 보이지 않고,
때로는 뛰는 소리만 들려오네.

未出池亭久　乘暄凭一回
水渾魚不見　時有躍聲來

빈 골짜기 눈과 얼음을 밟으니,
졸졸 샘물 소리 신발 밑에서 들리누나.
오랫동안 들어 보니 다시금 조용해져,
지팡이 세워놓고 흘러가는 구름 본다.

空谷踏氷雪 鳴泉鞋底聞
久聞聞更寂 植杖看歸雲

친지들이 서로 오고 감이 드무니,
내가 가난해도 대접할까 염려해서지.
또한 지중知仲[514]의 도리를 아노니,
도리어 박정한 사람과 같도다.

親知罕相過 念我鷄黍貧
亦知知仲誼 還似薄情人

표범 무늬는 끝내 변하는 법이니,[515]
소와 양도 저물면 또한 돌아오네.
잘못을 앎 심히 늦지 않았으나,[516]
항상 또 잘못 저지를까 두려워한다.

虎豹終須變 牛羊暮亦歸
知非非甚晚 恒恐復爲非

---

514 지중知仲 : 자신의 사정을 잘 알아준다는 뜻으로, 포숙아(鮑叔牙)가 그의 벗인 관중(管仲)의 행위를 다 이해해 주었다는 관포지교(管鮑之交)에서 온 말이다.
515 표범 …… 법이니 : 《주역》〈혁괘(革卦)·상육(上六)〉에 "군자가 표범처럼 변한다.[君子豹變]"라는 말이 나온다. 어린 표범이 자라면서 털 무늬가 점점 빛나고 윤기가 도는 것처럼 사람이 개과천선하여 일신(一新)하는 것을 의미한다.
516 잘못을 …… 알았으나 : 이 시의 창작시기가 대략 우촌 50세 전후임을 짐작할 수 있다. 춘추 시대 위(衛) 나라 대부(大夫)인 거백옥(蘧伯玉)이 "나이 50세 때에 49년 동안의 잘못을 깨달았다.[年五十而知四十九年非]"는 고사에서, 50세를 지비(知非)라고도 한다.

563 그저 읊다 漫詠

흙집에 가을볕이 따뜻한데,
갈대가 머리칼 스치며 날아가네.
기장 키질하는 거만한 노비 느긋하고,
벼 둘러맨 구부정한 하인 돌아오네.
구불구불 매달린 호박은 커다랗고,
두둑마다 자란 배추는 살쪘구나.
사방 이웃 음성 기운 낮아지는데,
편히 앉아 스스로 굶주림 잊누나.

土屋秋陽暖 蒲蘆掠鬢飛
簸粱伾婢倨 擔稻僂僮歸
蔓蔓南瓜大 畦畦白菜肥
四隣聲氣緩 安坐自忘饑

564-565 버드나무 柳

부드럽긴 요지繞指[517] 같고 창자 천 번 굽었는데,[518]
이별하는 정자에선 억지웃음조차 말라버렸지.

---

517 요지繞指 : 요지는 손가락에 감는다는 뜻으로, 진(晉) 나라 때 유곤(劉琨)의 〈중증노심(重贈盧諶)〉 시에 "어찌 뜻했으랴, 백 번 단련한 강철이 손가락에 감을 만큼 부드러워질 줄을.[何意百鍊鋼 化爲繞指柔]"이라고 한 데서 온 말인데, 이것은 곧 의지가 아주 유약(柔弱)함을 뜻한다.
518 부드럽긴 …… 굽었는데 : 버드나무를 의인화하여 부정적으로 평한 것이다. '부드럽긴 요지와 같고'는 버드나무의 가지을 염두에 둔 표현이다. '창자는 천 번 굽어 있는데'는 흔히 버드나무를 간특한 소인에 비기던 관습을 떠올린다.

좋아하는 님이 동풍처럼 모질지는 않은데,
화심花心을 끊어도 혼 돌려주지 않는구나.

  柔如繞指腸千曲 枯盡離亭强笑時
  歡郞不是東風惡 飄斷花心未返魂

바다의 추풍이 조석으로 재촉하는데,
금종이 몇 번이나 붉은 뺨에 가까이 댔나?
서재에서 밤마다 외로운 꿈을 꾸니,
미인 잠 오게 한다는 것 믿지 못하겠네.

  海上秋風日夕催 金賤幾得襯紅腮
  書齋夜夜成孤夢 不信佳人送睡來

566 남에게 보임 示人

버릇을 버리기는 대단히 어려우니,
우리들 아직도 옛적 생각만 하네.
어찌 배부르기를 구덩이 채우듯 하겠는가?
흘러가는 여울보다 늙은 나이는 내버려 두자.
천리마가 누워서 어찌 천 리 밖을 알겠는가?
봉황 나니 멀리 구포九苞[519] 알을 그리워하네.

---

519 구포九苞 : 봉황의 아홉 가지 깃털 색깔이다.

자주 와도 반드시 풍미가 없지 않으니,
그대 집에 스물일곱 개의 소반[520]이 있도다.

大是消磨習氣難　我曹猶作舊時看
何由飽飯如塡塹　遮莫頹齡劇下灘
驥伏豈知千里相　鳳飛遙戀九苞丸
頻來未必無風味　也有君家廿七盤

567 남과 함께 지음 同人作

어찌 가을의 추억을 기다리랴?
호수의 순채[521]가 이미 세려 하네.
석 되의 왕적王績[522]의 술이요,
일만 수의 육유陸游[523]의 시로다.
자주 누우니 이제야 늙음을 알겠고,
여럿이 장난치니 흡사 아이 같도다.
그대를 대나무 빛처럼 좋아하니,

---

520 스물일곱 개의 소반 : 남조(南朝) 제(齊) 나라 유고지(庾杲之)는 매우 청빈하여 그의 밥상에는 늘 부추로 만든 반찬 세 가지[三韭]만이 놓였는데, 삼구(三韭)가 삼구(三九)와 음이 같은 것을 가지고 어떤 사람이 장난삼아 말하기를 "유랑이 어디 청빈하던가, 어채(魚菜) 반찬이 스물일곱 가지나 되는 것을.[誰謂庾郞貧 食鮭常有二十七種]"라 하였다.
521 순채 : 진(晉) 나라 때 장한(張翰)이 일찍이 낙양(洛陽)에 들어가 동조연(東曹掾)으로 있다가, 어느 날 가을바람이 불어오자 자기 고향인 오중(吳中)의 특산물인 순채국[蓴羹]과 그곳 오강(吳江)의 농어회[鱸膾]가 생각나서 이내 벼슬을 버리고 고향으로 돌아갔던 고사와 관련된 표현이다.
522 왕적王績 : 당(唐) 나라 시인으로 술을 즐겼다. 왕적이 문하성대조(門下省待詔)로 있을 때에 '대조의 녹봉은 아주 하찮지만, 술 석 되가 다소 맘에 든다.'라고 하였다 한다.
523 육유陸游 : 육유는 중국 남송(南宋)의 시인(1125~1209)으로 자는 무관(務觀), 호는 방옹(放翁)이다.

어느 곳에서나 걸맞지 않음 없누나.

何待秋來憶　湖蕁已欲絲
三升王績醞　萬首陸游詩
多臥方知老　群嬉或似兒
愛君如竹色　無地不相宜

568 은낭隱囊에서 술에 취해 서로 베고 누워 어느 때인지 몰랐다. 홀연히 처맛물이 주룩주룩 떨어지는 소리를 듣고 일어나 보니 짙은 구름이 사방에 펼쳐있고 빗발이 삼대 같았다. 심한 가뭄 끝에 말라 오그라져 가던 것들이 모두 깨어났다. 인하여 비로 제목을 삼아 다시 석공 시의 운으로 지었다
隱囊中酒　相與枕藉　不辨何時　忽聞簷溜淋浪　起看　濃雲四布　雨脚如麻　亢旱之餘　焦卷俱蘇　仍以雨命題　復拈石公詩韻

졸졸졸 연못으로 물 흘러드니,
흙에선 은은히 향기가 나네.
묵은 안개 높은 성에 이어져 있고,
서늘한 기운 골방에 스며드누나.
술 응함은 북해北海[524]에 못 미치지만,

---

524 북해北海 : 후한(後漢) 말년에 북해상(北海相)을 지냈던 공융(孔融)을 말한다. 그는 "자리 위에 손님이 항상 가득하고, 술동이 속에 술이 늘 비지만 않는다면, 내가 걱정할 것이 하나도 없다."면서 술과 빈객을 무척이나 사랑했다고 한다.

시 좋아함 중랑中郎⁵²⁵을 뒤이었다네.
언덕 위에서 모 심은 데 바라보자니,
못 돌아간 채 전원은 황폐해졌네.

涓涓水入塘 黯黯土生香
宿霧連高堞 微凉透曲房
酒應非北海 詩好續中郎
堤上觀秧處 未歸田已荒

569 또 앞 시의 뜻을 늘이다 又演前意

서강西江이 흡사 바퀴자국 속 고기에 물 대었고,
일천 숲의 산 경치를 한 번 씻어 새롭게 했네.
걱정함과 즐거워함 함께 하는 뜻 있어서,
일부러 삿갓 도롱이 안 쓴 몸으로 비 맞았지.
풍년 징조 하물며 시운과 관계됨이랴?
우리들은 아직도 초야의 사람이로다.
파산坡山으로 말 타고 감이 가장 기쁘니,
얼굴이 세속과 부딪침 면하게 해주리라.

西江恰注轍中鱗 一洗千林紫翠新
爲有同憂同樂意 故沾不笠不簑身

---

525 중랑中郎 : 한(漢) 나라의 충신 소무(蘇武)를 말한다. 소무와 이릉(李陵)에 의해 5언시가 처음으로 지어졌다는 견해가 있다.

年徵况復關時運　我輩如今尚野人
最喜坡山騎馬去　免敎顔面撲紅塵

570 고향으로 돌아가는 사람에게 주다 贈人還鄕之行

선선한 바람 소리 없이 살살 부는데,
주렴이 흔들리며 술 향기가 나는구나.
꿈을 꾸다 일어나니 달빛은 환하고,
시 한 수 이뤄지자 성대한 구름 떴도다.
이웃에서 나그네와 함께 살았었는데,
늙고 쇠해가니 어찌 차마 이별하리.
해 뜨자 사람은 바다 같이 많은데,
풍류는 그대 같은 이가 적도다.

凉颸細無籟　簾動酒香聞
夢起亭亭月　詩成靄靄雲
比隣同作客　衰暮若爲分
日出人如海　風流少似君

571-572 무릉으로 돌아가는 족형 경리를 보내며 원곡의 운으로 쓰다(족형 문위씨 댁에서 짓다)
送族兄景理歸武陵 拈袁谷韻(族兄文蔚氏宅上作)

등불 앞에 그림자 보며 공명을 비웃으니,
빈 구레나룻 야윈 광대 모자 비스듬히 썼네.
젊어서는 왕보사王輔嗣[526]처럼 청담 즐겼고,
노년에는 정강성鄭康成[527]같이 유학 품었네.
벼슬살이 지쳐 우연히 세상 인연들과 가까워졌고,
돌아갈 뜻 먼저 이별하는 길에서 생긴다네.
어찌 무릉도원 속의 나그네와 같이,
구름 따라갔다 새들과 와[528] 한가로이 거닐겠는가?

燈前顧影笑功名 禿鬢癯顴一帽橫
少日淸談王輔嗣 暮年儒飮鄭康成
倦遊偶與塵緣近 歸意先從別路生
爭似武陵源裏客 鳥還雲出任閑行

푸른 노새 저 멀리 무릉 향해 흐느끼니,
구름과 물 있는 천 리에 오솔길은 아스라하네.
뉘 알리오? 번잡한 도시 속 나그네의,

---

526 왕보사王輔嗣 : 보사(輔嗣)는 삼국 시대 위(魏) 나라 왕필(王弼, 226~249)의 자(字)이다. 하안(何晏)과 함께 위·진(魏晉)의 현학(玄學)의 시조로 일컬어진다.
527 정강성鄭康成 : 정현(鄭玄, 127~200)을 가리킨다. 중국 후한(後漢) 말기의 대표적 유학자로 시종 재야(在野) 학자로 지냈다.
528 구름 …… 새들과 와 : 당(唐) 나라 백거이(白居易)의 시에 "아침에는 뜬구름 따라 밖에 나갔다가, 저녁에는 나는 새들 따라 집으로 돌아온다.[朝隨浮雲出 夕與飛鳥還]"라는 구절이 있다.

옥선玉仙이란 이름이 옛 시에 씌어 있을 줄.

靑驢遙向武陵嘶 雲水千里裊一蹊
誰識軟紅塵裡客 玉仙名字舊詩題

573 산사 山寺

조용한 삶 좋아해 도량에 들어오니,
산 음식이 고량高粱 맛 압도함 점점 아네.
담박하게 김치 담가 초록 오이는 익어가고,
국 짙게 끓이니 푸른 미역도 훌륭하네.
오히려 섬세한 향에 병든 입 깨어나고,
또 훌륭한 맛으로 속인의 창자 씻네.
누가 즐겨 봄나물 그림을 그렸나?
황자黃子[529]가 전에 한 말 잊지를 못하겠네.

自愛幽捿入道場 漸知山味壓膏粱
葅虀淡綠胡瓜熟 羹沸濃靑海菜長
猶有細香醒病口 更將美味洗塵腸
誰家好作春蔬畵 黃子前言也不忘

---

[529] 황자黃子 : 명(明) 나라 말기에 활동한 문인(文人)인 황주성(黃周星, 1611~1680)으로 추측된다.

574 단양절에 느끼어 기록하다 端陽節感志

술에 참된 향 있어 오랫동안 아껴 머금으니,
실컷 마셔 잔뜩 취할 필요는 없다네.
우연히 시 짓는 자리 왼쪽을 비워둠은,[530]
사람 마음 남초南草를 괴로워함 아니라네.[531]
이광 따라 사냥함[532]이 어이해 문제 되리,
연하煙霞 다만 유암游岩에게 고질병 들게 했네.[533]
단오절이 좋은 때라고 말하지 말아라,
전유암은 태어났고 굴원은 물에 빠졌도다.

酒有眞香愛久含　不須川吸到沈酣
偶然詩席孤虛左　非是人情苦厭南
躲獵何妨隨李廣　煙霞祇足痼游岩
莫將五五論佳節　田子生朝屈子潛

---

530 왼쪽을 비워둠은 : 왼쪽 자리를 비워 둔다는 것은 현사(賢士)를 예우함을 말하는데, 전국 시대 위공자(魏公子)가 상석(上席)인 왼쪽 자리를 비워두고서 은사(隱士) 후영(侯嬴)을 예우했다는 고사가 있다.
531 사람 마음 …… 아니라네 : 원문의 남(南)을 담배를 뜻하는 남초(南草)로 풀이하였다.
532 이광 …… 사냥함 : 이광(李廣)이 한 무제(漢武帝) 때 우북평태수(右北平太守)로 있으면서 사냥을 나가 풀숲 속의 바위를 보고 호랑이로 여겨 활을 쏘았는데 화살이 바위를 뚫고 깊이 박혔다는 고사가 전해 온다.
533 연하煙霞 …… 했네 : 연하고질(煙霞痼疾)은 마치 고질병 환자처럼 산수(山水)에 중독되어 결코 빠져나올 수 없다는 뜻이다. 중국 당(唐) 나라 때 전유암(田游巖)이 당 고종(唐高宗)에게 "신은 물과 바위에 대한 병이 고황에 들고 연무(煙霧)와 노을에 고질병이 들었습니다.[臣泉石膏肓煙霞痼疾]"라고 한 데서 나왔다.

575 목호를 지나다 감회가 있어서 過鶩湖感懷

서책을 어루만져도 이미 마음 상했지만,
변함 없이 소반 밥을 날 향해 차려 놓네.
언제나 삼 대에 걸쳐 문객을 접대하니,
응당 일가들 사람들 눈물 짓게 흘리게 하겠지.
창망한 종자기 거문고 속 물[534]은 출렁이고,
적막한 양담羊曇이 술 마신 뒤[535]의 봄이로다.
홀로 당년에 심고 기름이 두터운 것 믿으니,
목석木石을 남겨 두어 새 꽃을 기다리리.

摩挲書籍已傷神 依舊盤飡向我陣
每度逢迎三世客 應敎涕淚一家人
蒼茫鍾子琴中水 寂莫羊曇酒後春
獨信當年培植厚 留將木石待花新

576 연소정에서 지원과 함께 짓다 燕巢亭与芝園共賦

높게 걸린 빈 창으로 푸른 연못 마주하니,

---

534 거문고 속 물 : 금중수(琴中水)는 춘추 시대 백아(伯牙)가 연주하고 종자기(鍾子期)가 들었다는 거문고 곡조로, 고산유수곡(高山流水曲) 또는 아양곡(峨洋曲)이라고도 한다.
535 양담羊曇이 술 마신 뒤 : 양담(羊曇)은 동진(東晉) 태산(太山) 사람이다. 사안(謝安)의 조카다. 사안(謝安)의 사랑을 듬뿍 받다가 사안이 죽자 음악을 멀리하면서 서주(西州)로 가는 길은 통행을 하지 않았었는데, 언젠가 술에 만취되어 자신도 모르는 사이에 노래를 부르면서 주문(州門)에까지 오게 되자, 비감(悲感)에 젖어 말 채찍으로 문짝을 두드리면서 "살아서는 화려한 집에 거처하더니, 영락하여 언덕으로 돌아갔네.[生存華屋處 零落歸山丘]"라는 조조(曹操)의 시를 외우고 통곡하였다고 한다.

새 우는 소리 멎고 버들 그늘 옮겨갔네.
바람 시원한 자리 깔고 한가로이 잠을 자매,
첩설疊雪의 가벼운 적삼536 갓 목욕하고 나온 듯.
찬 샘 담근 단 참외를 벽옥처럼 쪼개고,
하얀 연꽃 향기 손에 가득 낚싯줄을 뻗으려네.
석양에 사방에서 어부 노래 들려오니,
낚시 마친 이웃 노인에게 또 바삐 가네.

高挂虛窓對綠池　鳥啼聲歇柳陰移
含風珍簟閑眠處　疊雪輕衫新浴時
泉冷甘苽開碧玉　手香素藕骨長絲
夕陽四面漁歌起　又赴隣翁罷釣期

577 집안 사람(정규正圭)의 집에 있는 구선계첩九仙禊帖에 쓰다. 원래의 시에 차운하다
題宗人(正圭)家藏九仙禊帖 次原韻

늘그막에 어느 곳서 신선 방도 찾으려나?
선배들의 풍류는 한바탕 꿈이로다.
별이 제랑諸郎 되었으니 일찍이 덕 품었고,

---

536 첩설疊雪의 가벼운 적삼 : 첩설은 본디 겹겹으로 날리는 눈발을 말한 것으로, 전하여 가볍고 부드러운 물체를 형용한다. 두보(杜甫)의 〈단오일사의(端午日賜衣)〉 시에 "고운 갈포는 바람을 머금어 부드럽고, 향기로운 비단은 겹겹 눈처럼 가볍도다.[細葛含風軟 香羅疊雪輕]"라고 하였는데, 그 주석에 "바람을 머금었다는 것은 부드러움을 형용한 말이고, 겹겹의 눈이란 가벼움을 형용한 말이다.[含風 形其軟 疊雪 形其輕]"라고 하였다.

산은 구로九老[537] 거쳐 아직도 향기 남았네.
속세 얘기 입 세 겹으로 꿰맨 듯했고,[538]
시벽詩癖 있어 어찌 백 잔 벌주罰酒를 사양하리.
천지 이치 지묵紙墨으로 천고 뒤도 볼 수 있으니,
문장은 참으로 누림이 끝이 없도다.

暮途何處叩仙方 前輩風流一夢場
星爲諸郞曾聚德 山經九老尙留香
塵談胵合三緘口 吟癖寧辭百罰觴
紙墨千秋看竗契 文章眞是壽無疆

578 객사에서 황파黃坡를 만나다 客舍逢黃坡

두 고향에 돌아갈 꿈 제각기 아득한데,
늘그막에 어찌 이런 밤 만나기 쉬우랴.
모두들 객 생활 근심이 바다 같으나,
오히려 시詩 짓는 기운은 밀물 같네.
나는 아직 시정市井 은자[539]도 못 되었는데,

---

537 구로九老 : 당(唐) 나라 시인 백거이(白居易)가 나이가 많고 벼슬에서 물러난 여덟 사람과 낙양(洛陽)에 모여 놀고 이 모임을 향산구로회(香山九老會)라 불렀다. 그 구성원은 백거이를 비롯하여 호고(胡杲), 길교(吉皎), 유진(劉眞), 정거(鄭據), 노정(盧貞), 장혼(張渾), 이원상(李元爽)과 승려 여만(如滿)이다.
538 세 겹으로 꿰맨 듯했고 : 삼함(三緘)은 입을 세 겹으로 꿰맸다는 뜻으로, 말조심을 비유하는 말이다.
539 시정市井 은자 : 원문은 장동은(墻東隱)이다. 장동(墻東)은 성(城)의 담장 동쪽으로, 깊은 산속으로 들어가지 않고 시정(市井)에서 은자처럼 사는 것을 말한다. 중국 동한(東漢)의 왕군공(王君公)이 난리통에도 시내를 떠나지 않고 소 매매의 거간을 하면서 숨어 살자, 사람들이 '피세장동왕군공(避世牆東王君公)'이라 불렀던 고사를 인용한 것이다.

그대 홀로 어찌 곡구谷口[540]의 땔나무꾼 되었나?
행색은 가련하나 오히려 그대 부러우니,
사천師川의 한 아들[541]이 이미 먼저 넉넉했네.

兩鄕歸夢各遙遙　衰暝何能易此宵
共是客中愁似海　尙於詩裏氣如潮
吾猶未就墻東隱　君獨胡爲谷口樵
行色可憐還可羨　師川一子已先饒

579 평재에게 화답하여 주다 和寄萍齋

남곽南郭 귀는 인뢰人籟 지뢰地籟 같게 했고,
성련成連 마음엔 푸른 해산海山 있었지.[542]
가련하다! 지친 노인 다시금 관리 되었고,
괴이하네! 금琴 타는 아이 병졸됨 면치 못하니.
조정 관리 향리 거주해도 고을 사람 아니었고,
위급할 때 예로부터 노복에게 의지했지
웃으면서 장차 시판詩判에다 시를 쓰니,
문서 더미 가운데서 오직 눈이 밝아지네.

---

540 곡구谷口 : 지명(地名)으로, 은자(隱者)가 사는 곳을 뜻한다.
541 사천師川의 한 아들 : 사천은 누구를 말하는지 불분명하다. 송나라 때 서부(徐俯, 1075~1141)의 자가 사천이다. 그 아들과 관련된 고사는 분명치 않다.
542 성련成連 …… 있었지 : 성련(成連)은 백아(伯牙)의 거문고 스승이다. 성련은 제자 백아가 거문고를 3년 동안 배우고도 성취하지 못하자, 자연의 소리를 통해 성정(性情)을 도야하게 하려고 자신의 스승 방자춘(房子春)이 있는 동해(東海)의 봉래산(蓬萊山)으로 데리고 들어갔다고 한다.

南郭耳齊人地籟　成連心有海山青
自憐茶叟還爲吏　多怪琴僮不免兵
朝士居鄉非邑子　危時從古仗家丁
笑將詩判題詩狀　簿牒堆中獨眼明

580 청귀정에서 짓다 題青龜亭

티끌 소음 끊어진 곳이 바로 곧 신선 세계,
흰 강 푸른 산 굽이치는 모퉁이에 자리 잡았네.
낡은 건물 지붕 꼭대기는 높다랗고,
작은 연못 비친 그림자는 맑고 파리하네.
버들 그늘 용수석龍須席에 잠깐 쉬고,
소나무 아래서 일찍 노경호鷺頸壺를 기울였지.
돌이 바로 거북이고 거북이 바로 돌,
양을 꾸짖음은 원래 공부가 있어서지.[543]

絶塵喧處便仙區　繚白縈青宅四隅
老屋蓋頭容軀蹇　小池鎔影稱清癯
柳陰乍憩龍須席　松下曾傾鷺頸壺
石郞是龜龜是石　叱羊元自有工夫

---

543 돌이 …… 있어서지 : 갈홍(葛洪)의 《신선전(神仙傳)》 〈황초평(黃初平)〉에 돌을 양으로 변하게 한 이 야기가 보인다.

581 제군들과 기악妓樂을 대동하여
금선정에 놀러가기를 약속하다
同諸君携妓樂約游錦仙亭

오년 동안 관리 노릇에 다섯 번 정자 올라,
하얀 수염 푸른 수경水鏡 엿봄이 부끄럽다.
계곡물은 시끄럽다 다시 또 조용하고,
바람 부는 난간은 취했다가 깨기 쉽지.
손님과 벗 반드시 고향 갈 생각 있어,
벼슬이 질박한 몸 구속하기 어려우리.
세속 풍악 어찌 내 귀먹게 하리,
새 지저귐 솔 소리 맑게 들려오네.

五年爲吏五登亭　髭雪慙窺水鏡靑
石澗由來喧亦靜　風軒容易醉還醒
賓朋恰有鄕園意　簪紱難拘土木形
箏笛詎能聾我耳　鳥聲松籟滿淸聽

582 또 취송醉松의 시에 차운하다 又次醉松韻

백가百家는 두보杜甫를 받드니,
정신이 옥계玉溪처럼 맑았지.
후배인 난 참된 안목 없는데,

제공諸公은 바른 소리라 인정했네.
나그네는 가다 머문 구름 따르고,
누대는 달 기울고 차는 것과 같구나.
옛 각자刻字에 빼어난 글 남았는데,
조용히 읊을 때마다 마음이 슬퍼지네.

百家宗老杜 神髓玉溪淸
後輩無眞眼 諸公許正聲
客隨雲去住 樓似月虧盈
古刻餘珠唾 沈吟一愴情

583-584 석초石樵가 화산으로 돌아갈 적에 화답하여 주다 和贈石樵歸花山

독서를 하려면 성품을 길러야 해,
지금 사람 꼭 오만할 필요 없지.
일백 새는 소리가 모두 묘하고,
일천 꽃은 모습이 각각 새롭네.
만약에 오늘날이 불우하다면,
모름지기 옛사람과 이웃 되어야지.
내 거울 더럽히지 않을 수 있으니,
어찌 온 세상 먼지를 걱정하리.

讀書要養性 未必傲時人

百鳥音俱妙 千花態各新
若於今不遇 須與古爲隣
我鏡能無滓 何憂擧世塵

서로 따르는 뜻 저버릴까 걱정되나,
내 몸이 쇠해져 학업 이미 멈추었네.
안목은 기북冀北의 들 비게544 하기 어렵고,
글은 형주자사 올린 편지545 같도다.
성현은 서책으로 돌아가고,
영웅은 머리털이 쉬 희어졌네.
문장 근원 온 곳을 아노니,
넘실넘실 낙동강은 흐르네.

恐負相從意 吾衰業已休
眼難空冀野 書似上荊州
賢聖歸黃卷 英雄易白頭
詞源知有自 滾滾洛東流

---

544 기북冀北의 들 비게 : 한유(韓愈)의 〈송온처사부하양군서(送溫處士赴河陽軍序)〉에, "백락(伯樂)이 한번 기북의 들을 지나가면, 무리진 말들이 마침내 덤비게 된다."라는 내용이 있다. 기야(冀野) 또는 기북은 '인재가 모여있는 곳'을 뜻한다.
545 형주자사 올린 편지 : 이백(李白)이 일찍이 자기를 천거해 달라는 뜻으로 당시 형주자사(荊州刺史)로 있던 한조종(韓朝宗)에게 편지를 보냈다.

585 단산丹山으로 유람 가는 이한림을 전송하다
　　　送李翰林游丹山

찔레꽃은 불붙은 듯 소유小酉[546] 향해 짙은데,
명산을 관리들이 두루 오르네.
다만 붓을 들면 비바람이 놀랄 테니,
영원히 시선詩仙 이한림李翰林이리.

藜花燃向小酉深　名山旌蓋遍登臨
只應落筆驚風雨　終古詩仙李翰林

586 써서 행농杏農에게 주다　書贈杏農

상산에서 일찍 바둑 두는 노인 봤는데,
세월 훌쩍 지나가 꿈인가 의심하네.
신선은 늙지 않음 깨닫지 못했으나,
그 옛날 동자의 머리털은 하얗게 변했도다.

商山曾看老人棋　甲子須臾一夢疑
未省仙家能不老　舊時童子雪盈髭

---

546 소유小酉 : 대유(大酉)와 소유 두 산에 동굴이 있어, 그 동굴 안에다 고서(古書) 일천 권을 넣어 두었다고 한다.

587 또 행농杏農에게 주다 又贈杏農

인보印譜와 시권詩卷을,
산방에서 홀로 펼쳤다 접네.
일송一松이 지금은 팔대가 되었으니,
그대는 팔송八松과 함께 사는구나.

印譜兼詩卷 山房獨捲舒
一松今八葉 君合八松居

588-591 옛 뜻 古意

나에게 구중丘中의 거문고[547] 있으니,
그 속에는 산수山水 마음[548] 들어있지.
음 알아주는 벗 어찌 좋지 않으랴만,
스스로 지음知音이 적음을 기뻐하네.

我有丘中琴 中含山水心
知音豈不好 自喜少知音

항상 풍성豊城의 칼 괴이하게 여겼으니,

---

547 구중丘中의 거문고 : 은자가 타는 거문고이다. 좌사(左思)의 초은시(招隱詩)에 "지팡이를 짚고 은사를 부르노니 황량한 길이 고금에 가로놓였어라. 암혈에는 건물이 없고 구중에는 우는 거문고 있어라.[杖策招隱士 荒塗橫古今 巖穴無結構 丘中有鳴琴]"고 하였다.
548 산수山水 마음 : 고산(高山)과 유수(流水)에 대한 곡조 아양곡(峨洋曲)을 염두에 둔 표현이다.

그 기운 두성斗星 우성牛星 사이에 서려있지.
어찌하여 뇌환雷煥 이후에는,
한 사람도 보지 못했나?[549]

常怪豊城劍　氣衝牛斗寒
奈何雷煥後　無復一人看

이 몸은 시비의 가운데 있으나,
마음은 시비의 밖에서 노니네.
옛적의 남곽자기南郭子綦는,[550]
이치로는 모든 소리 같다 했지.

身在是非中　心游非是外
古來南郭翁　理中齊万籟

저녁에 도리원桃李園[551]을 지나니,
봄의 기운 춥고 더움 반쯤이네.
예쁜 새는 부질없이 조잘대는데,
한가한 꽃은 스스로 말이 없네.

---

549 항상 …… 못했나? : 삼국 시대 때 오(吳) 나라가 멸망하기 전에 하늘의 두성(斗星)과 우성(牛星) 사이에 늘 자기(紫氣)가 서려 있었는데, 장화(張華)의 부탁을 받은 뇌환(雷煥)이 "이는 보검의 정기(精氣)가 위로 하늘에 사무쳐서 그런 것이다."라고 하고, 그 분야에 해당되는 예장(豫章) 풍성(豊城)의 땅을 파 본 결과 용천(龍泉)과 태아(太阿)의 두 검이 나왔으므로 장화와 뇌환이 각각 한 자루씩 보관하였다. 장화가 복주(伏誅)되면서 그 검 역시 없어지고, 뇌환이 죽은 뒤 그의 아들 뇌화(雷華)가 다른 칼 하나를 차고 다녔는데, 어느 날 홀연히 칼이 뛰쳐나와 물속으로 들어갔으므로 잠수하여 찾아보게 하니, 몇 길 되는 용 두 마리가 있었다고 한다.
550 남곽자기南郭子綦는 : 《장자(莊子)》〈제물론(齊物論)〉에 나오는 남곽자기(南郭子綦)와 안성자유(顔成子游)의 문답을 원용하였다.
551 도리원桃李園 : 복사꽃과 오얏꽃이 핀 아름다운 정원을 말한다.

晩過桃李園 春意半寒溫
嬌鳥空多舌 閑花自不言

592-593 금산사 金山寺[552]

사월의 금산사에는,
팥배나무 꽃 날지를 않네.
언덕이 변하니 바람은 거세지고,
조수는 불어나고 빗줄기는 굵어지네.
오히려 난정계蘭亭禊[553]를 생각해,
거듭해서 나그네 옷 가져왔지.
올라 굽어보니 응당 감회 있으리니,
어찌 다시 돌아갈 이 보내리오.

四月金山寺 棠梨花不飛
岸移風作勢 潮漲雨添肥
猶憶蘭亭禊 重携楚客衣
登臨應有感 那復送將歸

푸른 바다 바라보니 끝없는데,
덧없는 인생 유한함을 느끼도다.

---
552 금산사金山寺 : 이 작품은 《대동시선(大東詩選)》에만 실려 있다.
553 난정계蘭亭禊 : 진 목제(晉穆帝) 영화(永和) 9년 늦은 봄에 회계(會稽) 산음(山陰)의 난정에서 왕희지(王羲之)·사안(謝安) 등 42인의 명사들이 모여 계사(禊事)를 행하고 이어 곡수(曲水)에 술잔을 띄우고 시를 읊으면서 성대한 풍류 놀이를 했던 데서 온 말이다.

참으로 평평한 땅 적음을 알았으니
오히려 나그네 길 아득히 멀어 한스럽네.
시름 싸인 초원에는 가랑비가 내리고,
꿈속 내 고향은 구름이 길게 있네.
응당 맑게 갠 뒤 햇살이 머무르니,
나 금사金沙에 이를 적 기다려다오.

碧海看無際 浮生感有涯
信知平地小 猶恨客行賒
雨細愁邊草 雲長夢裏家
只應留霽色 候我到金沙

594 양류사 楊柳詞[554]

비 실실 뿌리고 버들은 하늘거려,
일천 일만 가지 생각을 하는구나.
스물네 번 부는 바람 그쳐 봄 한 철 보냈는데,
님은 하늘가에 있어 저 멀리 떨어졌네.
예로부터 애간장 끊어진 곳에는,
다만 빗속에 버들가지만 있도다.

雨絲絲楊柳絲絲

---

554 이 작품은 《삼가풍요(三家風謠)》에만 실려 있다.

千種相思萬種相思
風吹了二十四番一春歸去
人在天涯遠別離
古來斷腸處
只有雨中楊柳枝

《附》1 호명부 好名賦

내 살펴보니 선비는 이름을 귀하게 여겨, 予觀士之貴名兮

참 이전 이름 좋아하고 후에 남기려 했지. 寔好往而貽來

예전의 성현을 생각해 보자니, 念昔聖賢兮

혹 길은 달라도 품은 마음은 같았네. 或殊塗而同懷

누가 그 실질에 나가길 힘쓰지 않았겠는가? 夫誰不務進其實兮

명성 구해 일찍이 명예 있음 천하게 여겼네. 賤釣名而早有譽

〈《중용》에 '군자가 이와 같이 하지 않고서 일찍이 천하에 명예가 있는 자는 있지 않았다.'라 했으니 성현은 실질을 좋아하고 이름을 좋아하지 아니함을 말한 것이다. 中庸曰 君子未有不如此 而早有譽於天下者也 言聖賢好實而不好名〉

그러나 모두 죽은 뒤에 썩지 아니함이여, 然皆沒世而不朽兮

백 대가 되도록 빛나고 빛나는도다. 輝百代而赫如

〈言雖不好名而自然有名 비록 명성 좋아하지 않았으나 자연스레 이름이 남을 말한 것이다.〉

부자께서 인정받지 못함을 뉘우치지 아니함이여. 夫子不悔夫不見知兮

가르치는 말씀을 후대에 전하여 아직도 변하지 않았다. 垂訓旨猶不替

〈(체替는) 변한다는 뜻이다. 인정받지 못해도 뉘우치지 않는다는 것은 이름을 얻지 못했어도 뉘우치지 않는 것이다. 그러나 가르치는 말씀이 밝게 전하여져 변하지 않았으니 자연스레 이름이 얻어진 것이다. 替也 不悔不見知 是不悔無名也 然而訓旨昭垂而不替 是爲自然有名〉

노자가 하나[一]를 안고 서쪽에 숨음이여. 老抱一以西隱兮

희언希言을 발명하여 그 말이 세상에 남아있다. 發希言言以存乎世

〈숨음은 이름을 피한 것 같은데 희언의 말이 오히려 세상에 남아있다. 隱者似乎避名而希言尙存乎世〉

그대는 이름을 가리켜 손님이라 말하지 말라. 子休斥以爲賓兮

어찌 찌꺼기가 오히려 많은가? 何糟粕之尙多

〈장자는 '이름은 실상의 손님이다. 그러나 찌꺼기가 오히려 많다.'라 했다. 莊子名者實之賓 然而糟粕尙多〉

다 도道에 배부르고 배를 채움이여. 皆飽道而實腹兮

〈노자는 "그 마음을 비우고 배를 채워라"라고 했다. 老子曰 虛其心 實其腹〉

글을 문채롭게 지어 법칙을 엿보게 하라. 斐吐辭使晲柯

〈비斐는 꾸밈이다. 예가晲柯는 보아서 법칙 삼음을 말하니 후학에 법칙을 전한다는 뜻이다. 斐文章 晲柯謂視以爲則 垂後學之柯則〉

참으로 후대 사람이 싫어함 없음이여. 亮後人之无斁兮

진실로 이름 얻기를 구하여 힘써 이룬 것이 아니다. 固非求得而力致

〈이것이 다 후인이 싫어함이 없는 것이니 이른 바 '자연스레 이름을 얻은 것'이지 힘써 이룬 것이 아니다. 是皆後人无斁 所謂自然有名 非力致也〉

진실로 살아서 알아줌이 없고 죽은 뒤에도 알려짐이 없음이여. 苟生不知而死无聞兮

누가 세속을 따르고 이익을 좇지 않았던가? 孰不循俗而趣利

〈비록 이름 얻으려고 구하지 않았더라도 진실로 이름이 없으면 아마도 세속을 따른 것이라 할 것이다. 言雖非求得 苟無名則猶將循俗也〉

아아! 세상이 낮아지고 도가 아득함이여. 嗟世降而道邈兮

여러 사람들은 자신을 잊고 남의 눈만을 의식한다. 衆忘己而爲目

〈그 실제를 잊음이 자신을 잊는 것이다. 노자는 자신의 배를 채우려 했고 남의 눈을 위한 일을 하지 않았다. 忘其實爲忘己 老子爲腹不爲目〉

시절이 안타깝게도 멈추지 아니함이여, 夫時節之苦不息兮

젊었다가 늙음이 마치 하룻밤 잔 것 같음 슬프도다. 悲壯耄之如一宿

〈젊었다가 늙어짐이 마치 하룻밤 묵은 것처럼 빠르다. 그리하여 슬퍼하고 이름 내기

를 좋아한다. 少壯老耄 急如一宿 所以悲而好名也〉

그 욕됨에 빠져 더럽혀짐이여. 與其泯汶混淆兮

〈(민泯은) 빠지는 것이고 (문汶은) 욕됨이고 (혼효混淆는) 흐려지는 것이다. 泯沒 玷辱 混濁也〉

세월이 쏜살같이 흘러가도다. 視烏蟾之閃倏

〈(오섬烏蟾은) 세월이요 (섬숙閃倏은) 빠르다는 뜻이다. 日月 急〉

차라리 말이라도 내세워 글을 남김이 낫지 않겠는가? 寧抗辭而立言兮

많은 세월이 흐르더라도 독특하게 보이도다. 彌閱世而見獨

〈장자는 "독특하게 보인 뒤에야 통달할 수 있다."라고 했다. 莊子曰見獨而後能朝徹〉

이 때문에 선각자들은, 是以先覺兮

문장과 언론으로 세상을 달리고 달렸도다. 寄藻辯以馳騁

〈조조藻는 문장을 사변辭辯은 언론을 뜻한다. 藻文辭 辯言論〉

〈이 이하는 문장으로 이름이 난 것을 말했다. 此以下言文章之名〉

굴원의 사詞는 삼광三光과 아름다움 다투었도다. 平詞麗以爭三光兮

〈(평平은) 굴원이다. 屈平〉

사마천의 문은 기이하고 굳세어 웅장하고 아름답도다. 遷之文雄壯瑰瑋以奇勁

〈(천遷은) 사마천이다. 司馬遷〉

양웅과 사마상여의 수준 높은 부賦여. 賦揚馬之登岸兮

〈(양揚은) 양웅, (마馬는) 사마상여이다. (등안登岸은) 솜씨가 대단함을 말한다. 雄 相如 言極其工〉

시는 조식과 사조가 명성 드날렸도다. 詩曹謝之揚聲

〈(조조曹는) 조식이요 (사謝는) 사조이다. 植 朓〉

한유의 질박함과 유종원의 간결함이여. 韓質而柳奧兮

〈한유와 유종원이다. (질質은) 질박함이고 (오奧는) 간결함이다. 昌黎柳州也 質朴奧簡也〉

이백은 분방하고 두보는 굉려하도다. 白逸而杜宏

〈백白은 이백이요 두杜는 두보요 일逸은 분방함이요 굉宏은 굉려함이다. 白李白 杜杜甫 逸飄 宏大也〉

이들 다 향기 퍼뜨리고 광채 발함이여. 是皆播馨而流輝兮

천년 지나도록 빛나도다. 歷千載而鳥奕

〈이름이 혁혁히 전해짐을 말한다. 言流名輝赫〉

만호에 봉해짐이 형주를 만남보다 못함이여. 萬戶賤於識荊兮

〈이백이 한형주에게 올린 서신에 "남들이 말하길 '살아서 만호후에 봉해지길 원치 않고, 다만 한형주를 한 번 만나기를 원합니다.'라고 합니다."라고 했다. 명망이 대단함을 말한 것이다. 李白上韓荊州書曰 人之言曰 生不願封万戶矦 但願一識韓荊州 言其得名之大也〉

천금이 승낙을 얻기보다 가볍도다. 千金輕於得諾

〈《계포전》에 초나라 사람들의 말에 "황금 백 근을 얻기보다는 계포의 승낙 한 번 얻음이 낫다."[555]라고 했다. 季布傳楚人諺曰 得黃金百斤 不如季布一諾〉

문에 오름을 나는 용에 비유했음이여. 譬登門於飛龍兮

함께 건너는 모습 보며 신선 같다고 했네. 望幷渡之如仙

〈이응李膺[556]이 천하의 명교와 시비를 자신의 책임으로 삼았다. 후배들이 그의 당에 오르는 자가 있으면 '등용문'이라 했다. 이응이 곽태郭泰[557]와 함께 건너자 사람들이

---

555 황금 …… 낫다 : 초(楚)·한(漢)의 명장 계포(季布)가 섣불리 승낙을 하지 않고서 일단 언약한 사항에 대해서는 기필코 신의를 지켰으므로 사람들이 "황금 백 근을 얻기보다는 계포의 승낙 하나를 얻는 것이 훨씬 낫다.[得黃金百斤 不如得季布一諾]"고 했다는 고사에서 천금일낙(千金一諾)이라는 성어(成語)가 나왔다.
556 이응李膺 : 중국 후한(後漢) 때의 인물이다. 자(字)는 원례(元禮)이고. 벼슬은 환제(桓帝) 때 사례교위(司隷校尉)였다. 그는 성명(聲名)이 높아 선비로서 그의 용접(容接)을 받는 자를 이름하여 등용문(登龍門)이라 하였다.
557 곽태郭泰 : 중국 후한(後漢)의 사상가이다. 굴백언(屈伯彦)을 사사하여 전적(典籍)에 통달했고, 이응(李膺)과 깊이 교제하며 명성을 떨쳤다.

바라보고 '적송자赤松子와 왕자교王子喬[558]가 은하수에 있는 것과 같다'고 했다 한다. 李膺以天下名敎是非爲己任 後進有登其堂者 謂之登龍門 膺與郭泰幷渡 人望之渺若松喬之在雲漢云耳〉

역마로 명령을 전달함보다 빠름이여. 速於致郵而傳命兮

〈실상이 있어 명성을 얻으면 전해짐이 빠르다. 有實得名其行也速〉

쿵쾅거리는 큰 우레 소리 듣는 듯하도다. 聆巨雷之轟閫

〈실상이 있어 명성을 얻으면 내는 소리가 크다. 有實得名其放聲大也〉

뭉친 구름이 비를 내려 쏟아짐이여. 沛滃雲之行雨兮

〈옹滃은 구름이 피어나는 모양이다. 滃雲貌〉

밝은 달이 일만 강을 비치는 모습 보는 것 같다. 鑑明月之照万川

〈구름이 일면 반드시 비를 내리고 달이 밝으면 반드시 강을 비추니 실상이 있으면 반드시 명성이 있다. 雲興必下澤 月明必照川 有實則必有名〉

어찌 캄캄하고 잠기고 잠기어, 豈若昏昏浸浸兮

영원토록 막막하게 파묻혀 버리는 것과 같겠는가? 長溘然而汨沒

〈명성을 저처럼 얻음이 어찌 잠겨 파묻혀 버림과 같겠는가? 得名如彼 豈如昏浸汨沒者哉〉

하물며 한겨울에도 솔의 잎 지지 아니함이여. 況歲寒而松不凋兮

〈날씨가 추워진 뒤에야 소나무와 잣나무 잎이 지지 않음을 안다. 歲寒然後知松柏之後凋〉

서리가 내리자 국화가 걸출해진다. 霜落而菊爲傑

〈도연명의 시에, 국화를 '서리 내리자 우뚝 걸물이 되었도다.'라고 했다. 陶淵明詩 卓爲霜下傑〉

어두운 갈래 길을 비추니 빛이 더욱 밝음이여. 燭昏岐而光逾大兮

〈어두운 곳에서 빛은 더욱 밝다. 昏處燭逾明〉

빈 골짜기에서 휘파람 불면 소리는 더욱 맑도다. 嘯空谷而聲益淸

〈빈 곳에서 소리가 더욱 맑으니 계포가 이름을 얻음이 이와 같음을 말한 것이다. 空

---

558 적송자赤松子와 왕자교王子喬 : 둘 다 전설적인 선인(仙人)이다.

處聲益淸 言季布得名如此也〉

비록 옛날의 달관한 사람이라도, 雖往古之達觀兮

어찌 참으로 명예 가벼이 하고 이름을 도외시했겠는가? 豈眞輕譽而外名

채찍을 잡는 일[559]은 될 수가 없음이여. 執鞭之士不可爲兮

내가 좋아함을 따를 자 그 누구던가? 從予好其誰何

참으로 겸손하고 겸손하여 마음으로 터득함이여.[560] 誠能謙謙而中得兮

〈겸괘에 '겸손한 덕이 밖으로 드러남은 마음으로 터득했기 때문이다.'라고 했다. 드러남은 곧 이름이다. 謙卦謙中心得也 鳴卽名也〉

어찌 남이 나를 아름답게 여기지 않음 걱정하리오. 何憂人之不我佳

옛 전적을 모아 슬기를 넓힘이여. 集墳典而廣哲兮

〈절哲은 슬기이다. 哲智也〉

장차 고인을 벗하여 호탕하게 노래 부르리. 將尙友以浩歌

《附》2 우촌 남상교의 편지

◇ 1

삼가 내려주신 편지를 받고 건강이 두루 좋으심을 살필 수 있었으니

---

559 채찍을 잡는 일 : 공자가 "부귀를 만일 구해서 될 수 있다면 내가 말채찍을 잡는 일이라도 하겠다. 그러나 만일 구하여 될 수 없는 것이라면 내가 좋아하는 바를 따르겠다.[富而可求也 雖執鞭之士 吾亦爲之 如不可求 從吾所好]"라고 했다.

560 겸손하고 …… 터득함이여 : 《주역(周易)》〈겸괘(謙卦)·육이효(六二爻)〉에 "겸손한 덕이 밖으로 드러나 정하고 길하게 된다는 것은, 바로 마음으로 터득했기 때문이다.[鳴謙貞吉 中心得也]"라는 말이 나온다.

위로되고 위로됩니다. 저는 기구한 복을 타고 났는데, 홀연히 과거에 급제한 아들[남종삼이 1838년 22세에 병과 1등으로 합격함]을 두었으니 기쁘고 다행스럽지 않은 것은 아니지만, 한편으로는 걱정되고 두렵습니다. 게다가 그 아이의 식견이 땔나무하고 소치는 아이들 무리에서 벗어나지 못하는데, 홀연히 대궐을 출입하는 사람이 되었으니 앞길이 아득하여 감히 기쁘고 즐거운 표정만 지을 수는 없습니다. 그러나 천하에 어찌 이처럼 놀랐는데 또 한 번 놀라고, 넘어졌는데 또 한 번 넘어지는 일이 있겠는지요?

외롭게 타향에 앉아 있기도 하고 한양에서 배회하면서 놀고 있다 보니 고향에서 실로 하나하나 축하를 받고 싶지만 할 수가 없으니 어찌하겠습니까? 즉시 말미를 얻어 약속한 때에 맞추어 문에 이르러 말씀을 올리고 싶지만 세 가지 세금 걷는 일이 번거로워 아직까지 마치지 못했고, 또 통제사 군영에 갖다 바쳐야 할 곡식의 일로 이제 막 수량조사를 기다리는 중인지라 한편으로는 관리와 백성들과 서로 다투어야 하고 한편으로는 통제사 군영과 더불어 서로 버티고 있습니다. 목전에 닥친 일이 중요하다보니 갑자기 겸관(兼官)에게 부탁할 수도 없습니다. 방법이 없으니 어찌하면 좋습니까? 앉아서 그 아들놈이 오기만을 기다리고 있습니다. 다만 정리(情理)가 소홀할 뿐만이 아니라 소비한 비용도 이로 인해 갑절이나 되니 참으로 이른바 '초년의 재앙과 망조'라 하겠습니다. 껄껄. 나머지는 종이 막 돌아간다고 하여 매우 심란한지라 이만 줄입니다.

무술(1838년, 헌종 4, 55세)년 윤월 4일
세하생 남상교 올림

[본문]

伏承
下札, 謹審
體事萬護, 伏慰伏慰. 世下生,
衰薄之祚, 忽有登科之
少年, 非不慶幸, 而一邊
憂懼. 況彼耳聞目見, 不
出樵牧兒叢中, 而忽爲
出入
禁扃之物, 前道蒼茫, 未
敢作喜歡色耳. 然天下
豈有如許 驚一驚倒一倒
之事耶. 孤坐殊鄕, 回遊京
國, 家鄕實欲面面受賀, 而不
可得奈何. 非不欲卽時
得由, 趁到門上言, 而
三稅之擾, 尙未了勘, 又以統穀事,
方在待勘中, 一邊與吏民相爭, 一邊
與統營相持. 目下事機, 有不可猝付
兼官. 無計奈何. 坐待渠來. 非但情
理之缺, 糜費亦從而加倍, 眞所
謂初年禍敗. 可呵可呵.
餘奴方告歸, 擾甚,
不備上謝.
戊戌閏月四日, 世下生 南尙敎 拜手.

◇ 2

　한 번 헤어지고 나서 곧 멀리 떨어져 지내고 있습니다. 가끔 고을 관리를 통해 편지를 주고받으며 안부를 들을 뿐이니 어찌 이별하고 나서의 괴로운 심사를 위로할 만하겠습니까?
　방금 서신을 받고 쌀쌀한 가을 날씨에 어르신을 잘 모시고 있다는 사실을 알았으니 얼마나 위안이 되던지요. 가을에 치러진 과거에서는 영남좌도의 합격자 명단을 보지 못했으니 합격 여부를 알지 못하여 걱정이 끝이 없습니다. 기년복을 입고 있는 저는 봄 사이에 며느리를 잃어서 괴로움을 견디기 어렵습니다만 어찌 하겠습니까?

　근래에 몇몇 식솔을 데리고 한양 서쪽에 작은 집 하나를 지으니 그곳은 곧 이른바 근동(芹洞)입니다. 그 사이에 다시 한양주부로 재임용되었으니 고마워 어쩔 줄 모르겠습니다. 그런데 게으름이 습관이 되었는데 갑자기 또 벼슬을 하게 되어 걱정이 많습니다. 어찌 하겠습니까?
　말씀하신 일은 잘 알겠고 이미 경주부윤에게 말을 해 두었습니다. 집안의 운수가 유난히 쇠해져서는 곤란하니 애써서 말해야 하지만 경주부윤의 고집이 남다른 데가 있고 게다가 그 사람의 글 보는 눈이 보통 선비와 달라서 틀림없이 공도(公道)를 말하려 할 것입니다. 그렇게 되면 필시 이것 저것을 보아서 분배할 이치가 없으니 일의 성패 여부는 미리 언질을 줄 수 없겠습니다. 이미 과거에 응시하는 선비가 되었으니 다만 가서 응시해야지 달리 무슨 도리가 있겠습니까? 미리 허락받아 둘 길은 전혀 없으니 허망한 생각은 마시고 이쪽에서 해야 할 일에 온 힘을 기울임이 어떻겠습니까?

　보내주신 백엽(百葉)은 참으로 이곳의 생활에 긴요하게 쓰겠습니다만 마음이 대단히 편치 않습니다. 나머지는 돌아가는 종인에게 들으시기 바라며 줄입니다. 답장의 형식을 갖추지 못합니다.

임인(1842년, 헌종 8, 59세)년 9월 9일
기복제 상교 올림

[피봉]

池洞 金 雅士 侍案 回納
芹洞南主簿謝狀 省式謹封

[본문]

一散便作天涯, 時憑邑吏
輩往復書, 探聞安否, 而何
足慰離懷之惡. 卽承
惠狀, 謹審秋淸,
侍履晏衛, 何等仰慰. 秋科
尙未見嶺左榜眼, 未知得失
如何, 奉念無已. 期服弟春間見
子婦之慽, 哀懷益難自聊,
奈何. 近則率一小眷, 營一小
屋於京城之西, 卽所謂芹洞也.
間又以漢城主簿甄復, 感祝

無地. 而慵懶成習, 忽又束帶, 自
多憂惱, 奈何. 示事謹悉, 而已有
所提及於慶尹許. 蓋以
家數之不可偏闕, 故非
不力言, 而慶尹之固執有異於人, 且
其文眼非凡儒之比, 必欲公道云. 若然
則必無分排之理, 成敗未敢質言耳.
旣爲科儒, 第徃觀之云, 外有何道理
耶. 至於先受許諾, 必無其路, 無出
妄想, 但盡在我之方, 如何如何.
惠送百葉, 誠緊於寓接日用,
而殊甚不安. 餘憑宗人之還, 略此.
不備謝式.
壬寅九月九日, 期服弟尙敎拜.

◇ 3

　형께서 와서 연구(蓮駒)[561]를 관리한다는 말을 들었으니 만나볼 수 있을 것 같았는데, 제가 충주에 발걸음을 하지 않은 지가 이미 3년이 되었습니다. 형 또한 저의 집이 이곳 제천에 있다는 사실을 알지 못하니 어떻게 만나볼 수 있었겠습니까? 다만 그리워할 따름이었습니다.
　맑은 가을 날씨에 정무를 보는 생활이 좋으신지요? 간절히 빌고 빕니다. 어찌해서 날씨 좋은 날 멋진 말을 달려 깊은 산속 적막한 곳에 있

---

561 연구蓮駒 : 의미 불분명하나, 수신자의 직책을 염두에 둔다면 '말[馬]'을 의미하지 않을까 추측된다.

는 저를 찾아주지 않으시는지요? 도리어 서운한 마음이 없지 않습니다. 껄껄. 저는 쓸쓸한 산속에 묻혀 지내 마음을 다잡을 수 없으니 스스로 가련할 뿐입니다.

충주에서 도회시(都會試)가 있다고 들은 것 같은데 형이 시험에 관여한다고 합니다. 저의 큰 사위 이익래(李翼來)에 대해 형은 들어 보셨는지요? 현재 나이 50인 노유(老儒)로 젊어서는 뛰어난 재주를 자부했지만 세상일이 어그러졌습니다. 이제 장차 이 시험에 응시한다 합니다. 정승 동고(東皐: 이준경李浚慶의 호)의 자손이 몇 명이나 이 시험에 응시하는지는 알지 못하지만 만약 그 복시(覆試)의 연원을 논한다면 그보다 나을 자는 없을 듯합니다. 그의 할아버지 직장공(直長公)이 복시에서 크게 떨쳤습니다. 저도 또한 5년 안에 복해(覆解)에서 두 번 수석을 차지했으니 돈령(敦寧)을 논하면 애초에 한 자리를 택해 남에게 양보하지 않을 것이니 반드시 배려하셔서 인재를 버리지 말기를 간절히 바라고 바랍니다. 오로지 믿고 믿습니다. 이만 줄입니다.

신해년(1851년, 철종 2, 68세) 9월 27일
상교 올림

[피봉]

連原 郵軒 執事
提寓 南忠州 候狀

[본문]

聞 兄來攻蓮駒, 如可卽
奉, 而弟不踏忠鄕一步者,
已三年矣. 兄又不知吾廬
之在此, 何由相接. 只自瞻
誦而已. 未審秋淸
兄候視篆澄穆. 區區頌
祝. 何不揀好天氣馳好鞍
馬, 一顧故人於窮山寂莫
之濱耶. 還不能無所憾也.
一呵. 弟涔寂空山, 無以爲懷,
自憐而已. 似聞忠州都會, 兄當
試役云. 弟之伯婿李翼來 兄曾
聞之否. 年今五十老
儒, 少負倜儻之才, 而
世事蹉跎, 今將赴此擧云, 皐相
子孫未知幾人赴科, 而若論覆試
淵源, 恐無其右, 其王考直長公, 大
鳴於覆試, 弟亦五年之內, 再魁覆
解, 論其敦寧, 初擇一窠宜不讓
人, 必須另念, 期勿遺珠
千萬千萬, 專恃專恃. 餘不備狀禮.
辛亥 九月卄七 弟尙敎拜.

◇ 4

　이틀 밤 동안 모시고 가르침을 받으니 몇 해 동안 쌓인 그리운 마음이 어찌나 위로가 되던지요. 며칠이 지나니 더욱 슬픈 마음이 간절합니다. 건강이 이 근래 더욱 좋으신지요? 삼가 그리운 마음이 더욱 간절합니다.

　저는 잠시 이곳 나루에 머물러, 하곡에 사는 소년을 불러보고 이어 즉시 출발하였으나 말 걸음이 너무 느려 초저녁에야 겨우 집에 도착했습니다. 집안에는 별다른 일이 없었으니 다행입니다. 기쁨과 슬픔이 한꺼번에 밀려와 마음을 다잡을 수 없습니다. 사위 이 씨 집안이 그 사이에 화재를 당해[562] 이른바 '끝장이 났다.'라는 경우를 만났습니다. 집 두어 칸이 몽땅 재가 되었습니다. 사위도 감기가 들어 아직 낫지 않은 때에 놀라고 추위에 감촉되어 더 심하게 되었으니 걱정입니다.

　마부가 돌아간다고 하여 잠시 이렇게 안부를 여쭙니다. 순명(舜命)의 말안장에 딸린 여러 기구를 거듭 삼가며 돌려드리니 더욱 조심함이 어떠한지요. 나머지는 예를 갖추지 못하고 이만 줄입니다.

19일 세하생 남상교 올림

---

562 화재를 당해 : 원문은 조회록(遭回祿)으로, 화재가 발생했다는 말이다. 회록은 불귀신의 이름이다.

[본문]

兩宵陪

誨, 何以慰積年懸慕.

拜別經宿, 尤切伏悵.

體節日來增護. 伏溯

還切. 世下生暫留此津頭,

邀見霞谷少年, 仍

卽治發而馬步太慢,

初更末僅到家. 家內 姑無別

故是幸. 歡戚交深, 無以

爲心. 李婿家間遭回祿

之災, 所謂而已矣. 數間蕩

爲灰燼, 渠亦病感未差之際,

驚悸觸寒, 又復添加可悶. 馬夫

告去, 暫此探候.

舜命鞍具, 申飭

進傳, 而更

加一飭如何.

餘不備禮.

十九日, 世下生南尙敎 拜手.

《附》3 정와선생문집 발문 貞窩先生文集跋[563]

나는 늦게 태어나 나의 출생은 선생의 말년에 해당한다. 어렸을 적에 영남의 인사로부터 "정와(貞窩) 황선생(黃先生)은 뜻이 독실하고 박학하신 분으로 임천(林泉)에서 생을 바쳤는데 참으로 금세의 옛 군자다운 분이다."라고 들었다.

尙敎生也晩 猶及先生之末年 幼少時 從嶺南人士聞貞窩黃先生 篤志博學 終老林泉 眞今世之古君子

그리하여 직접 한 번 찾아뵙고 구경(九經)의 깊은 의미에 대하여 제가의 여러 견해를 가지고 질의하고 변론하여 서론(緖論)을 들어보고자 하였는데 일들에 매이다보니 세월이 훌쩍 흘러 시원한 대답을 듣지 못하고 마침내 돌아가셨다는 슬픈 소식을 들었다.

嘗儗身一造門 以九經奧義 諸家異說 質疑辯難 承聆緖論 人事牽連 流光荏苒 未聞如撞之對 竟抱其萎之悲

이곳을 맡아 다스리게 되자[564] 그저 고택(古宅)만을 쳐다보다가 군(郡)의 노인들을 방문하여 공경하는 마을에서 남긴 교화와 훌륭한 영향을 접하게 되었다.

及宰玆土 空瞻古宅 訪問於郡之耆舊 得遺風餘韻於矜式之鄕

---

563 정와(貞窩)는 황룡한(黃龍漢, 1744~1818)의 호이다. 황룡한의 자(字)는 치견(穉見), 창원(昌原) 사람이다. 부(父)는 직대(直大), 거주지는 영주榮州(소백산小白山 밑 두곡斗谷 마을)였다.
564 남상교는 1843년 풍기군수(豊基郡守)로 부임했다.

몸소 행의(行義)를 닦는 자들이 "정와(貞窩)는 우리 선생님이시다."라고 했고, 고문사(古文辭)를 익히는 자들은 "정와는 우리 선생님이시다."라 하였다. 과거에 필요한 글을 익히던 자들은 "선생님이 돌아가셨으니 누가 우리의 문제점을 지적해주겠는가?"라고 했고, 기이한 재주를 가져 독자적 경지에 나아가 뜻에 맞는 이가 적은 이들은 "선생님이 돌아가셨으니 누가 우리를 권장하고 격려해주겠는가?"라고 했다.

躬修行義者曰 貞窩吾師也 爲古文辭者曰 貞窩吾師也 習應擧時文者曰 先生歿 孰針砭我 奇才異等 孤詣而寡合者曰 先生歿 孰詡獎我

이에 선생이 남의 스승됨은 다만 하나의 기예나 하나의 경서에 그칠 뿐이 아니며 여러 방면의 가르침은 시간이 흘러도 망각되지 않음을 알 수 있었다.

於是知先生之爲人師者 非特一藝一經之授而已 多術之敎 久而不可諼也

시문집(詩文集) 11편(編)을 장차 인쇄하려 할 적에 문서를 처리하던 여가에 빌어서 읽어보니 성품은 충후(忠厚)함을 오롯이 했고 법(法)은 기이하고 올바름을 극진히 하였다.

詩文集十一編 將付剞劂 簿書之暇 借而讀之 一於忠厚者性也 盡其奇正者法也 或纚纚巨作 蓄競秀爭流之勢 或寥寥片語 含一唱三歎之音 或議論雄快 毅然可敬 或情致委曲 藹然可畵

대략 학문은 주자와 정자(程子)를 근본하였고, 문은 반고와 사마천을 으뜸으로 삼았다. 충분히 축적한 뒤에 드러내어 도습하지도 않고 새로이 만들지도 않았으니 나의 보잘 것 없는 소견으로 감히 헤아릴 수 없다. 전에 사모함이 헛되지 않음을 기뻐하고 지금까지 뵙지 못했음을 슬퍼하여 반복해 탄식하며 책의 끝에 쓰도다.

大抵學本閩洛 文宗班馬 多積而發 不襲不創 非諛淺之見 所敢蠡勺 喜昔慕之不虛 悵今來之靡及 三復興歎 書諸卷末

전에 오당(吾黨)의 선비로 찬란히 문장(文章)을 이룬 자가 선생에게 나아가 마름질했는데 지금은 찬란히 문장을 이룬 자가 많지 않고 마름질할 마땅한 곳도 없으니 슬프도다.

昔吾黨之士有斐而章者 就先生而裁之 今也斐亦無多 裁又無所 嗟哉

후학 의령 남상교 삼가 발문을 쓰다.
後學宜寧南尙敎謹跋

《附》4 쌍령유서 발문 雙嶺遺書跋[565]

　병자호란 때의 주화론(主和論)과 척화론(斥和論)은 남송(南宋) 때의 상황과는 완급(緩急)이 같지 않다. 시간적 여유가 있으면 시행할만한 계책이 있고 급박하면 반드시 형세가 위태로운 법이다. 시행할만한 계책이 있으면 노중련(魯仲連)이 마땅히 위(魏) 나라가 장군 신원연(新垣衍)을 꾸짖었을 것이요, 형세가 위태로웠다면 태왕(大王)도 견융(犬戎)을 섬겼을 것이다.

　丙子之主和斥和　與南宋時事　緩急不同　緩則有可爲之策　急則有必危之勢　策有可爲則魯連當責新垣　勢在必危則大王亦事犬戎

　바야흐로 외로운 남한산성에 재앙이 곧 닥칠 때를 당해서 주화론자가 반드시 이백 년 동안의 천운(天運)이 이미 청(淸) 나라로 옮겼음을 알지 못했고, 척화론자도 반드시 장화(張華)가 바둑판을 밀치며 제시한 좋은 계책을 가지고 있지 못하고 다만 유심(劉諶)처럼 성을 등지고 끝까지 싸우고자 할 뿐이었다. 모두 다 죽음이 앞에 닥쳤을 적에 죽을 수 없었던 자들은 주화론자요, 죽을 수 있었던 자들은 척화론자들이었을 뿐이다. 죽을 수 있음과 죽을 수 없음은 비록 하늘과 땅처럼 차이가 나나 그들이 만난 상황이 어쩔 수 없었음은 똑같았으니 진실로 마땅히 서로 바라보고 탄식하며 각각 그들이 할 수 있는 일을 했어야 했다. 어찌해서 어지럽게 옳으니 그르니하여 길이 천고(千古)의 불평(不平)을 만들었는가?

　方當南漢孤城　禍迫朝夕　主和者未必知二百年天運　已屬建州

---

[565] 17세기 윤경환(尹景煥)의 편찬한 《쌍령순절록(雙嶺殉節錄)》 하(下)권에 남상교가 쓴 〈쌍령유서 발문[雙嶺遺書跋]〉이 실려있다.

斥和者非必有張華推杯之籌 只欲爲劉諶背城之戰 等是臨死之
際 不能死者主和 能死者斥和而已 能死與不能死 雖若天淵 其
所遇之無可奈何則同 固當相視一歎 各爲其所爲 何乃紛紛是非
永作千古之不平哉

우리나라 풍속은 송나라 현인을 모방하길 좋아하여 주부자(朱夫子)와
호전(胡銓)의 이야기를 거두어 주워 모아 오히려 오늘날까지도 그치지
않으니 이는 융통성 있는 의론이 아니다. 내 일찍이 이를 안타깝게 생각
하고 있었는데 지금 《윤장군유사(尹將軍遺事)》를 보니 죽는 날에 아내에게
편지를 써서 패하여 돌아가는 병사에게 주어 보냈다. 그 편지를 보니 아
내가 자신의 뼈를 거둘 희망을 버리라는 것과 그 아들이 평생 동안 금할
일을 정한 몇 마디 말에 지나지 않았다. 말의 뜻이 간단하고 마땅하며
일처리가 차분하니 충분히 그의 취사(取捨)가 이미 정해져 있음을 볼 수
있도다. 정신이 어지럽지 않음이 어찌 그리 확고했던가?

東俗好倣宋賢 掇拾朱夫子胡澹庵齒牙之餘 尙至今 斷斷不已
者 非通變之論也 余嘗有慨於此 今見尹將軍遺事 死之日 作書
於家人 寄送敗還之卒 觀其書 不過斷家人收骨之望 定其子終
身之忌 數語而止 辭意簡當 處事從容 可見其取舍已定 神思不
亂 何其確也

바야흐로 그때에 앞에는 감당하기 어려운 적이 있었고 위에는 통솔하
는 장수도 없었으니 그 형세가 또한 어찌할 수가 없었다. 죽을 자는 스
스로 죽고 돌아갈 자는 스스로 돌아갔으니 대오(隊伍)에서 어떤 이는 죽
고 어떤 이는 돌아감이 또한 어찌 조정에서 어떤 이는 주화론을 주장하
고 어떤 이는 척화론을 주장함과 다르겠는가?

方其時也 前有敵勢之崩騰 上無主將之節制 顧其勢 亦無可奈何 死者自死 還者自還 行伍之或死或還 亦何異於朝廷之或和或斥哉

　　죽음으로 나아가길 내 집으로 가듯 하는 마음을 가진 장군이, 저 달아나 구차히 삶을 도모하는 자를 보고, 만약 좁아터져 스스로를 고상하게 여기는 병통이 있었다면 반드시 종처럼 꾸짖고 돼지처럼 취급하였으리라. 어찌 저 돌아가는 인편을 통하여 편지를 보내기를, 마치 먼 곳에 있는 평범한 나그네가 떠나는 자를 전송하듯 할 수 있겠는가?

　　以將軍赴死如歸之心 視彼奔竄而苟浩者 使有隘而自高病 則必將奴詬豕叱之不已 豈肯憑其歸而寄書 如尋常行客在遠送歸者之爲也

　　생각건대 지금 목도한 일은 똑같이 불행이어서 죽음·진실로 의리에 부합하고 돌아옴 또한 괴이하지 않아, 자신의 직분을 다하고 남을 책할 게 없으니, 바로 '서로 바라보고 한 번 탄식하며 각각 그들이 할 수 있는 일을 하는 것'이라 할 수 있다. 나는 말한다. "윤장군의 높은 경지는 단지 한 번 죽음에 능할 뿐이 아니다. 마음씀이 공평하기에, 옳고 그름을 가리지 않고 자기편은 감싸고 다른 쪽은 배척하는 사람들에게 충분히 경계가 될 만하다."

　　意以爲今目之事 同是不幸 死固合義 還亦無怪 盡己分而不責於人 斯可謂相視一欸 各爲所爲者也 余則曰尹將軍高處 不獨能於一死 心地公平 可以爲黨同伐異者之戒

숭정기원후 무오년(1858년, 철종 9, 75세)에
전(前) 돈녕도정 남상교는 발문을 쓰다.
崇禎紀元後戊午 前敦寧都正 南尙敎跋

우촌시고

교회인가(원주교구) · 2022년 12월 20일
초판 1쇄 · 2023년 6월 1일

저　자　남상교
역　자　박우훈, 김영은
펴낸이　전갑수
펴낸곳　기쁜소식
등록일　1989년 12월 8일　|　등록번호　제1-983호
주　소　02880 서울 성북구 성북로5길 44(성북동1가)
전　화　(02)762-1194-5　|　팩　스　(02)741-7673
이메일　goodnews1989@hanmail.net
디자인　김채림

ISBN　979-11-976492-9-5　03810
값 15,000원

ⓒ원주교구문화영성연구소 & Goodnews Publishing House, 2023.